工业互联网

APP

优秀解决方案

精选集

（2020版）

中国工业技术软件化产业联盟◎编著

人民邮电出版社

北 京

图书在版编目（ＣＩＰ）数据

工业互联网APP优秀解决方案精选集：2020版 / 中国工业技术软件化产业联盟编著. -- 北京 ：人民邮电出版社，2021.3
ISBN 978-7-115-55369-0

Ⅰ．①工… Ⅱ．①中… Ⅲ．①互联网络－应用－工业发展－案例－中国－2020 Ⅳ．①F424-39

中国版本图书馆CIP数据核字(2020)第229055号

内 容 提 要

本书由"2019 年工业互联网 APP 优秀解决方案"中部分具有代表性案例编撰而成。希望本书能够为相关行业、企业研发和应用工业互联网 APP 提供有益的借鉴与思考，促进政、产、学、研、用深度合作，指导和帮助地方政府、企业和用户加强沟通交流。

本书可为政府部门、企业、科研机构及相关从业人员提供参考，也可供对工业互联网 APP 感兴趣的设计开发人员阅读学习。

◆ 编　著　中国工业技术软件化产业联盟
　　责任编辑　李　强
　　责任印制　陈　犇
◆ 人民邮电出版社出版发行　北京市丰台区成寿寺路 11 号
　　邮编　100164　电子邮件　315@ptpress.com.cn
　　网址　https://www.ptpress.com.cn
　　临西县阅读时光印刷有限公司印刷
◆ 开本：720×960　1/16
　　印张：14.75　　　　　　　　2021 年 3 月第 1 版
　　字数：236 千字　　　　　　 2021 年 3 月河北第 1 次印刷

定价：179.00 元

读者服务热线：(010)81055493　印装质量热线：(010)81055316
反盗版热线：(010)81055315
广告经营许可证：京东市监广登字 20170147 号

编写委员会

序
Preface

　　智能制造、工业互联网、工业软件的发展是提升我们国家工业核心能力、推进工业转型升级的必由之路。在这个大潮中，中国工业技术软件化产业联盟在工业和信息化部信息技术发展司的指导下，继 2019 年 11 月出版《2018 工业互联网 APP 优秀解决方案精选集》后，全力排除疫情影响，编著了《工业互联网 APP 优秀解决方案精选集（2020 版）》。希望本书的出版能够为我国的工业和制造业企业带来惊喜。

　　2020 年，国务院各部委纷纷出台促进工业软件和工业互联网 APP 发展的重大利好政策，因此，我认为 2020 年是中国工业软件元年。工业软件发展艰难，升级到工业软件平台和工业互联网 APP 有很多技术难点，需要工业人和 IT 人通力合作。我期望到 2049 年，即中华人民共和国建国 100 周年时，在全球工业软件领域，中国可以占据三分之一天下。简单说就是："2020 年：工业软件启元年；30 年后：三分天下居其一"。

　　工业互联网 APP 是工业软件的新形态，需要付出几代人的努力，才能占据一席之地。最后，我用这句话和大家共勉：精研三维算法，细构产品模型；力筑工业之基，重铸制造灵魂。

　　是以为序。

中国工业技术软件化产业联盟专家委员会副主任委员

宁振波

2020 年 9 月 6 日于北京

前　言
Foreword

　　为贯彻落实国务院《关于深化"互联网＋先进制造业"发展工业互联网的指导意见》（以下简称《意见》）精神，按照《工业互联网APP培育工程实施方案（2018—2020年）》（工业和信息化部信软〔2018〕79号）（以下简称《实施方案》）要求，工业和信息化部（以下简称工信部）于2019年12月13日发布了《关于组织开展2019年工业互联网APP优秀解决方案征集活动的通知》（以下简称案例征集活动），中国工业技术软件化产业联盟在工信部信息技术发展司的指导下，全面负责本次活动的征集、评审及拟公示和核定首批工业互联网APP优秀解决方案等工作。

　　本次案例征集活动主要面向4个重点方向：一是面向国内制造业重点项目推进、重大工程实施和重要装备研制需求，征集具有高支撑价值的安全可靠工业互联网APP；二是面向工业"四基"（核心的基础零部件、先进的基础工艺、关键的基础材料、关键的产业基础技术）领域，征集普适性强、复用率高的基础共性工业互联网APP；三是面向汽车、航空航天、石油化工、机械制造、轻工家电、信息电子及其他行业需求，征集推广价值高、带动作用强的行业通用工业互联网APP；四是面向制造企业的个性化需求，征集高应用价值的企业专用工业互联网APP。

　　各省级（含计划单列市）工业和信息化主管部门、行业协会和中央企业在本次活动申报阶段共推荐了 311 项解决方案。经评审，专家组遴选出 125 项解决方案，确定为"2019 年工业互联网 APP 优秀解决方案"，并在业内予以推广。

这次遴选出的解决方案，从省份和央企集团分布看，来自省、直辖市和计划单列市上报的案例共 92 份，来自中央企业推荐的案例共 30 份，来自各行业协会上报的案例共 3 份，覆盖了全国 33 个省（区、市）；从业务环节分类看，研发设计类占比 17%，生产制造类占比 26%，经营管理类占比 24%，运营维护类占比 33%；从行业覆盖方面看，机械制造类占比 22.4%，汽车类占比 9.6%，航空航天类占比 7.2%，石油化工类占比 29.6%，轻工家电类占比 6.4%，信息电子类占比 24.8%；从工业"四基"领域覆盖看，关键基础材料约占 10.4%，核心基础零部件约占 11.2%，先进基础工艺约占 38.4%，关键产业基础技术约占 40%。这次案例征集活动充分展示了国内工业互联网 APP 的技术、产品和应用现状，以及相关的模式和经验。

由于时间有限，书中难免存在错漏之处，敬请读者批评指正！

中国工业技术软件化产业联盟秘书处

2020 年 6 月

目 录
Contents

第1章 专题文章

1.1 面向工业互联网及其 APP 的安全可信技术 //2

1.1.1 工业互联网及其 APP 的概念和现状 //2

1.1.2 工业互联网及其 APP 的安全可信问题 //3

1.1.3 面向工业互联网及其 APP 的安全可信技术 //4

1.1.4 结语 //6

1.2 从价值重构谈工业互联网 APP//8

1.2.1 工业互联网 APP 重构企业业务流程 //8

1.2.2 工业互联网 APP 正在重构制造业 //10

1.3 工业大数据——制造企业数字化转型的重点方向 //12

1.3.1 引言 //12

1.3.2 制造企业数字化转型的内涵和方向 //14

1.3.3 工业大数据,为什么受到如此高的关注 //15

1.3.4 工业大数据的内涵 //18

1.3.5 如何推进工业大数据 //20

1.3.6 结语 //23

1.4 工业知识图谱是工业技术软件化的集线器 //24

1.4.1 从工业→技术→软件化 3 个层次理解工业技术软件化 //24

1.4.2　工业知识图谱是工业技术软件化的集线器 //25

1.4.3　万物互联时代，图谱赋能工业技术软件化深层次发展 //27

1.5　工业互联网 APP 的门槛 //30

第 2 章　精选案例

2.1　石油和天然气开采业 //34

2.1.1　中国石油勘探开发梦想云 APP 解决方案 //34

2.1.2　油气田生产信息化智能管控 APP 解决方案 //44

2.2　煤炭开采和洗选业 //58

煤矿机电装备远程监控运维系统解决方案 //58

2.3　电子器件制造业 //70

面向设备和品质优化的格创东智 MFA 工业互联网 APP 解决方案 //70

2.4　土木工程建筑业 //82

2.4.1　蒙华铁路白城隧道施工建设盾构远程在线监测云服务工业
互联网 APP 解决方案 //82

2.4.2　新疆交通建设集团股份有限公司"交通之眼"工程建设
大数据与综合管控智慧调度平台开发项目 //89

2.5　汽车制造业 //93

2.5.1　汽车行业研发生产环节质量监管工业互联网 APP 解决方案 //93

2.5.2　中国第一汽车集团有限公司解决方案 //103

2.6　机械零部件加工业 //110

2.6.1　机械加工领域基于数据驱动的工业 APP 解决方案 //110

2.6.2　海智造设备全周期精益化管理解决方案 //121

2.7　航空、航天器及设备制造业 //142
　　2.7.1　世冠科技数字孪生技术落地应用平台 GCSpace 工业互联网 APP
　　　　　　解决方案 //142
　　2.7.2　适用于商业航天的固体火箭发动机数字化总体快速论证 APP
　　　　　　解决方案 //149

2.8　制冷、空调设备制造业 //162
　　　　小波 Plus 工业物联节能 APP 解决方案 //162

2.9　肥料制造业 //169
　　　　钾肥生产设备在线检测系统 APP 解决方案 //169

2.10　模具制造业 //178
　　　　模具物联网资产管理解决方案 //178

2.11　通用类 //192
　　2.11.1　工业装备数据智能采集与分析解决方案 //192
　　2.11.2　基于工业互联网的智能人机交互管控 APP 解决方案 //198
　　2.11.3　COSMOPlat-IM 智能制造解决方案 //207

第 3 章　企业专栏

3.1　山东旋几工业自动化有限公司 //218
3.2　山东二五六互联网科技有限公司 //219
3.3　湖北赛乐氏信息技术有限公司 //220
3.4　湖南视拓信息技术股份有限公司 //221
3.5　蘑菇物联技术有限公司 //222

第 1 章

专题文章

面向工业互联网及其 APP 的安全可信技术

文 / 华东师范大学　赵涌鑫

1.1.1　工业互联网及其APP的概念和现状

　　工业互联网是以数字化、网络化、智能化为主要特征，通过系统构建网络、平台、安全三大功能体系，打造人、机、物全面互联的新型网络基础设施。工业互联网的概念最早由通用电气在 2012 年提出，随后美国 5 家龙头企业共同成立了工业互联网联盟（IIC, Industrial Internet Consortium），中国为加快工业互联网布局，在 2016 年也成立了工业互联网产业联盟，重点发展工业互联网。

　　工业互联网 APP 是工业互联网平台的智能化应用，《工业互联网 APP 发展白皮书》中定义工业互联网 APP 为"基于工业互联网，承载工业知识和经验，满足特定需求的工业应用软件，是工业技术软件化的重要成果"。它作为一种新型的工业应用程序，与传统的工业软件相比，具有灵活、轻代码化、结构化、定制化、平台化、可移植等特点，因此，它更能满足与工业产品全生命周期相关业务的场景需求，促进工业技术的沉淀、传播和应用效率的极大提升。

　　近年来，我国的工业互联网实力显著提升，国家不断完善发展工业互联网的政策体系，提供了一个良好的大环境，各大企业积极响应建设工业互联网平台的号召。2019 工业互联网全球峰会的数据显示，我国具有一定区域和行业影响力的工业互联网平台已超过 50 个，重点平台平均工业设备连接数达 65 万套，平均注册用户数突破 50 万，平均活跃开发者为 3800 人，平均工业互联网 APP 为 1950 个。平台的良好发展为工业互联网 APP 提供了深厚的发展基础及巨大的市场空间，如中航工业集团基于工程中间件平台，将飞机研制技术的经验进行总结积累，形成软件化、结构化的模型库，开发了近 600 个工业互联网 APP；东方国信基于 Cloudiip 平台形成了近 200 个可复用的微服务，为此开发了数百个工业互联网 APP 来满足其需求。但是，我国当前工业互联网 APP 仍有许多不足。第一，真正意义上的工业互联网 APP 数量不多，目前很多 APP 都是基于 Windows系统开发的，完全依靠工业互联网平台开发出来的 APP 屈指可数。第二，APP的整体质量不高，且发展不均衡。目前，APP 的开发主要局限在高端产业的装备制造业，且以状态监测、故障诊断类功能为主，智能决策类 APP 较少，由于投入不足及专业性强，无法得到大规模的推广。第三，APP 发展的技术尚未成熟，缺少标准和规范，没有良好的可被大规模推广的工程化路径。同时当前的技术无法对 APP 的质量和安全性进行保障，对 APP 的可靠性、安全性的评估能力也较弱。总体来说，我国工业互联网 APP 的发展是机遇和挑战并存的。

1.1.2　工业互联网及其APP的安全可信问题

随着计算机技术的不断发展，工业化与信息化进行了深入的融合，大大提高了工业的生产效率。然而纵观传统工业软件发展的数十年，软件自身存在的功能安全隐患和信息安全隐患已经引发了许多安全性事故。2011 年温州动车事故虽有天灾的因素，但其控制软件在单一故障下的安全关键功能、安全关键信息、安全关键报警的设计强化不足，未采用系统架构的可靠性并联结构，也是造成这起事故的重要原因。作为工业生产和制造的控制中心的工业软件，目前正从信息化朝着云化、智能化和数据化的方向发展，工业互联网平台和工业互联网 APP 就是其具体化的表现，这将进一步提高企业的生产效率，为企业优化复杂工艺、实现数字化转型奠定坚实的基础。然而新的技术也会带来新的安全问题，数据资产的不断增加、越来越模糊的网络边界使传统的技术安全和管理安全手段无法再对工控安全进行有效的保障，传统的工业软件通常部署在工业现场内网，连接范围有限，地址私有且不与互联网联通，往往形成工业系统的信息孤岛，因此，它很少考虑来自外界网络的威胁，而是采用亡羊补牢、补丁式修复的模式，这无法满足工业互联网平台下工业互联网 APP 的需求。

2019 年 4 月 15 日，工信部发布《关于加强工业互联网安全工作的指导意见（征求意见稿）》，该指导意见明确提出要加快构建工业互联网安全保障体系，提升工业互联网安全保障能力。到 2020 年底，工业互联网安全保障体系初步建立；到 2025 年，制度机制健全完善，技术手段能力显著提升，安全产业形成规模，基本建立起较为完备可靠的工业互联网安全保障体系。随着工业控制系统与互联网的不断融合，用于工业生产环境的工业互联网 APP 容易受到干扰或干扰其他设备，且执行错误的后果不仅仅是导致数据错误，更有可能导致不可估量的灾难。目前，超过 80% 的涉及国计民生的关键基础设施及智慧城市业务 APP 依赖于工控系统，涉及大量敏感、隐私和高价值的信息数据和资产，引起不法分子和黑客组织等国内外恶意攻击者的觊觎，成为国家层面安全攻防博弈对抗的重要前沿领域。国家互联网应急中心发布的《2019 年上半年我国互联网网络安全态势》指出：大量 APP 存在探测其他 APP 或读写用户设备文件等异常行为，对用户的个人信息安全造成潜在威胁。因此，对工业互联网 APP 的质量，尤其是安全性，理应有更高的要求，工业互联网 APP 不仅要重视信息安全，更要重视功能安全。

1.1.3 面向工业互联网及其APP的安全可信技术

工业互联网系统及其 APP 所面临的安全威胁在类型、规模和破坏性等方面急速增加、增强，其攻击方式从之前采用单一的、无延续性的破坏式攻击逐渐转变为采用各种方式的、具有持续威胁的深层次攻击。为了应对手段多样、来源复杂、对象广泛的攻击手段，仅依靠传统的应对特定威胁采取特定策略的被动防御模式已经无法有效应对，我们不仅要保证工业互联网 APP 的边界和接口的安全性，更要防患于未然，把重心放到提升软件自身的安全能力上，面向潜在的威胁对其安全进行建模，实现功能安全和信息安全的融合，从而在一定程度上消除工业互联网 APP 中潜在的威胁。工业互联网 APP 的安全可信技术在功能安全和信息安全方面具有以下要求。

（1）功能安全方面的要求：逻辑功能可验证、异常故障可处置、标准规范可保障。功能安全主要解决人们在设计和实现软件的过程中，由于考虑不周、操作失误等原因导致的客观引入的问题。针对软件及 APP 缺陷和漏洞问题，常用的方法是通过软件测试发现缺陷，然后对缺陷进行修复。但测试是不完备的，测试只能发现系统中存在的问题，无法证明系统没有问题。同时，随着软件及 APP 规模的增大，其分布性、并发性、异构性和实时性的增强，软件及 APP 变得越来越复杂，基于测试的方法难以对其进行完全彻底的检查，也无法发现此类软件和 APP 中隐藏较深的缺陷与错误。因此，对一些安全攸关的工业互联网 APP 软件，必须借助更严格的技术方法，才能保障其安全、正确、可靠的需求。这样如何设计裁剪可信计算技术使之适应工程实践，以进一步强化工业互联网及其 APP 的高安全性；如何设计新的工具链以满足功能安全设备的开发需求，同时支撑功能安全开发流程与可信技术的有效应用；如何确保在功能异常或人为失误的情况下，尽可能避免或降低安全损失，成为工业互联网核心控制软件功能安全领域亟待解决的关键问题。

（2）信息安全方面的要求：威胁态势可感知、攻击行为可防范、安全事件可控制。信息安全主要解决由于某种原因引入的主观导致的问题。目前主要采用针对特定威胁采取特定策略的补丁式防御方法，但无法从根本上解决这类问题。对于水、电、气等关键基础设施和智能制造系统中的工控系统的联网化和智能化，工控系统及其 APP 的信息安全在网络空间中处于动态防护的安全博弈状态。邬江兴院士提出了一种网络空间的拟态防御方法来解决这类安全问题，它主要是指在不依赖攻击者先验知识和特征行为信息的情况下，将网络空间不确定的安全威胁问题，归一化为可靠性和顽健控制理论及技术能够解决的问题，用这类安全功能去克服这些安全缺陷。他针对一些不确定性威胁，如后门、特殊管理维护接口等，基于相对正确的公理，依据熵不减系统能稳定抵抗未知攻击这一发现，借鉴可靠性理论与自动控制理论，提出了动态异构冗余构造，导入拟态伪装机制，形成"测不准效应"，从而使软件获得安全功能。

针对工业互联网核心控制软件及其 APP 的安全可信技术，华东师范大学和上海工业控制安全创新科技有限公司致力于联合企业构建端到端信任、动静检测监测的内生式工业级安全体系，提升工业互联网核心控制软件及其APP的功能安全和信息安全，其具体的安全可信实践如下。

（1）在功能安全方面，研发了智能测试工具，可用于工业互联网核心控制软件及其APP的动态测试和运行时的缺陷检测，其利用先进的动态符号执行技术，把程序变量抽象为符号变量，结合约束求解技术，自动生成满足所选覆盖准则（语句、分支、边界及MC/DC覆盖）的测试用例，实现智能化的单元测试。该测试工具测试航空航天、地铁信号、汽车电子、核电控制等领域软件代码超过8000万行，平均语句覆盖率超过80%，有效提高了测试效率，能够让测试人员摆脱效率低、质量参差不齐的手工测试用例编写任务，大幅提高测试人员的工作效率，有效提升测试质量。同时，利用智能路径搜索算法来深入检查程序单元中存在的缺陷。可以检查与内存相关的缺陷，包括浮点数除零错误、整形除零错误、空指针算数操作、数组越界、空指针、指针越界、内存重复释放、指针非法释放、指针非法删除、内存泄漏、使用已释放指针等，误报率低至5%。

（2）在信息安全方面，通过构建基础设施安全模型和标准框架体系，试图保障最终用户企业数据的可用性、完整性、安全性；研发面向互联网系统的安全访问控制，实现系统固化，部署系统固化机制，裁减不必要的服务、应用和网络协议，适当配置操作系统的用户身份验证与资源控制；在工业互联网平台、工业互联网APP、互联网等层面嵌入常见的安全防护措施，当遇到大部分攻击时能够及时进行主动防御；将针对软件未知漏洞和后门的、人为的攻击行动，转变为系统层面攻击效果不确定的事件，再将其转化为概率可控的可靠性问题，实现安全威胁可量化，使网络空间变得易守难攻；最后对每个层级进行连续监控，为应用或微服务的连续监控提供数据保护机制，阻断来自外部网络的恶意攻击。

1.1.4　结语

工业软件是买不到的产业关键技术，数十年来我国的工业软件大部分都被国外所垄断，而如今工业互联网的不断发展及新兴的技术变革为我国工业软件后来居上带来了巨大的机遇，通过工业互联网平台的建设和工业互联网 APP 的建设，有望补齐我国工业软件研发和设计难的短板。同时，由于网络建设的不断深入，工业互联网这一领域面临着未知的网络安全风险，且这种风险很有可能造成不可估量的损失。而传统的边界防护和亡羊补牢模式已无法满足安全性要求，因此，在工业互联网 APP 中构建严格的功能安全和信息安全模式显得尤为重要。利用可信计算和动静结合的测试技术保障工业互联网及其 APP 的功能安全；利用拟态防御、系统固化和连续监控等方法，可以有效管控由漏洞、后门等因素引发的确定性和不确定性安全威胁，提升网络信息安全，进而为我国工业互联网及工业互联网 APP 又好又快地发展奠定了坚实的基础。

从价值重构谈工业互联网 APP

文 / 中国船舶集团科技部　师艳平

2017 年 11 月，国家出台《关于深化"互联网 + 先进制造业"发展工业互联网的指导意见》，提出到 2020 年要"培育 30 万个面向特定行业、特定场景的工业互联网 APP"，到 2025 年要"培育百万工业互联网 APP，实现百万家企业上云"，随后又下发了《工业互联网 APP 培育工程实施方案（2018—2020 年）》。围绕着制造业提质增效、转型升级和自主可控的实际需求，各省市地方政府与行业领军企业纷纷出台相应政策，举办各种工业互联网 APP 大赛活动，发展工业软件，培育 APP 走上了快车道。

当前，随着以物联网、云计算、大数据、人工智能、5G、区块链、AR/VR、脑机融合等为代表的新一代信息技术的迅猛发展，数据已成为人类的第五种关键生产要素，数字技术与社会、经济、生活深度融合，成为创新发展的主要驱动力。推动中国从传统农业大国向工业大国转变、从制造大国向制造强国转变，从消费驱动型向工业驱动型转变，工业数字化是基础。只有加快推动工业技术知识的数字化、制造业全流程（研发、设计、生产与运维）的数字化，我国才能快速步入数字工业时代，而其最主要的路径之一就是工业互联网 APP。

1.2.1　工业互联网APP重构企业业务流程

1. 工业互联网 APP 加速企业经营管理业务流程重构

在现代企业中，流程无处不在。随着社会的进步、信息技术的发展和人们对物质文化需求的日益增长，进入 20 世纪 80 年代后，基于亚当·斯密的"劳动分工理论"和泰勒的"科学管理理论"的企业经营管理模式已无法应对竞争日益激烈的外部环境——组织机构臃肿，办事效率低下，等待、重复与浪费时间增多，应对外部反馈迟滞……

在这种背景下，汉默先生提出的业务流程管理理论，为企业应对复杂多变的外部竞争提供了理论基础。基于软件定义流程的方法，以流程为导向，把企业各项经营管理工作任务数字化后，将其重新排列组合嵌入以客户价值需求为导向的工作流程中，使企业各项经营管理制度化、标准化、规范化，最终通过软件的方式，以自动化、电子化达到信息流的畅通，从而提升企业运营管理效率，彻底改变传统的按照分工原则把一项完整的工作分成不同阶段，由各业务、职能部门顺序开展工作的方式。

2. 工业互联网 APP 推动企业研发设计生产流程重构

RFID、传感器、工控系统、5G 等信息技术与产品的广泛应用，促进了互联网与工业融合发展，使万物互联成为现实。制造业的研发端与制造端、制造端与设备端的互联互通，使人与人、人与物（设备）、物与物及时"心心"相通。通过对实时感知、采集、监控的研发设计、生产制造过程中产生的大量数据的分析挖掘，经过提炼、抽取、处理、归纳形成各业务过程的数字化知识，最后经过封装，形成可复用的工业互联网 APP，从而实现企业全业务过程中数据的自由流动和基于知识的工作自动化，从根本上改变了企业的研发设计、生产制造、运维管理模式，赋能企业提质增效，转型升级。

（1）工业互联网 APP 创新研发设计模式。在研发设计环节，通过规范与定义基于单一功能的 APP 之间的软件接口与标准，基于对象的功能需求来调用已封装的工业互联网 APP，实现模块化、标准化设计，达到知识共享与重用，减少反复设计的次数，提高设计效率。

（2）工业互联网 APP 创新测试、验证方式。传统的舰船装备，如水雷、鱼雷等的测试、验证一般需要用实物来测试评价其研发设计与生产制造符合性、可靠性等指标，其成本随测试方案与测试次数的不断增加而增加。而利用基于性能的虚拟测试仿真 APP，可以实现对水雷、鱼雷等装备的研发设计环节过程的模拟、分析、评估、验证和优化，从而减少研发迭代更改量，优化生产制造工艺，降低湖试、海试试验成本。

（3）工业互联网 APP 优化生产作业工艺。通过分析收集生产车间的人员到岗率、机床主轴运转率、车间用电量、用气量、机床设备振动噪声等数据，经过封装，形成作业工人工作饱满度分析 APP、机床设备诊断维修预测 APP、车间能耗监控 APP、生产过程优化仿真 APP 等，可用于生产现场的监控，进行作业调度与生产工艺优化，从而改进生产流程，提升工人的工作效率，降低车间的能耗水平。

（4）工业互联网 APP 推动服务型制造。在实际生产运营中，通过工业互联网可实时收集所交付产品的运行状态大数据。企业可在故障预警 APP、远程运维 APP、质量诊断 APP 等软件中对所收集的数据进行耦合分析，可预测产品运行状态，确定什么时候维修，什么时候增加备品备件，什么时候进行培训等工作，为客户提供个性化、在线化、便捷化的增值服务，增加客户黏性，使以产品为核心的经营模式向"制造＋服务"的模式转变。

1.2.2　工业互联网APP正在重构制造业

1. 软件定义、数据驱动已成为业界共识

企业各业务的数字化和流程 APP 化，已成为制造企业转型升级的基础。企业从研发、制造、检验、测试、服务到供应链，均可实现软件定义，工业互联网 APP 的应用贯穿于企业的全业务价值链。工业互联网 APP 正在重构制造业，成为制造业的数字大脑。

船舶制造业属于典型的劳动密集型行业，相当多的从业人员是外包工，从事着重复、低端、枯燥乃至危险的下料、焊接、装配等工作。如何改善工作环境？答案就是智能化改造，将已有工作经验与工业技术软件化，形成焊接质量管控 APP、曲面焊接 APP 等，将员工从复杂、恶劣的环境中解脱出来，转为通过工业 APP 来控制机器，进行切割下料、焊接、打磨、装配等工作。工人的劳

动形式将由体力劳动逐步转变为更有意义的知识创造性工作，从而大大提升个体劳动价值。

2. 工业互联网APP加速制造业数字化重构进程

随着新一代信息技术的迅猛发展，数字化转型成为企业提质增效、转型升级的必由之路。企业的数字化转型本质上是对传统业态下的企业的设计、研发、生产、运营、管理、服务等的数字化变革与数字化重构，从数据科学的视角，分析企业各业务所产生的数据，发现数据的商业价值。通过将企业传统业务数字化、APP化，最终实现数据驱动业务，数据指导决策，推动企业发展从资本密集、人力密集向数据驱动转变，利用数据发现并实现企业传统业务的价值增值。

当下，伴随着物联网、大数据、云计算、人工智能、脑机生物工程等的爆发式发展，数字时代已经来临，工业互联网APP将重构制造业的每一个环节，并将随着知识的积累，反馈重构工业流程，进一步推动制造业各环节的价值重构。

工业大数据——制造企业数字化转型的重点方向

文 / 金航数码科技有限责任公司（航空工业信息技术中心）副总工程师　梁建交

1.3.1　引　言

国内制造企业信息化，从工程领域的 CAD 应用和管理领域的财务核算开始起步，至今已经持续了 20 年左右的时间，一个单位在信息化方面的累计投入少则数千万元，多则数亿元。然而，制造业普遍存在这样一个疑问：与信息化的巨额投入相比，其实际建设成效似乎并不突出，特别是对组织系统而言。困扰企业多年的一些问题，如产品竞争力问题、生产质量问题、准时交付问题等，并没有因为信息化的巨大投入而得到明显改善。

那么，问题到底出在了哪里？

20 世纪 70 年代末，美国信息技术专家诺兰（Richard L. Nolan）将一个企业的信息化发展划分为六大阶段：起步阶段、扩展阶段、控制阶段、集成阶段、数据管理阶段和成熟阶段（如图 1–1 所示）。《工业化和信息化融合评估规范》（GB/T 23020—2013）将两化融合水平划分为基础建设、单项应用、综合集成、协同与创新 4 个阶段。对照国内制造企业的信息化历程来看，诺兰模型从"扩展阶段"到"控制阶段"主要以单项应用建设为主，对应于两化融合的"单项应用阶段"，很多企业直到目前仍处于这个阶段，尚存在很多空白的信息化领域待填补。这个阶段的应用本质上多为流程电子化，即将一些手工作业借助计算机来完成，同时，使流程的上下游或者不同的流程间能够基于网络协同起来。流程电子化只是流程优化的手段之一，如果只是简单的电子化，其实并不一定能带来效率的提升，甚至由于必须采集一些数据，而导致部分业务环节工作量的增加，所以这两个阶段信息化价值的显现度较低。

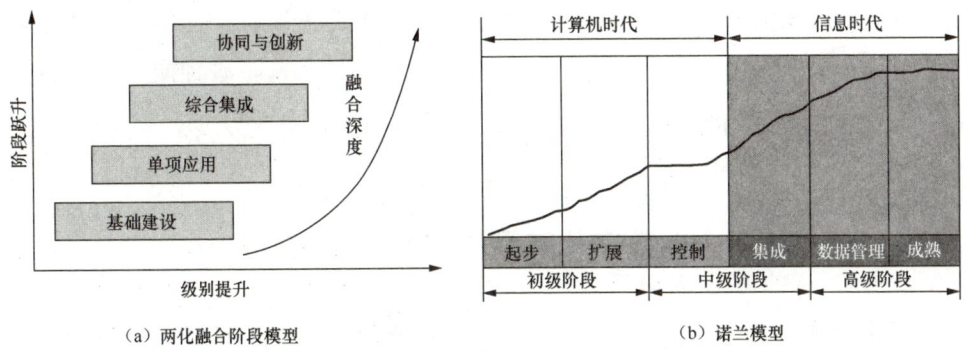

（a）两化融合阶段模型　　　　　　　　　　（b）诺兰模型

图1-1　信息化阶段模型

从近几年制造业信息化建设的重点来看，相当一部分企业已经完成了诺兰模型的"控制阶段"，进入了"集成阶段"（两化融合的"综合集成阶段"）。但是，很多企业发现，要跨越这个阶段十分困难，有专家称之为"集成应用陷阱"，即从 CAD/CAE/CAM（计算机辅助设计/计算机辅助工程/计算机辅助制造）、PDM/TDM/SDM（产品数据管理/试验数据管理/仿真数据管理）、财务管理、CRM（客户关系管理）、ERP（企业资源计划）、SCM（软件配置管理）等单项/局部应用，跳跃到全要素、全流程、全场景、全生命周期应用，非常困难。

跳出"集成应用陷阱"，须从 3 个视角来寻求解决方案。一是流程，企业的业务流程和业务规则必须是清晰的，只有流程和业务规则清晰，软件的运行逻辑才能够完整地体现业务逻辑，应用集成接口才能够被清晰、准确地定义。二是数据，核心是数据流和数据标准。流程是数据的管道，所以数据流清晰的前提是流程清晰。数据标准化是数据流动起来的基础，举一个简单的例子：如果物料编码不统一，就无法识别两个系统中的物料是否是同一个物料，也就无法将两个系统的数据关联和整合起来，数据的价值也就无法呈现。另外，如果不定义清楚一个业务对象由哪些数据来描述，就无法将其数据化，也就无法对其进行很好的测量、管理和改进。三是技术，利用技术手段实现流程的集成；利用技术手段管理数据的标准，并确保数据标准的贯彻执行；利用技术手段，减少系统孤岛的存在，如统一技术平台。

所以，我们看到，要突破集成应用，需要对数据（如数据标准、数据质量）进行治理，而数据要得到充分利用，又需要借助于流程管道的贯通而流动、整合起来。诺兰模型的集成应用阶段和数据管理阶段是交织在一起的，并没有清晰的边界，而信息化要走向成熟，必须经历集成应用、数据管理两个阶段。因此，制造企业当前信息化存在的许多问题和疑问，是信息化发展必然会经历的。

1.3.2　制造企业数字化转型的内涵和方向

数字化转型是当今社会产业发展的一个重要命题，无论是制造业，还是金融、电信、农业、商业都是如此。制造企业的数字化转型，一方面是信息化发展自然演进的必然，按照诺兰模型，当前制造企业的数字化转型就是要突破集成应用，实现数据管理，走向成熟，即释放信息化红利。另一方面是新一代信息技术在制造业融合应用的必然，大数据、云计算、物联网、人工智能等新一代信息技术为制造业的产品创新、工艺优化、服务模式变革，甚至管理和决策模式的革新，都提供了更多的可能和更大的想象空间，新一代使能技术的应用，使工业范式和企业竞争优势都将被重塑。

中国航空工业在两化融合领域不断创新理念和方法，信息技术在工程领域的应用显著提升了型号研制效率，整体信息化水平在制造业的央企中始终名列前茅。随着新一代信息技术的发展，航空工业结合近 20 年的信息化建设经验，对数字化转型的内涵和实现逻辑进行了深入研究，提出了工程系统和组织系统数字化转型的 4 个共性技术特征（如图 1-2 所示）：架构引领、基于模型、数据驱动、流程贯通。

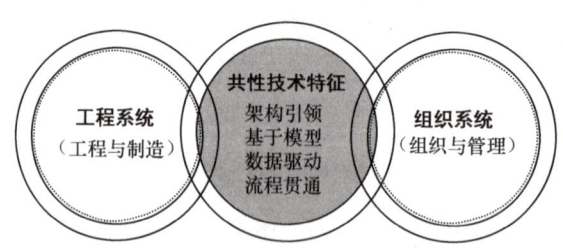

图1-2　数字化转型的4个共性技术特征

架构引领。引入系统性方法，从用户需求和组织战略出发，自顶向下设计与协同构建，实现对复杂系统（包括工程系统和组织系统）演进的整体驾驭。中国航空工业集团有限公司原副总经理 /CIO、时任清华大学特聘教授、工业工程系统复杂系统工程研究中心主任张新国博士曾在 The Open Group（开放群组）年度峰会上发表《EA/SA——驱动数字敏捷转型》的主题报告，充分论述了架构对于数字化转型的重要性。

基于模型。在系统生命周期的不同阶段，通过对系统的结构化、数字化表达，实现在虚拟环境下的仿真验证，实现需求、设计意图在全生命周期的准确传递和完整贯彻，保证一致性、完整性，减少歧义。

数据驱动。在流程电子化所实现的数据积累的基础上，通过数据治理、数据整合、数据建模，盘活数据资产，打通从数据、信息、知识到智能的整个价值链，推动企业从数字化、网络化走向智能化，驱动业务变革和管理创新。

流程贯通。打造业务流程从分析、设计、构建、实施、运行到持续改进的闭环运行逻辑，实现从战略到业务运行的落地，从业务到 IT 的落地，以流程为主线，实现信息流、物流、资金流等多流合一，连接信息孤岛，穿透组织壁垒，实现业务协同。

不难看出，上述 4 项共性技术之间也是相辅相成的。流程需要架构，数据也需要架构；流程需要建模，数据也需要建模；流程贯通和数据流动相互依存，数据驱动则建立在架构、模型和流程贯通基础之上。架构和模型的核心是理念、方法和技术，流程贯通、数据驱动则更多体现为目标和效果。

1.3.3　工业大数据，为什么受到如此高的关注

大数据技术发端于高速发展的互联网行业，并在互联网的应用中不断发展和成熟。大数据应用已经被纳入国家战略并在各个层面落实为具体行动，国家和地方政府出台了很多政策，大力支持相关产业发展。大数据技术生态快速形成，大数据的相关应用迅速从互联网渗透到政务、交通、医疗、金融、制造业等行业，"工业大数据"指的就是大数据技术在制造行业中的应用。

早在 2015 年 8 月，国务院发布的《促进大数据发展行动纲要》中就提出，发展工业大数据，推动大数据在工业研发设计、生产制造、经营管理、市场营销、售后服务等产品全生命周期、产业链全流程各环节的应用，促进大数据、物联网、云计算等在制造业全产业链的集成应用，推动制造模式变革和工业转型升级。

大数据的发展日新月异，当前应该审时度势、精心谋划、超前布局、力争主动，推动实施国家大数据战略，加快建设数字中国。

工业大数据备受关注，与当今全球制造业正在向智能化方向发展密切相关。无论是智能化的产品还是产品制造过程中所使用的智能化设备，在运行过程中都会产生大量的（往往是 PB 级的）、多源异构的，甚至是实时的数据。这些数据经过处理后，与特定的业务场景相结合，将呈现出巨大的价值。例如，波音公司利用多年来各类飞行数据的积累，引入大数据技术，开展预见性维修和飞行优化，每天可为客户减少机组排班成本约 7%，为每个航班节省燃油数百磅（1 磅 ≈ 0.45 千克）。空客将来自业界多个来源的航空数据整合到一个安全的基于云的平台中，开展飞机运行故障的预测性分析，可提前寻找解决方案，使机队的运行中断事件减少 30%。

国内装备制造业的一些企业在利用大数据技术加强生产管理、优化产品运行和改善服务水平等方面也已经取得明显的效益，如表 1–1 所示。

表1–1　国内大数据应用案例

企业名称	应用场景	主要数据类型	数据价值
西飞	民机客户服务	新舟系列飞机的设计、制造、试飞和飞机运营数据等	实现客户航线、飞机状态的动态监控，对飞机故障进行预判和警示，95%以上的突发、意外情况得到快速响应，首次准确答复率达90%
三一重工	设备远程控制；设备故障预测；库存与供应链	20万台设备的工况、位置数据和业务系统数据等	新产品的动力总成效率提升8%，油耗降低10%。在出现故障的设备里有50%可以事先预测。备件库存下降48%，需求预测准确率由现有的45.4%提升至70%，改变现有旬计划采购策略，临时计划占比下降20%

续表

企业名称	应用场景	主要数据类型	数据价值
中联重科	设备售后服务 设备运行管理	12万余台设备工况与位置数据，核心业务系统和外部应用平台数据等	服务成本下降了30%，零配件周转率提升20%；帮助客户提升设备管理效率高达30%，降低安全事故率20%，设备有效工作时长提升20%，人力、维修成本降低30%，设备油耗下降32%
金风科技	风机运行优化 风机维护修理	全球2万多台风机的传感器数据、风资源数据、地理信息、气象数据等	对每台风机的运行情况实时监控，预警所有叶片断裂事件，可最少提前2小时预警。数据驱动优化风偏航角，一台风机一年能多产出价值1万元的电量。通过主动性维修，某部件故障次生事故率可以降低90%
上海仪电	生产管控	设备运行、生产制造、能耗及物流、ERP数据等	产线切换能力由原来的10次/月提高到80次/月，经济效益增长幅度为6000万元/年
陕鼓动力	设备运行管理	设备状态、工艺量、现场服务记录、机组档案等	为客户减少非计划停机50%以上，延长设备有效运行时间15天，缩短正常检修工期51.6%，节约设备管理人力成本60%

工业大数据备受关注也和大数据相关技术的发展与拥有成本降低有密切关系。例如，传感器技术、通信技术的发展使获取实时数据的成本已经不再高昂。嵌入式系统、低耗能半导体、处理器、云计算等技术的兴起使设备的运算能力大幅提升，具备了实时处理大数据的能力。此外，国内开源社区和大数据技术生态的日趋成熟，也使企业搭建大数据平台的学习成本大为降低。

与此同时，随着科学的进步和社会的发展，工业产品、工业过程、经营活动变得越来越复杂，工程系统和组织系统都在快速演进，依靠经验和传统方法已经无法应对日趋复杂的商业环境。借助大数据、人工智能等技术，可以突破人脑的思维限制，开展影响因素更多、关系更错综复杂的分析，对未来进行更加精准的预测，从而指导产品和工艺的改进，管理决策的优化。

一个有趣的现象是，随着人们对大数据的关注和在推进大数据应用过程中遇到的种种问题，人们不得不重新思考长期以来由于信息化过于关注流程而被忽略的一个问题：数据管理问题。人们发现，无论是"大"数据还是"小"数据，都需要引入系统化的方法进行管理。如果不管理好"小"数据，"大"数据的价值就无法发挥。美国管理和信息技术专家詹姆斯·马丁在20世纪80年代就提出了这样的观点：企业数据是稳定的，处理过程是多变的。只要一个企业的业务不变，它的数据类就基本不变，只是偶尔少量地加入几个新的实体。面向过程的方法，往往不能适应管理上的变化需要。

所有迹象都表明，制造业信息化已经进入深水区，即数据管理。之所以说数据管理是"深水区"，原因是数据管理涉及庞大的知识体系，也面临很多不确定的问题。

1.3.4 工业大数据的内涵

人们在谈论工业大数据时，根据不同的语境，"工业大数据"有时候指的是数据本身，有时候指的是与大数据相关的技术，有时候又泛指大数据在制造业的推进。因此，难免会产生一些分歧或争议。开放组体系结构框架（TOGAF）中有两个非常重要的概念：视角和视图。我们观察一个事物的时候，从不同的视角看到的是这个事物不同的侧面——视图，都不是全部。因此，大家在讨论"工业大数据"的时候，如果各自站的角度不同，显然分歧在所难免了。本书选取数据、应用、技术和业务4个视角讨论什么是"工业大数据"（如图1-3所示）。

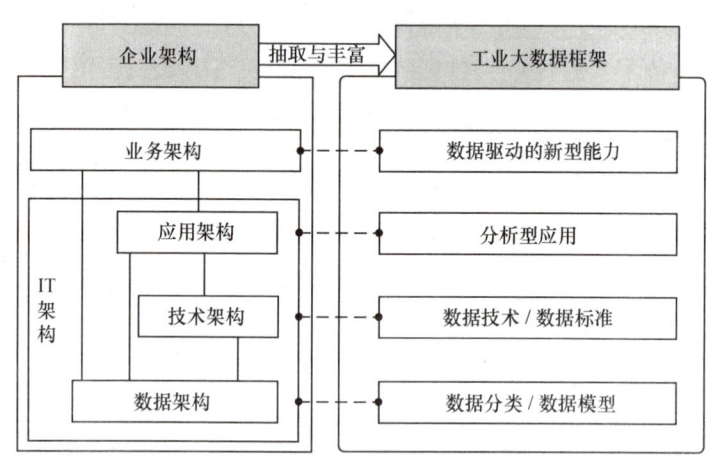

图1-3 工业大数据的视角

（1）数据视角。关于究竟哪些数据属于工业大数据，是有争议的。有的专家认为工业大数据主要指的是工业设备和工业产品运行过程中所产生的数据，因为这些数据具有典型的 4V 特征（Volume，数据量大；Velocity，产生速度快；Variety，数据类型多；Value，价值密度低）。有的专家认为工业大数据包含了工业企业所有的数据，既包括"大"数据，又包括"小"数据。在作者看来，后一种观点更具有现实意义，无论是"大"数据，还是"小"数据，都记录了企业业务的轨迹。清华大学软件学院的王建民教授曾提出：占比 20% 的"小"数据将引爆占比 80% 的"大"数据的价值，"不举小数据之'纲'，难张大数据之'目'"。企业在数字化转型或向数据驱动型企业转变的过程中，不可能只关注数据量大的"大"数据，而放弃价值密度更高的"小"数据。从数据视角看工业大数据，可以发现企业 IT 架构中数据架构部分的缺失和改进机会。

（2）应用视角。应用对应于工业软件，所谓应用视角就是从工业软件的视角来看工业大数据。如引言部分所述，过去 10 ~ 20 年，企业信息化的核心是流程电子化，无论是 CAD、CAPP（计算机辅助工艺过程设计）、ERP 还是 MES（制造执行系统），所支持的都是能够被明确定义的、有上下游关系的业务活动，罗伯特·卡普兰和大卫·诺顿在《战略地图：化无形资产为有形成果》一书中称其为"交易型应用"。但是，当企业数据有了一定积累之后，商务智能和大数据分析逐渐成为信息化的重点领域，其所支持的更多的是人们的智力活动，《战略地图：化无形资产为有形成果》一书中称其为"分析型应用"，即所谓的数据驱动型应用，可用于事实描述、诊断分析、趋势预测、业务规范等。从应用视角看工业大数据，可以发现企业应用架构的缺失和改进机会。

（3）技术视角。工业大数据的"存、管、用"涉及数据采集、预处理、存储、解析、计算、可视化等一系列技术，这些技术当中，有成熟的、通用的技术，往往已经封装在了商业化的数据平台中，也有与特定行业、特定应用场景相关的专用技术，如国外工程软件的数据获取和解析、飞机试飞数据的采集与存储等，需要技术攻关或定制化开发。另外，要支撑数据的全生命周期和全价值链贯通，须对企业的软件平台、基础环境、安全体系等进行重新规划，甚至对整个 IT 架构进行重建。从技术视角看工业大数据，可以发现企业技术架构的缺失和改进机会。

（4）业务视角。从业务视角看工业大数据，对准的是大数据的价值呈现，也就是数据驱动下的新型业务能力，因此，业务视角也相当于两化融合视角。采用业务视角，有助于发现大数据的应用场景，从而挖掘出大数据应用的需求，如工艺优化、设备故障预测、供应链优化、生产智能管控、产品健康管理等。从业务视角看工业大数据也可以发现企业业务架构的改进机会，实现业务能力的提升。

将从上述 4 个视角观察所形成的视图组合起来，就能够得到一张完整的工业大数据蓝图，这项工作本身就是"架构引领"的体现，是架构方法的具体运用。

1.3.5 如何推进工业大数据

如图 1-3 所示，工业大数据的推进涉及业务、应用、数据和技术等多个层面，相关工作千头万绪，关系错综复杂，其中又牵扯很多陌生的术语、概念，如果没有整体规划，看不到一个完整的体系，缺乏统一的沟通语言，企业就很难做出合理的安排，也很难在推进过程中取得广泛的支持。

下面从工作框架、切入点选择和关注事项 3 个方面讨论工业大数据如何推进问题。

1. 工作框架

工业大数据的相关工作可以划分 5 个方面，如图 1-4 所示。

（1）构建知识体系。工业大数据作为一个新的备受关注的领域，涉及很多概念、术语和理论框架，业界对一些术语、概念的解读尚不完全一致，有必要在企业内部建立相关的知识体系，规范定义、统一认知、统一语言，保证沟通顺畅，以利于工作推进。

（2）数据的识别与定义。摸清数据资产状况、规范数据表达，是对数据实施有效治理和开发利用的基础，具体工作包括对数据进行分类、明确数据资源分布情况、建立数据模型等，其中主数据、元数据识别与定义是两类核心基础性工作。

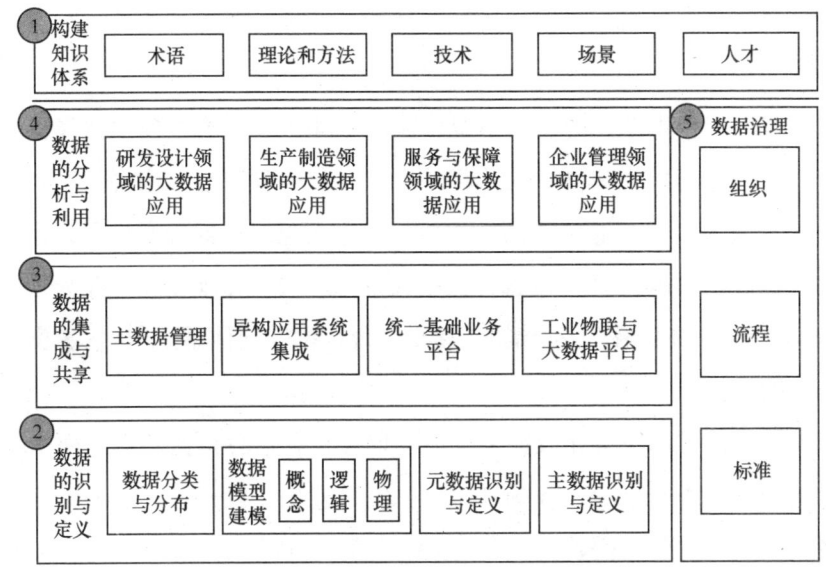

图1-4 工业大数据工作框架

（3）数据的集成与共享。跳出"集成应用陷阱"面临的核心挑战就是数据的自由流动，解决数据集成与共享问题的重点包括两个方面：一是建立数据通道，包括应用系统集成、工业物联、数据平台建设等；二是数据流通，包括主数据集成、业务数据贯通等。

（4）数据的分析与利用。在保证数据质量和数据流通的基础上，推进数据分析在研发、生产、服务和管理等方面的应用，发挥数据资产对业务优化和管理改进的价值。数据的分析与利用是释放信息化红利的主要手段。

（5）数据治理。将数据作为企业核心管理对象，落实组织、流程和标准，明确数据责任归属，体系化保障数据质量和数据安全。从信息化水平比较高的电信、金融、电网等行业的经验来看，数据治理是一个漫长甚至痛苦的过程，需要企业具有很强的韧性。但在数据得到有效治理之后，企业从数据开发利用方面得到的回报也是丰厚的。

2. 切入点选择

由于数据流贯通和数据质量直接影响数据的整合和分析利用，因此，从逻辑上来讲，应先行开展数据治理，再推进数据应用。但这并不意味着数据的开发利用要等到所有的数据全部治理到位才能够开始，可以分领域、分主题，边治理，边应用。

企业可以根据本单位的实际情况，从图1-4中的5类工作中选择任何一类作为切入点，既可以先建立数据治理的组织、流程和制度，落实体系和机制保障；又可以先设计开发企业级的数据模型，进而建立数据资产目录、定义数据标准和规范数据表达；还可以选择数据基础好、价值显现度高的业务领域开发大数据应用，以应用倒逼数据治理，逐步完善数据管理体系。当然，5类工作也完全可以同步开展。

但无论如何，都应遵守数据全生命周期覆盖和信息价值链贯通两个基本原则。具体到某一类数据或业务场景时，一定是遵循"设—存—通—治—用"的基本逻辑。设，主要包括数据识别定义和应用场景设计；存，主要指的是数据采集和存储；通，主要指的是数据整合和数据流贯通；治，主要指的是数据质量和安全管控；用，主要指的是针对具体业务场景的数据分析利用。

3. 关注事项

在工业大数据推进的过程中，有6项特别需要关注的事项，它们对安全、有效地挖掘大数据价值至关重要。

（1）数据模型。根据国际数据管理协会（DAMA）的观点和国内领先行业的实践，数据模型是企业数据架构的核心，是数据标准落地的重要载体，是规范应用系统开发、数据集成和数据整合利用的基础。企业应通过正向设计和逆向建模相结合的方法，构建企业级数据模型，并借助模型管理工具建立起数据模型的"建""管""用"机制。

（2）工业机理。工业大数据推进的最终目标是场景应用，解决实际的工业问题。这些问题的背后是工业机理，如果不掌握工业机理，就无法建立科学准确的数学模型，也就无法实现数据驱动的大数据应用。因此，企业应充分连接外部资源，对准典型需求，开展工业机理研究，积累机理模型，并形成知识库。

（3）能力平台。在工业大数据推进的过程中，数据分析的需求热度、活跃度都会不断增强，要求IT部门必须快速响应，缩短开发周期。同时，随着IT架构的全面云化，大数据应用会越来越趋于轻量化，并以工业互联网 APP 为主要形态。这就需要企业拥有一个能够支持数据全生命周期管理和快速数据开发能力的平台，其应具有安全、可控、稳定可靠、弹性扩展等关键特性。

（4）数据安全。数据只有在汇聚、整合后才能够发挥更大的价值，但数据的聚合会增加敏感信息泄露的安全隐患。而大数据借助的云存储与云计算技术，已经超出了传统的网络边界，导致针对传统网络的安全策略和防护技术无法做到有效防护。因此，企业需要做好数据资源利用和安全风险防范的平衡，持续跟踪、研究新一代数据安全技术，在数据的全生命周期建立安全机制。

（5）数据人才。数据驱动型应用作为企业新一代应用，由于其需求分析、软件开发过程和所依托的关键技术、开发环境都区别于传统的交易型应用，因此，需要新一代人才的加入，企业应做好数据架构师、数据科学家、数据分析师、数据质量工程师等关键性数据人才的培养和引进。

（6）投资保障。鉴于大数据技术在工业领域的应用刚刚起步，企业数据普遍需要治理，数据安全等关键技术需要突破，以及可用算法模型的构建需要一定的周期等，工业大数据的投资收益会有一定的滞后，企业应做好度过一段艰难时期的心理准备，在资金投入方面提供持续支持。

1.3.6 结　语

工业大数据作为制造企业数字化转型的重点方向，在推进过程中，应以现实需求为出发点，避免陷入"大""小"之争，将工程和管理过程中产生并具有使用价值的所有数据作为一个有机的整体，以数据全生命周期覆盖和信息价值链贯通为基本原则，在数据有效治理的基础上，抓住数据模型、工业机理、能力平台、数据安全、数据人才和投资保障六大关键因素，有序推进数据驱动的分析型应用，推动数据资产变现，不断优化产品、改进过程和提高决策效率，释放信息化红利，将制造企业信息化推向更高的水平。

注：该文出自《信息安全与通信保密》，2020.04。

工业知识图谱是工业技术软件化的集线器

文 / 北京智通云联科技有限公司

制造业是工业的一部分，制造业的低水平现状，也折射出整个工业水平的现状。从石油、矿业、煤炭等开采技术的对比看，我国的开采技术离国际先进水平还有较长的距离，这也说明我们国家整个工业的技术水平比较低。

因此，我们需要提升的是整个工业水平，而不仅仅局限于制造业。提升工业水平的路线有很多，每个行业、企业的升级路线也各不相同，但是，从工业本身来看，工业是一个以物质流转换为主的过程，所有的知识都是以物质为承载节点的。按照技术进化的物质规则，技术总是沿着"刚体 → 关节 → 柔体 → 粉末 → 气体 → 场 → 信息"进化的。

工业技术软件化的成熟度水平代表了一个国家的工业化能力和水平，是一种典型的人类使用知识和机器使用知识的技术泛在化的过程。也就是说，知识无处不在，需要的是把知识从人脑挪到计算机，每个人都可以拥有一台计算机，但是聪明的大脑只属于一个人，计算机实现了知识的共享。

1.4.1 从工业→技术→软件化3个层次理解工业技术软件化

狭义地看，工业技术软件化可以分为 3 个层次，即工业 → 技术 → 软件化，我们可以将这 3 个层次看成人们认识世界、改造世界的三步曲。

工业主要是指物质过程，描述的是物质领域的状态变化。技术，按照世界知识产权组织的定义，是指世界上所有能带来经济效益的系统化的科学知识。那么，什么是知识呢？知识是经过验证的共同信念，显然属于大脑的抽象思维领域。装在大脑里的科学知识是很难被广泛地实践共享和应用的，所以就出现了计算机这个载体来模拟人脑。从技术的生产方式进化路线——"人工 → 机器 → 半自动化 → 全自动化"的趋势看，计算机比人脑的重复性生产能力强，这一点更突出了人的思维的强项是创新而不是重复，也就是人脑擅长的是突发奇想的异常点，而机器擅长的是亘古不变的平均值。

工业软件化的 3 个层次不是单向的，工业 → 技术 → 软件化过程的最终目标是实现软件 → 技术 → 工业的应用，也就是实现工业技术的数字化。

1.4.2 工业知识图谱是工业技术软件化的集线器

工业技术软件化就是将人们已知的物质转换的过程，用计算机来实现，然后从计算机存储的数据出发构建各种应用，比如仿真、可视化、问答、搜索等。以桥梁技术为例，其软件化就是根据有限元对桥梁进行仿真，画出各种指标分布图，如图 1-5 所示，红色的位置就是桥梁脆弱的位置，因此建筑的时候需要采取特别的措施进行加固，避免大桥坍塌。但是，在没有 CAE 软件的时代，要想可视化地看到桥梁脆弱之处，用手工计算和绘制技术来表达是非常困难的。

图1-5　桥梁技术的软件化

这是我们对工业技术软件化的一般印象，一个可以用数学方程精确表达的传递函数的分布计算问题。那么既然可以精确计算，为什么还需要专门提出软件化的问题呢？

工业技术要软件化的根源在于，大部分的工业技术都无法精确计算，这些技术都是根据环境和条件变化的局部知识，不能满足科学知识的共识条件，不能用数学方程来精确地描述。比如实验科学，如化学反应、工艺经验；与人相关的，如管理科学、人文科学、社会科学；再比如细菌病毒的机理等，都很难用数学物理方程精确地表达这些物质背后的变换过程，因此，就存在大量的人的直觉判断，即所谓的专家知识。这些专家知识可能发自专家自己的信念，如电子运动方程之于正电子的发现；或者是其长期实践经验的高层次抽象，如黑体辐射经验公式之于量子的发现。由于专家知识纯粹出于专家的无法言说的直觉，所以显得非常神秘，它不像万有引力一样是已经获得共识的科学知识，虽然随着对机理认识的加深，最终专家的直觉会得到事实的印证。

问题是专家知识存在于人脑，属于人的意识层面，而工业技术属于看得见、摸得着的物质层面，物质和意识如何结合在一起呢？或者说定量精确的工业知识和定性模糊的工程经验如何有机融合起来呢？

我们认为工业知识图谱是一个合适的选择。知识图谱是谷歌 2012 年提出的用图的方式对知识进行组织的一种形式，但知识图谱本身有一个漫长的发展演化历史，最早可以追溯到公元前的本体论。谷歌的 Knowledge Graph 的正确翻译是知识图，在国内泛称知识图谱，多出一个“谱”字，这意味着不仅仅是定性的关联，还有定量的计算、排序等功能，都通过知识图谱来实现，这至少已经超越了当初谷歌只是用其来做实体关联、最多做个偏序计算的要求。

如图 1-6 所示，我们把知识图谱分成概念图谱和实体图谱两个部分，虽然表现形式都是字符的网络，但是两者背后的意义是完全不一样的。概念图谱指向大脑，是专家思维对业务认知的描述，是项目专家团队根据项目要求分析出来的，随着项目产生，之前并不存在；而实体图谱是指客观的物理世界，不随人的意志改变。如果用表来描述，概念图谱相当于表头，而实体图谱类比于表记录。

由此我们可以看出，传统的工业知识重实体图谱，而专家经验都是概念图谱，将二者结合在一起，对于传统的工业知识需要定义它的语义结构、概念体系，我们一般称之为知识体系；而对于专家经验，需要不断地丰富它的具体内容。

如此，工业知识图谱就像集线器一样，将多源异构的、不同精度的知识都汇聚在一起，构成一张巨大的知识网。应用就是在地图上截取点、线、面等元素进行处理，如同寻找一条最佳驾驶路线、寻找附近的热点一样。

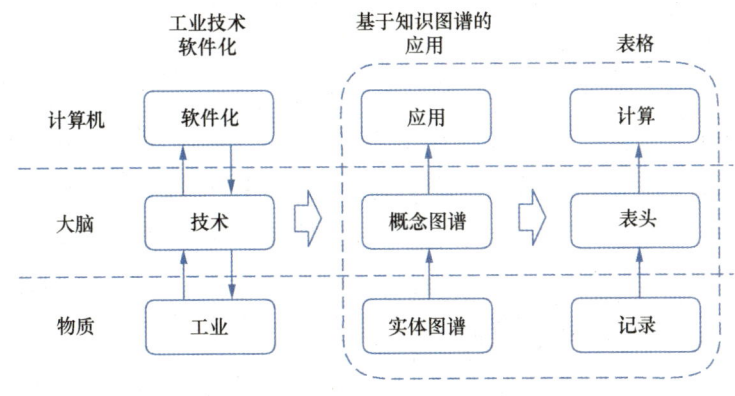

图1-6　工业知识图谱与工业技术软件化的关系类比

1.4.3　万物互联时代，图谱赋能工业技术软件化深层次发展

那么为什么当下的工业技术必须软件化，而之前并不重要呢？其中的根本原因是随着互联网的发展，世界上任何角落的两个人都可以实现关联；随着物联网的发展，世界上任何两粒灰尘之间都能实现关联，这就是长程相关性。我们视觉范围内的线性系统，变成了超视觉、超空间的非线性系统，喜马拉雅山上的蝴蝶扇动翅膀，引起加勒比海的翻天巨浪。在万物互联的世界里，这已经不是幻想，而是真实的存在。

世间万物皆有联系，这是万物互联的本源驱动力。但是，只有一小部分"关系"我们能够看得见，大部分"关系"是看不见的。看不见的原因有很多：一是要素本身不可见（力、能量场、粒子结构、事故深层次原因、神经元活动、隐形人际关系、病毒传播路径等）；二是即使要素可见，但是成因及来龙去脉难以搞清楚或者无法复现（如复杂产品超差、仓储化学品爆炸、冠状病毒变异、经济发展规律等）。因此，充分发掘事物背后的隐性关系，并将其以可视化的形式展示在人们面前，成了知识图谱这种人工智能分支技术要解决的首要问题，即将"过去不可见的因素可见，过去不可计算的因素可计算，过去不能连接的要素可连接"。

换一个角度看，万物互联时代，没有一个确定性方程能描述复杂系统的发展规律，因此，传统的精确仿真就不存在，而要采用基于过去数据的机器学习方法，通过复杂非线性数学模型，比如深度学习模型，描述整个过程的发展变化规律。概念图谱和深度学习模型具有同根性，如图1-7所示，深度学习模型是一种简化的概念图谱，尤其随着像ResNET这样的具有跨层耦合的深度学习架构的出现，描述了专家经验的表达方式，将深度学习模型和知识图谱紧密地融合在一起。换句话说，知识图谱的概念图谱相当于模型，而实体图谱相当于样本，对于解决工业复杂场景的问题具有重要作用。

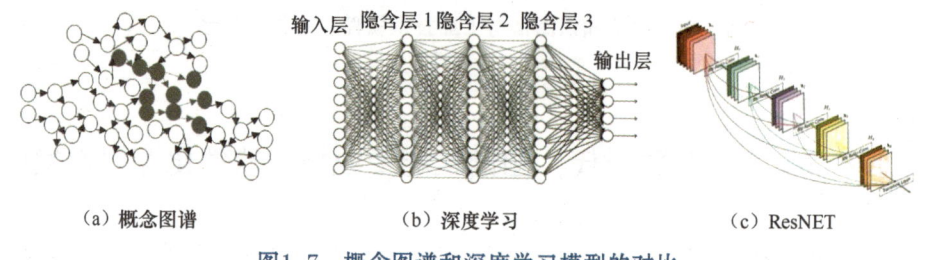

（a）概念图谱　　　　　　　　（b）深度学习　　　　　　　（c）ResNET

图1-7　概念图谱和深度学习模型的对比

以智通云联实施的中国石化西北油田和普光气田智能油田项目—智能问答分项目为例，项目将现有的321个概念及业务活动，如井筒、开发单元、站库、油气田、地层、缝洞单元、盆地、油气层等，总计405924个实体对象、424种关系、266张实时数据表关联在一起，形成一张工业知识图谱，再从265.8万份专业文献中挖掘与321个概念对应的14万个实体对象，35种关系构成第二张专家经验知识图谱，然后将这两张图谱合起来实现在线野外作业时的智能问答。基于图谱解析的问答类型总共11类，这11类问题可以生成很多具体的问题，基本上覆盖了井筒专业关心的一般问题，如图1-8所示。

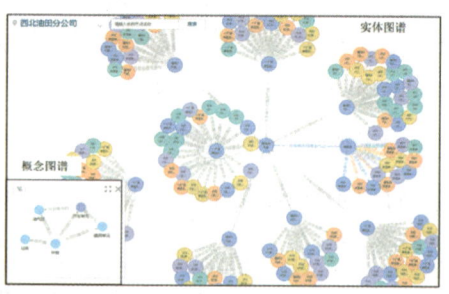

图1-8　石化问答机器人界面及工业知识图谱示意图

　　未来该项目还将与专业的油田软件结合起来，用概念图谱描述油藏结构，将整个油藏压缩到一枚芯片里，然后再用专业解析知识图谱的语义进行油藏结构仿真，促进工业技术软件化向更深层次发展。

　　万物相关是客观规律，万物互联是技术发展规律。产品越来越复杂，技术构成越来越综合，因此，深入揭示产品要素与产品的使用者、管理者、利益攸关方、外部环境等诸多要素的相互关系，是技术发展的总体趋势。知识图谱的发展正好契合了这个技术发展的总体趋势。工业技术软件化需要采用工业知识图谱对工业技术进行语义描述，然后再通过机器学习或者专业软件进行融合计算，实现全流程、全要素的仿真，这是技术发展的必然规律，也是社会发展的必然规律。

工业互联网 APP 的门槛

文 / 北京航空航天大学 刘继红

工业互联网已经成为两化融合和智能制造的新热点之一。在这方兴未艾的浪潮中，我们又迎来了工业互联网 APP（解决方案）的新一期收获，内容很丰富，成果够广泛。也因此有必要重申：工业互联网 APP 其实是有门槛的。只有达到或跨过这些门槛，才称得上是工业互联网 APP（解决方案），也才有资格谈工业互联网 APP。

一是认识门槛。对工业互联网的认识要正确，即使到现在，行业对于工业互联网的认识仍是混乱的，从工业互联网的一些榜单排名就可窥得一斑。虽然已经不再谈姓"工"还是姓"信"，但是，电信企业、信息软件公司、工业制造企业所谈的工业互联网肯定是不同的，居然还放在一个榜单上分出高下。因此先认识清楚我们所谈论的工业互联网是工业基础网络、工业物联网还是工业业务互联网，才能谈得上要开发工业互联网 APP。

二是技术门槛或者专业门槛。工业互联网 APP 不是小程序，要么是已有的工业软件 SaaS 化或云化版本，要么是融合专业技术和知识的软件载体。无论哪种都是具有技术要求和知识含量的 APP。曾经在某次工业互联网 APP 大赛决赛赛场上，进入最终十强的居然有由清一色高校硕士生和本科生组成的团队，他们虽精神可嘉，激情可褒，但是很难让人认同他们的成果是工业互联网 APP。换句话说，专业、技术、知识决定了他们的成果属性。

三是应用门槛。工业互联网 APP 不是消费互联网 APP，必须能够用来解决与工业活动、任务相关的问题，即使这些问题可能不是什么大问题。既然是应用，就必须能够见效，可以使业务效率更高、工作难度更低、工作更方便。从某种意义上说，这又与其他 APP 一样，谁受欢迎，自然意味着谁更有用。

四是共享门槛。工业互联网 APP 应该具备互联网的特征，其中一个就是共享性、开放性，共享才是王道。不能抱着传统的软件意识开发工业互联网 APP，要把开发和分享工业互联网 APP 作为支持工业互联网 APP 生态的具体行动。从另一方面理解，大力发展工业互联网 APP 被寄予希望是破除工业软件既有格局，摆脱被卡、被困的突击方向之一，本质上是软件的共享开放。

总之，设置种种门槛不是为了限制，而是为了鼓励有条件、有基础、有技术、有能力的人投入到工业互联网 APP 生态建设中，开发出创新的、有用的 APP，推动工业互联网稳步发展。

第 2 章

精选案例

石油和天然气开采业

2.1.1 中国石油勘探开发梦想云APP解决方案

一、项目背景

中国石油作为大型国际能源公司,基于核心数据资产保护、生产运营与管理提升的需求,于2001年启动了中国石油信息技术总体规划。经过2004—2015年十多年的持续建设,上游板块相继建成了勘探与生产技术数据管理系统(A1)、油气水井生产数据管理系统(A2)、勘探与生产调度指挥系统(A8)、勘探与生产ERP系统(D2)、油气生产物联网系统(A11)、采油与地面工程运行管理系统(A5)以及ERP应用集成系统(D11),实现了企业从传统管理向数字化、信息化管理的转变,带动了生产组织、科学研究、经营管理、科学决策方式等方面的创新发展,成为集团公司提质增效的重要支撑。

中国石油上游业务通过长期持续的信息化建设,基本做到纵向到底,横向到边,初步实现了业务领域全覆盖。但是上游板块所属各油气田公司信息化建设及发展仍然存在较大的不均衡。数字化转型发展尚处于起步阶段,与勘探开发核心业务深度融合、创新再造不足,解决业务人员痛点、降低操作人员劳动强度的数字化程度较低,关键技术、技能成果转化为自主产权软件产品或模块化工具的能力与国外相比存在较大差距。在各油气田企业和研究单位,普遍存在专业软件类型多、版本杂、数量不足、应用分散、利用率低、购置成本高、国产化程度低等问题。勘探开发核心业务数据资产管理及质量存在较大差异,油气田公司普遍存在数据库多、平台多、孤立应用多的"三多"问题:在数据方面，数据标准不统一、数据分散、重复录入；在平台方面，软件开发没有统一规范，组件不能重复使用，难以集成；在应用方面，孤立应用多，跨专业协同应用少。部分油气田统建、自建系统多达上百个，难以满足上游业务一体化运营和未来智能化共享应用要求，如图2-1所示。

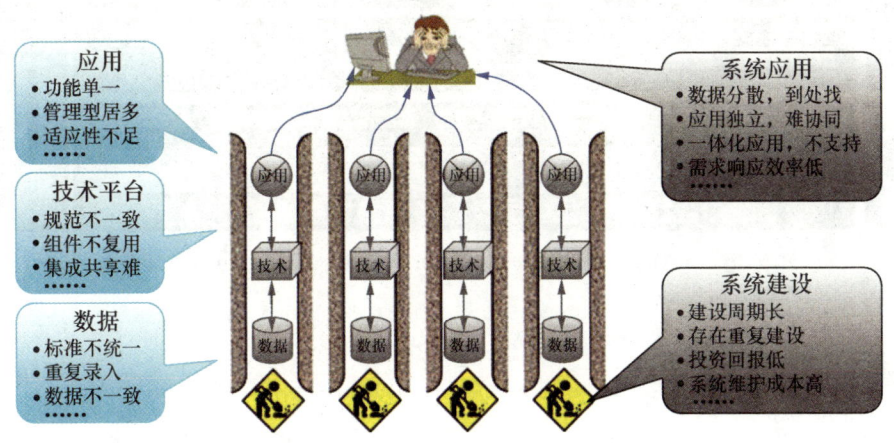

图2-1　"十三五"之前集团上游信息化建设问题

对比行业发展趋势和最佳实践，"十二五"末，中国石油上游板块——勘探与生产分公司提出了以"两统一、一通用"为核心的勘探开发梦想云建设蓝图，旨在实现上游勘探、开发、生产、安全环保与经营决策全业务链数据互联、技术互通、业务协同与智能化发展，构建共创、共建、共享、共赢的信息化新生态，实现基于"一朵云、一个湖、一个平台、一个门户"的上游全业务链系列APP架构，支撑集团公司"油公司"模式改革和一流综合性国际能源公司建设。

二、技术方案

1. 总体架构

梦想云总体架构主要包括统一数据湖（DaaS）、统一技术平台和通用业务应用，另外还包括配套的标准规范体系等，目标是形成上游业务统一的勘探开发梦想云平台及其生态体系，为业务提供全面的云化APP应用，如图2-2所示。

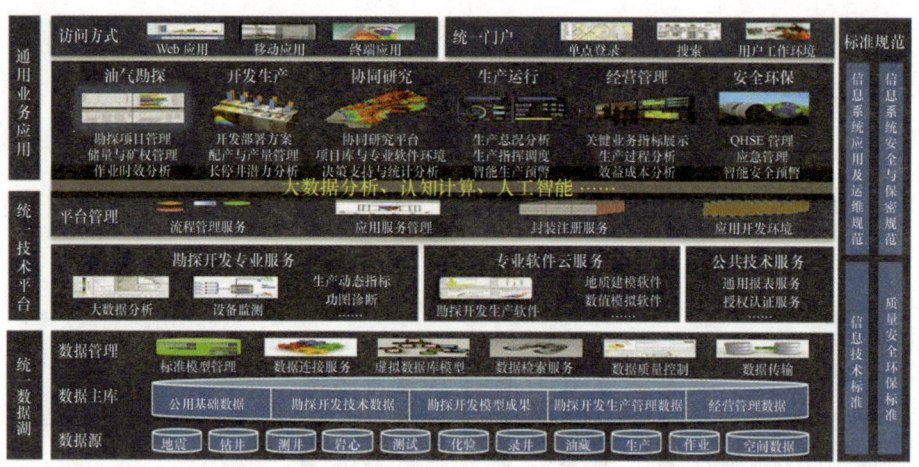

图2-2 中国石油勘探开发梦想云（PaaS/DaaS+SaaS）总体架构

梦想云统一技术平台基于中国石油"三地四中心"提供的统一云计算基础设施即服务（IaaS）能力，采用 Docker+Kubernetes、微服务、DevOps 等技术体系，融合了中间件、大数据、认知计算、人工智能和油气上游专业服务引擎，构建统一的 PaaS 云技术平台，支持对业务需求及企业流程优化的敏捷响应，赋能梦想云平台集成、开放与智能应用（PaaS+Integrated+Intelligence+APP）能力。

梦想云统一数据湖基于梦想云"PaaS+"平台提供的技术能力和油气上游勘探开发数据模型 EPDM V2.0+ 及其勘探开发数据交换 EPDMX 标准，构建了数据治理、数据入湖、领域知识库、数据服务等核心功能，集成了油气上游业务核心数据资产和勘探开发领域的各种常用算法与工具、图形图像可视化、数据统计与智能分析等组件，搭建集成、开放、安全、共享的数据生态体系和数据即服务（DaaS）能力，赋能梦想云平台的数据 + 智能应用（DaaS+iAPPs）能力。

基于 IaaS+PaaS/DaaS 构建了梦想云应用环境 SaaS，支持快速搭建面向现场自动化管理、生产运行管理、综合研究等应用场景的 SaaS 应用和面向专业化应用的云原生 APP，遵循"一朵云、一个湖、一个平台、一个门户"的建设原则，为用户提供统一应用入口；根据用户角色，为其提供资料检索、统计分析、流程管理、专业软件集成和专业云化应用。

2. 技术架构

梦想云技术架构分为 7 层:边缘层(含感知与传感、物联网、边缘计算等)、基础设施层 IaaS(含 HPC 和基础设施云服务)、数据湖 DaaS(含数据治理、数据存储、知识管理等)、基础底台 PaaS(通用 PaaS 部分)、服务中台、应用前台 SaaS、入口(含门户与应用商店)及配套的系列标准规范,如图 2-3 所示。

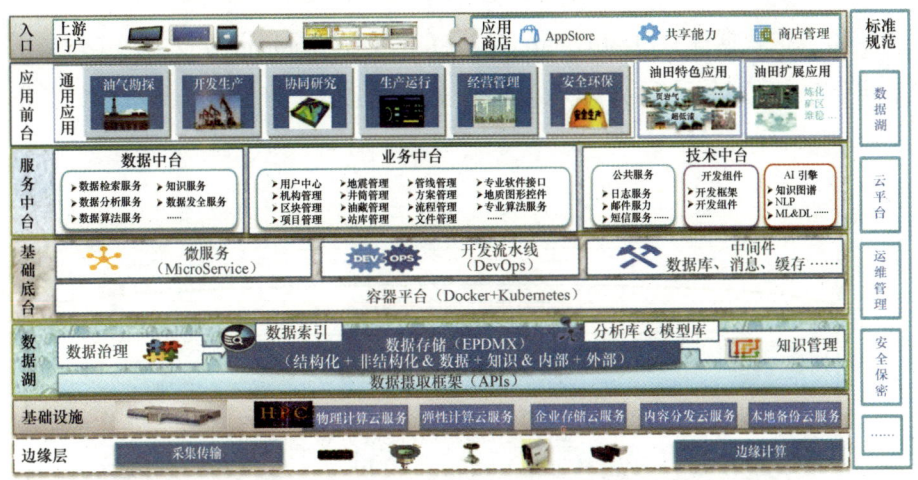

图2-3　梦想云技术架构

3. 统一技术平台与技术生态

统一技术平台(含基础底台与服务中台)是整个上游业务的支撑平台和赋能中心,融合国内外最新 IT 技术,研发了开放、稳定、高效、安全的 PaaS 云平台,建立了持续演进的开放技术生态,支撑七大工作环境:(1)应用开发平台,包括微服务框架、自动化软件开发流水线,支持基于 Python、Java、.Net 等多种开发语言的云原生开发;(2)应用集成平台,打造服务中台,提供行业共享能力,促进业务应用"积木式"快速构建;(3)专业软件共享平台,研发了专业软件云,开放的功能接入框架及数据交换标准,支持传统应用软件云化共享与自助式接入;(4)移动应用平台,包括移动应用开发框架,支持移动应用快速开发与安全接入;(5)智能创新平台,引入深度学习与认知计算框架,打造行业 AI 服务引擎,支持业务智能创新;(6)生态运营平台,搭建行业应用商店,为业务用户、供应商和开发商提供线上开放、安全、公平的合作运营环境;（7）业务协同平台，建立统一门户，提供统一应用入口，支持统建通用应用、油田个性化扩展应用以及第三方应用接入，支撑勘探开发全业务协同共享。

4.勘探开发数据湖与数据生态

勘探开发一体化数据湖是企业核心业务数据资源的汇聚与应用服务中心，其整合了虚拟数据库、ElasticSearch、PostgreSQL、Hadoop 等技术，实现了上游全业务链数据的逻辑统一、互联互通，支持跨地域、跨专业、跨机构的数据共享，如图 2-4 所示。

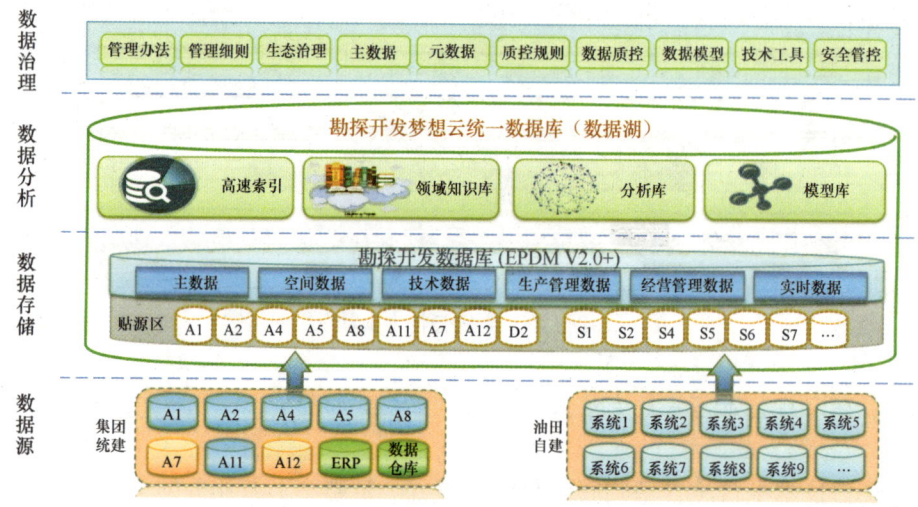

图2-4　勘探开发梦想云统一数据库逻辑架构

（注：图中 A1、A2 等为中国石油统建项目编号;EPDM 为中国石油发布的勘探开发数据模型标准）

统一数据湖实现了数据治理、数据入湖、数据共享、大数据分析等主要功能，管理了与上游业务相关的油气藏、生产、经营等六大领域，物探、钻井、经济评价等 15 个专业、8 种类型的数据，同时，实现了上游业务"一站式"权威的数据服务; 采用软件定义存储、数据服务路由等技术，研发了连环湖技术，支持数据分布存储、就近访问，大块数据访问效率实现了百倍提升; 数据湖提供了基于大数据的数据存储、监控分析、数据治理及数据服务门户，支持数据链路全过程可视化管理，实现异地备份，保障资产安全；建立了主湖、区域湖两级数据治理体系，提升数据质量，建立逻辑统一、互联互通的开放数据生态，实现上游全业务链数据跨专业、跨机构、跨地域的集成共享；基于知识图谱、智能人机交互、机器学习等技术，构建了勘探开发知识图谱，研发了数据洞察与充实模块，激活海量非结构化数据资产；基于租户模式构建大数据分析环境，实现数据建模和自定义分析，提供丰富的可视化工具展示分析结果；基于并行计算和预计算技术，实现亚秒级响应，充分挖掘数据价值；应用全文检索、自然语言识别等技术，实现自然语义检索，打造应用服务入口。

5.勘探开发通用业务应用

上游板块主营业务包括油气勘探、开发生产、综合研究、生产运行、经营管理及安全环保，贯穿于勘探与生产分公司、油气田公司、采油气厂等不同层级。

基于梦想云云原生开发的协同研究环境，为勘探开发研究人员和决策人员搭建一体化的工作环境，如图2-5所示，支撑跨盆地、跨油气田企业的数据共享、成果继承及专业软件云化管理和整合应用。

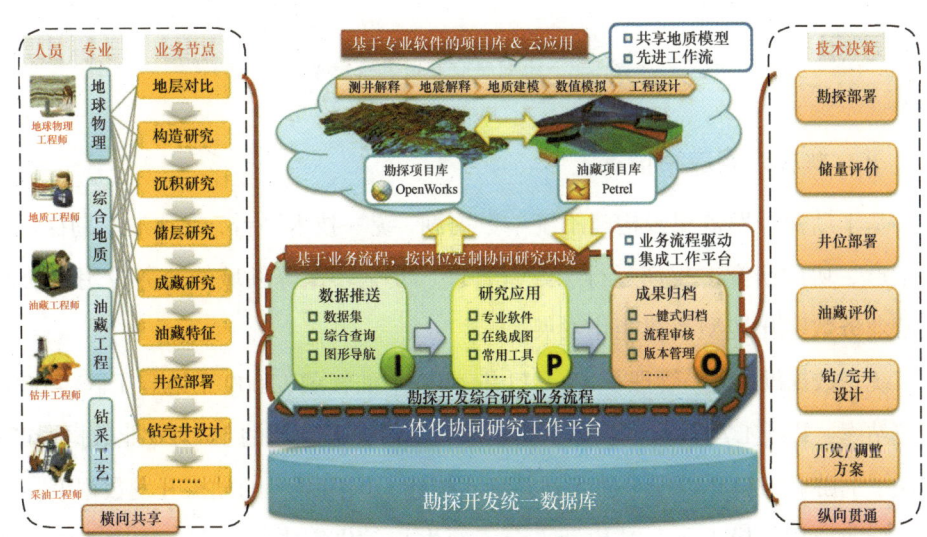

图2-5　协同研究应用架构

协同研究环境，包括数据推送、专业软件接口、可视化引擎等十大模块，支持研究工作全线上开展，实现跨地域、跨专业、跨学科协同研究。基于业务流程，建立共享模型（地学综合、油气藏等），集成专业软件资源，搭建以项目为主线的协同研究环境，支持面向主题的辅助决策应用 APP，实现对综合研究全过程的应用支撑。建立了以项目为核心的项目工作室，分专业建立协同研究环境，实现研究人员与项目、岗位、任务及与数据（含成果）、专业软件、常用工具等资源的有机融合。基于协同研究工作环境以及多图/多屏联动、地质图形导航、井筒可视化、井震融合显示等技术，按照井位部署流程构建井位论证的应用环境，实现全线上多种井位部署论证决策场景，如图 2-6 所示。

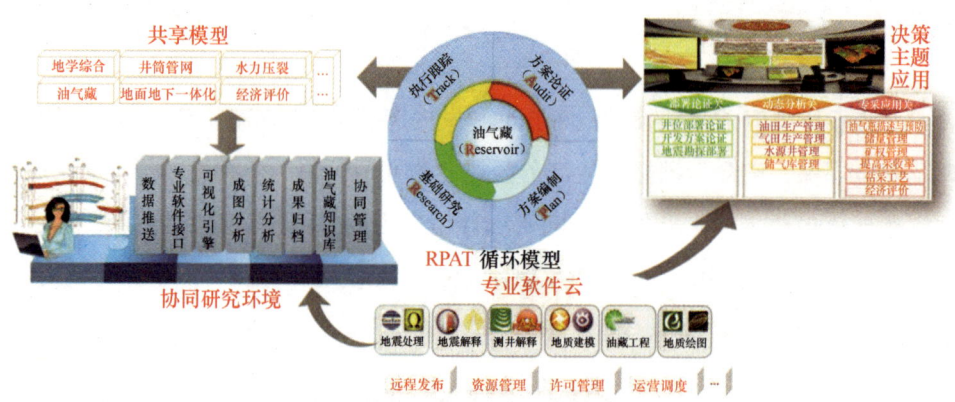

图2-6　协同研究环境共享模型

三、解决方案应用情况

基于勘探开发梦想云构建了统一数据湖、统一技术平台，支撑油气勘探、开发生产、协同研究、生产运行、经营管理、安全环保等领域的业务应用，助推上游业务数字化转型、智能化发展。

统一数据湖，统一管理了 48 万口井、600 个油气藏、7000 个地震工区、40000 座间站库、共计 1.7 PB 数据资产，涵盖油气上游业务领域的 15 大专业数据资产，实现了上游业务核心数据全面入湖共享，构建了国内最大的勘探开发数据湖。

行业应用规模上云。梦想云平台云原生与云化集成相结合，统建通用应用与油田特色应用相互补充，六大领域业务全面协同共享初见成效。APP 应用覆盖了集团统建系统 10 余个、油田自建系统 100 余个、统建与自建应用模块云化集成 200 余个、专业软件接口 30 余个、厂商参与 50 多家、全平台用户 30000 多个，对中国石油油气资源发现与开发提供了持续、有效、高质量的有力支持。

（1）梦想云协同研究应用环境在集团公司所属上游企业全面应用。

协同研究环境在 16 家油气田公司、北京勘探开发研究院、东方地球物理公司、中油测井公司全面实施，支撑了 1600 多个研究项目的线上协同运行，归档成果 40000 多份。

基于梦想云平台搭建的协同研究环境，实现勘探业务研究工作由线下到线上、由单兵到协同、由手工到自动的转变，有效优化工作流程，大幅提升工作效率与决策水平。协同研究环境具有十大特色效果。

① 科研项目线上云化管控。基于任务驱动的项目过程管理，项目长可根据研究内容定制研究流程、组建项目团队、分解研究任务、把控项目进度、审核研究成果，实现研究过程全线上云化管理。同时，通过项目分级管理，解决继承性项目的归属、新老项目的延续、不同类别与不同层级项目的成果交叉共享调用等问题，提高研究工作效率。

② 项目研究环境灵活定制。支持 30 多款专业软件、100 多款在线分析工具的便捷应用，研究人员可快速勾选要使用的专业软件与在线分析工具和框选要用的研究基础数据，大幅度节省手工搜集和整理数据的时间。

③ 一站式数据服务。研究人员可随时安全访问全盆地数据，借鉴前人研究成果，在线查看钻、录、测、试等数据，智能检索钻井设计、完井报告等各类成果文档；通过数字井史等综合展示功能，实现对单井从设计、钻井到生产全生命周期各类信息的在线查看。

④ 全线上专业软件云化应用。支持在线调用 GeoEast、OpenWorks、双狐等主流云化的勘探开发专业软件，将研究人员熟悉的工作环境搬到线上。云平台支持应用数据一键推送至专业软件，研究成果一键归档至平台，研究人员只需专注于研究。

⑤ 一键式成图。研究人员只要选好井，平台自动从数据湖中快速获取数据并自动生成地质图件，过去几个小时的工作量，现在一分钟内就可以完成。

⑥ 多图联动井位部署。研究人员可以根据油藏的主控因素，在云平台中直

接打开不同的地质平面图，部署意向井、设计靶点，通过多种图件联动分析论证井位的合理性。还可以在平面图上直接切取过井轨迹的连井地震剖面，通过平剖联动进一步论证井位的合理性。

⑦ 多媒体、平台联动汇报。研究人员可以在线打开多媒体进行汇报，并从多媒体链接至云平台查看成果数据和图件具体内容，还可以在线进行层位解释和"一圈式"质量检查，将以往的"我汇报什么，领导就只能看什么"转变为"领导想看什么，我们就展示什么"，大幅提升了决策效率与质量。

⑧ 甲乙方一体化协同。基于云平台可实现甲乙方一体化质控、前后方一体化异地协同、处理解释一体化协同开展等新模式。甲方可以及时了解乙方研究进展，乙方及时共享阶段成果，发送任务通知甲方进行质控。甲方的质控意见反馈至项目工作室，乙方按照甲方的意见及时优化研究成果。甲乙方一体化可以贯穿各业务环节，提升研究成果质量。

⑨ 预探产能评价一体化成果共享。研究人员可在评价含油面积图的基础上，进一步制作产能评价方案部署图，实现预探产能评价一体化的成果共享，并利用在线分析工具进行油藏工程方面的计算，提高研究工作效率，实现从勘探研究向开发研究的延伸。

⑩ 矿权流转区块数据共享。支持目标区块业务数据的跨单位授权使用，解决矿权区块流转过程中数据资产的继承和应用问题。以西南油气田和大庆油田的川渝地区矿权流转区块为例，只需西南油气田设置数据访问权限，大庆油田选择数据来源，即可实现矿权流转区块数据的跨单位共享应用。

（2）支持勘探工程管理全线上云化运行、钻井远程实时监控、工程协同决策等。在钻井远程决策支持中心能够直观及时地了解作业最新动态，调整水平井轨迹。工程比较复杂时，工作人员可以通过工程技术物联网实时了解现场情况，方便对现场情况进行判断，远程指挥现场作业。塔里木油田通过梦想云整合集成的钻/完井决策支持模块，钻井监督人员的工作方式发生巨大变化，他们不必跑到作业现场了解情况，通过计算机或手机 APP 便可随时随地掌握现场实时动态，从而进行指挥决策。

（3）基于油气生产物联网，对采油工原来每天的巡井、处理预报警、加药/热洗监督、检查，登录多个系统进行数据填报和处理等工作通过梦想云进行了整合提升，将传统的自动化/数字化系统向数字油田进行延伸，实现了在一个云平台里对油田生产进行远程实时监控和集中管理、生产过程监测、生产分析、预警预测等，减少了现场工作量，实现了井、站、库无人值守，减少了人工成本，提高了工作效率。

（4）在油气田生产方面，通过梦想云可以快速分析油气藏的产量递减、产能贡献率、产能到位率的变化趋势；将原油、天然气年度生产计划下发到各油气田公司，可按日、月监控油气生产运行情况，及时发现生产异常，提前做好生产预案，保障公司产量按计划完成。梦想云平台油气生产模块使原油年度生产计划的制订、生产运行跟踪更加实时、科学、高效。

（5）在采油工程方面，利用大数据分析技术对梦想云汇聚的勘探开发生产全业务链数据资产进行分析，快速识别故障井、低效井，优化采油、采气井措施，助推了增产措施，优化了采油气与地面工程相关的 63 类业务流程，实现了井、间、站的标准化管理和井下作业在线一体化闭环管理，提高效率近 70%，有效支撑油藏工程、采油工程、地面工程各专业的综合研究、高效业务分析、智能优化生产决策。

（6）在生产指挥方面，以往的指挥调度员在油田生产管理工作中进行各级调度时只能通过电话、邮件方式了解油田生产动态信息，不仅沟通效率低，信息在传递过程中还很容易出现错漏。现在有了运行在梦想云平台上的生产指挥可视化中心，各级指挥调度员可以利用生产数据融合与智能应用技术，通过"一张图展示""一键式查询"直接从数据湖中获取生产总况、油气勘探、产能建设、油气开发、油气运销、炼化产销、生产保障、应急响应八大业务场景所需要的数据，直观可视地了解油气开发各环节的生产动态信息，有效打破了不同层级间的信息壁垒。

（7）地震资料智能解释。传统的断层解释工作主要通过地震资料解释人员手工操作完成，需要耗费大量时间。东方地球物理公司创新研发了基于深度学习的断层智能识别技术，通过卷积算子对地震数据进行特征提取，结合多分辨率图像分割技术实现高效、高精度的断层预测。依托梦想云数据湖中丰富的解释成果，利用迁移学习技术实现了对多种目标区域的精细解释。以 10 GB 的地震数据体解释为例，以往提取断层曲率属性需要约 10 小时，现在利用人工智能进行地震断层识别只需 20 分钟，断层识别效率提高了 30 倍。

（8）测井资料智能解释。以往油气层识别工作涉及资料多，工作量大，解释周期长，且专业性与经验性强。现在基于梦想云油气层识别系统构建的测井领域知识图谱及知识驱动的神经储层评价模型对大港油田港东二区900口老井进行测井解释，实现油气水层的智能识别，评价时间缩短了70%，识别准确率达到测井解释专家的水平。

（9）在经营管理方面，上游板块财务负责国内勘探与生产业务财务的核算和成本管理，信息量大、标准要求高，由于缺少统一平台支撑，数据集成和共享不足，影响工作效率和信息质量。通过在梦想云中建设的财务经营管理综合应用平台，可以实现财务与业务的有机融合，已建成并运行了财务分析、盈利预测和预算编制三大模块，系统运行平稳，达到预期目标。

2.1.2 油气田生产信息化智能管控APP解决方案

一、项目背景

近年来，国内各油气田企业面临着国际油价持续低迷，油气生产成本管控难度逐年加大，企业效益差的巨大困难，各企业遵照国家"十三五"信息化规划和"互联网+"行动指导意见，研究部署企业智能化发展规划，引入最新实用的信息技术，深化改革，助力企业突破当前困境，进一步提升企业核心竞争力。

2016年，中国石化集团贯彻落实国家"两化融合、用信息技术提升传统产业"的信息化战略，与油田企业机制建设相结合，有针对性地对油气生产管理实施可视化改造、自动化升级、智能化建设，确定到"十三五"末，全面实现油气生产过程可视化，生产运行状态全面感知，生产实时监控和高效运行指挥，全面提高油气生产管理水平，促进油田管理效率和经济效益的提升。

胜利油田分公司按照中国石化集团下发的《油气生产信息化建设指导意见》，结合自身技术优势，面向油气田生产业务需求，引入智能生产模型、大数据技术、云平台技术等，以油田企业为主阵地，启动"油气田生产信息化智能管控APP"的自主研发。该项目建设遵循"顶层设计、统一平台、信息共享、多级监视、分散控制"的原则，业务覆盖油气生产领域的信息化需求，包括现场自动化采集与控制、生产视频系统、工业物联网、生产数据服务、智能化生产管控应用及各个环节的信息化采集标准建设等内容，形成了以油气生产指挥中心为核心的油气生产信息化智能管控模式，满足全面感知、精准管控、超前预警、高效协同、智能优化、科学决策的油气生产管理需求，全面支撑了油公司体制机制改革及新型管理模式建设，进一步提升了生产运行效率和劳动生产率，为企业可持续发展提供强劲助力，智能引领油气田信息化建设。

二、技术架构

油气田生产信息化智能管控 APP 建设，基于中国石化油田智云的总体架构，围绕油气田生产运行管理业务，在生产信息化标准体系和工控安全管理规范的支撑下，集成生产现场的数据采集与自控、视频监控，以及网络建设成果，满足总部、分公司、采油厂、管理区等不同层级的生产管理需要，智能引领油气生产运行新模式。油气生产信息化智能管控 APP 技术架构如图 2-7 所示。

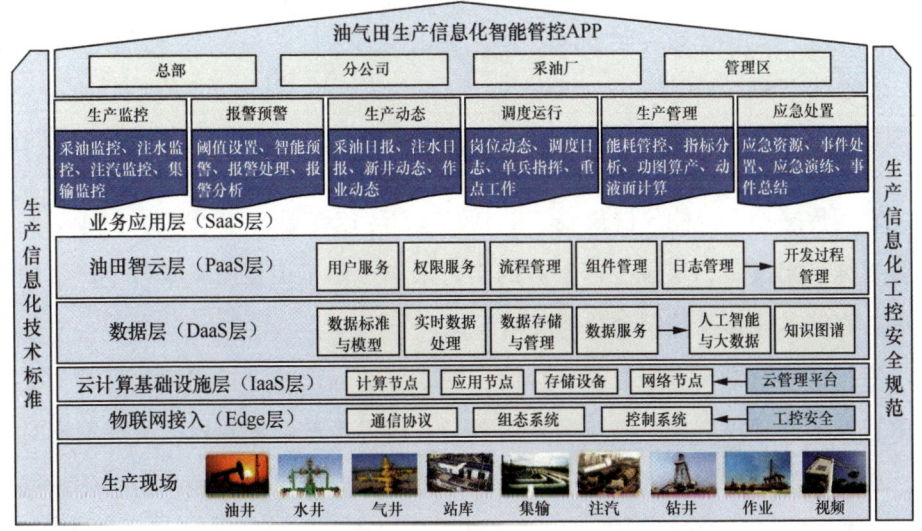

图2-7　油气生产信息化智能管控APP技术架构

中国石化油田智云（SSCO）采用"数据 + 平台 + 应用"的建设模式，通过标准化设计、模块化开发、集成化管理、定制化应用等集成方式，着力打造"两化融合新生态"，推进跨专业、跨层级、跨系统的共享应用，全面支撑跨专业协同共享、一体化融合决策。中国石化油田智云架构如图 2-8 所示。

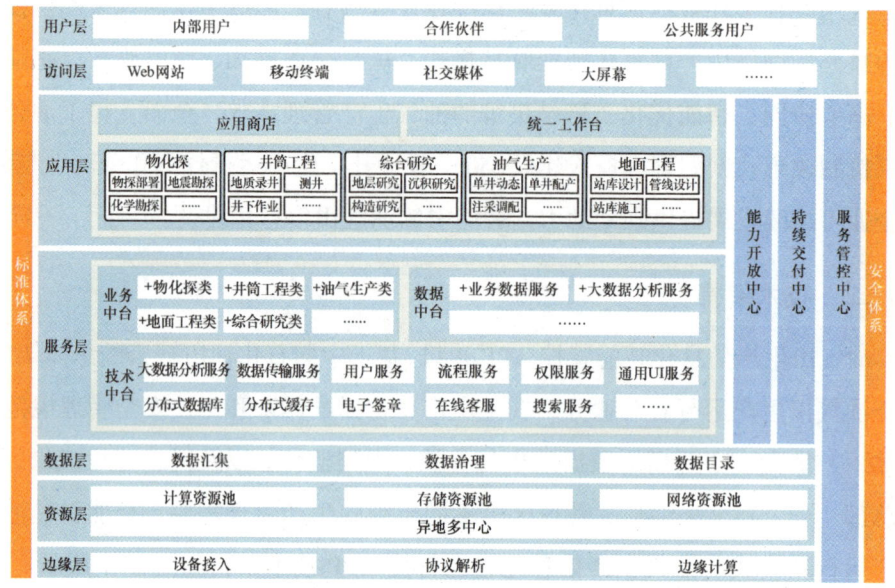

图2-8 中国石化油田智云架构

1. 技术路线

按照油气田生产信息化采集标准，在采油、注水、集输、作业等生产现场安装智能传感器、智能仪器仪表、RTU（远程测控终端）、摄像头、射频识别标签等数据采集设备，实现生产参数的实时采集。基于工控网络实现生产数据的传输、存储、计算及控制命令的实时发送。

依托基础设施云对服务器、存储、网络等基础设施进行虚拟化配置，支撑油田智能生产管控应用。基于数据服务云，通过生产数据建模、大数据实时计算、离线计算、数据处理及存储、数据服务技术应用，规范生产信息化数据的"采、存、管、用"全部环节。依托云平台的用户、权限、流程、日志、门户等服务，按照统一的开发框架，实现 APP 的组件化建设，解决应用扩展及集成问题，支撑各应用场景的灵活组建。

按照工业互联网 APP 的标准规范，建设包括生产监控、报警预警、生产动态、调度运行、生产管理、应急处置共六大功能模块的智能管控 APP，实现对生产运行全过程的可视化实时监控、远程管控、平台化集成、专业化应用。

2. 系统功能创新性

（1）建设生产监控功能模块，实现生产实时感知

依托生产实时数据，配合视频监控和功图计量，实现对生产流程、重点区域、重点施工项目、重点设备设施的实时监控，对生产现场的实时感知、远程巡检、自动调控，如图 2-9 ~图 2-11 所示。

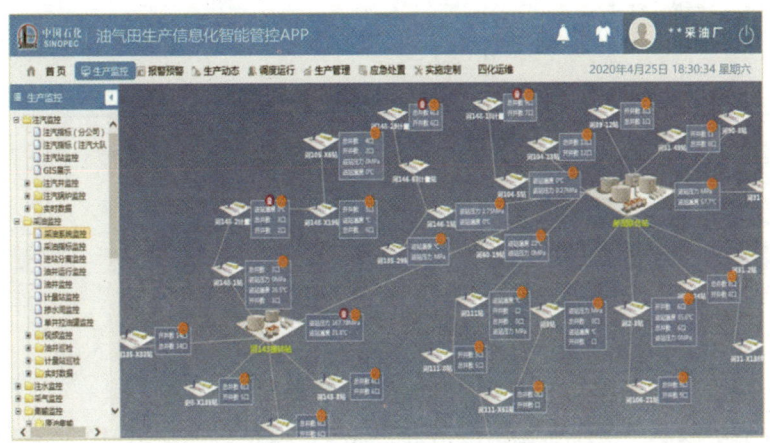

图2-9　采油系统拓扑监控

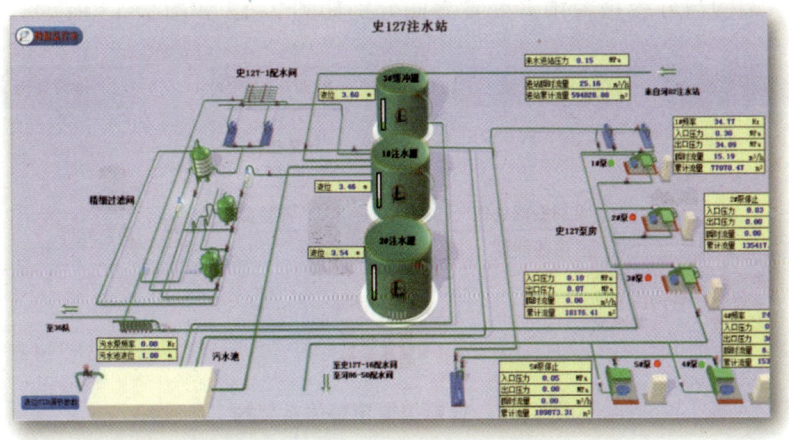

图2-10　注水站站内工艺流程

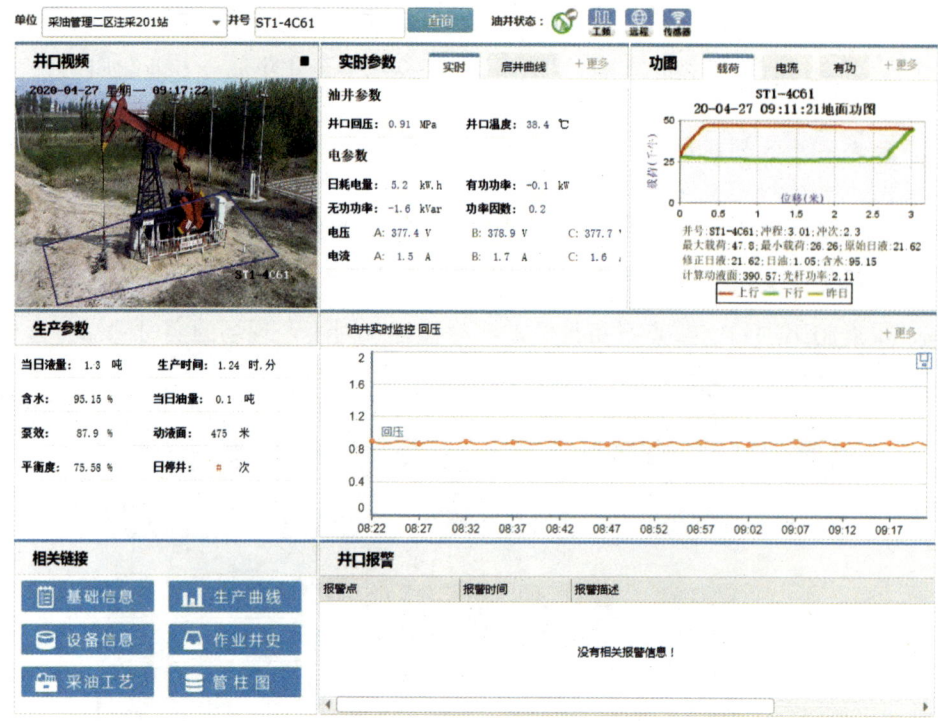

图2-11　油井综合监控图

（2）建设报警预警功能模块，实现智能联动预警

总结专家经验，搭建智能预警模型，通过报警预警阈值设置、报警处置、汇总查询等功能，实现对油水井、管网、站库等对象的智能趋势预警。智能报警预警体系架构与分级报警预警处置界面分别如图2-12和图2-13所示。

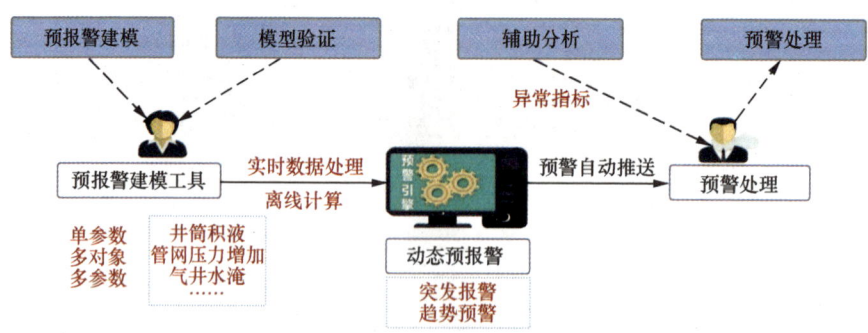

图2-12　智能报警预警体系架构

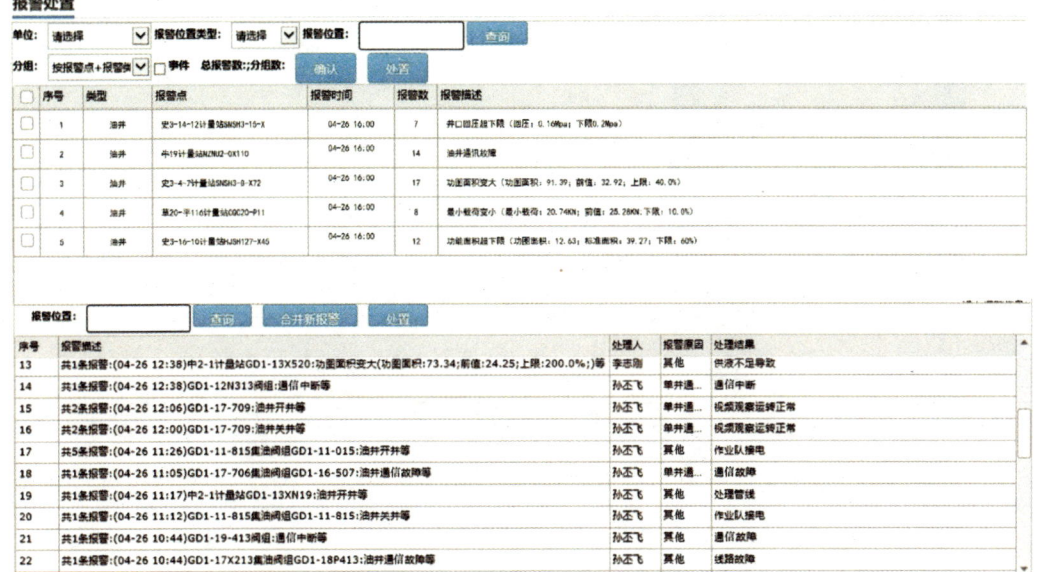

图2-13　分级报警预警处置界面

（3）建设生产动态功能模块，实现生产过程智能分析

利用前端采集的实时数据，处理转换成班次或一度的生产动态数据，通过与 GIS、视频结合，综合展示采油、注入、作业、集输、用电等各类生产业务的运行趋势、队伍人员分布、施工进度等动态情况。生产动态分专业报表汇总、生产动态综合分析界面以及油井监控日报界面分别如图 2-14 ~图 2-16 所示。

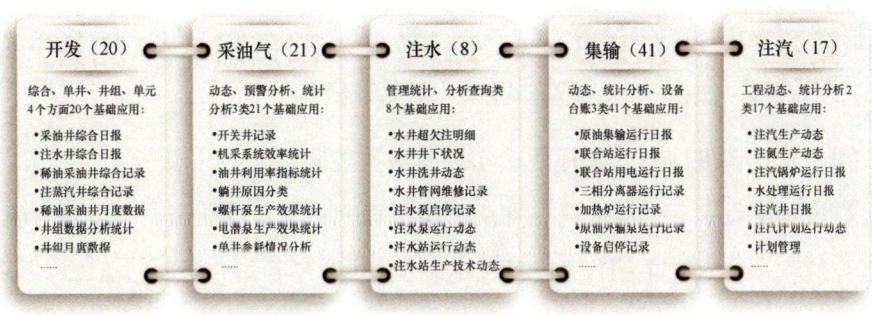

图2-14　生产动态分专业报表汇总

日度生产分析　　采油管理四区　2020-04-25

	指标	单位	今日	比昨
油井	总井数	口	404	
	开井数	口	341	2↑
	日产液	吨	19475.1	72↑
	日产油	吨	785.5	5↑
	含水	%	96	—
	日产气	m³		
注水站	开泵数	台		
	注水总量	m³		

	指标	单位	今日	比昨
注水	总井数	口	171	
	开井数	口	143	
	日注水量	m³	21960.4	249↑
作业	开工井数	口		
	施工井数	口	33	9↑
耗电	机采	度	48371	2520↑
	注水	度		
	集输	度		

重井跟踪　+更多

井号	类别	日油(t)	日液(t)	含水(%)
GD1-9-210	作业井	1.06	123.6	99.14
GD1-16-515	作业井	0.76	164.4	99.54
GD1-16C20	作业井	0.46	68.1	99.32
GD1-13C713	作业井	0.27	122.6	99.78
GD1-17-709	作业井	0.17	45	99.62
GD1-17N17	作业井	0.1	36.5	99.73
GD1-18X212	作业井	0	30.5	100
GD1-17-213	高产井	18.02	35.4	49.1
GDGB1C15	高产井	15.43	40.4	61.8
GDGB1X7	高产井	12.91	31.1	58.5

日产油（折线图，04-06 至 04-24，数值区间 750~800）

图2-15　生产动态综合分析界面

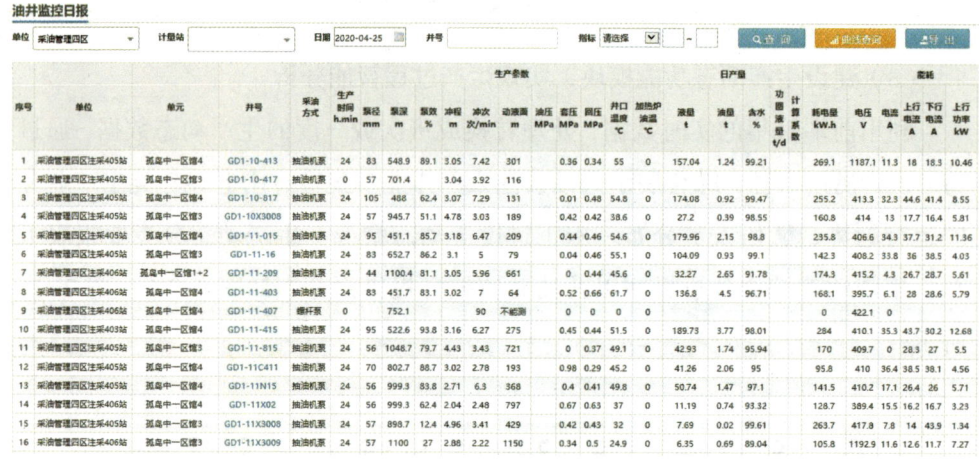

图2-16　油井监控日报界面

（4）建设调度运行功能模块，实现三级指挥联动

通过调度日志、生产会议、重点工作跟踪、岗位人员动态、岗位业务流程、运行考核等功能，结合 GIS 平台对开采生产、重点项目运行、重点工作协调等进行调度指挥管理和问题处理辅助。调度在线流程和调度值班功能分别如图 2-17 和图 2-18 所示。

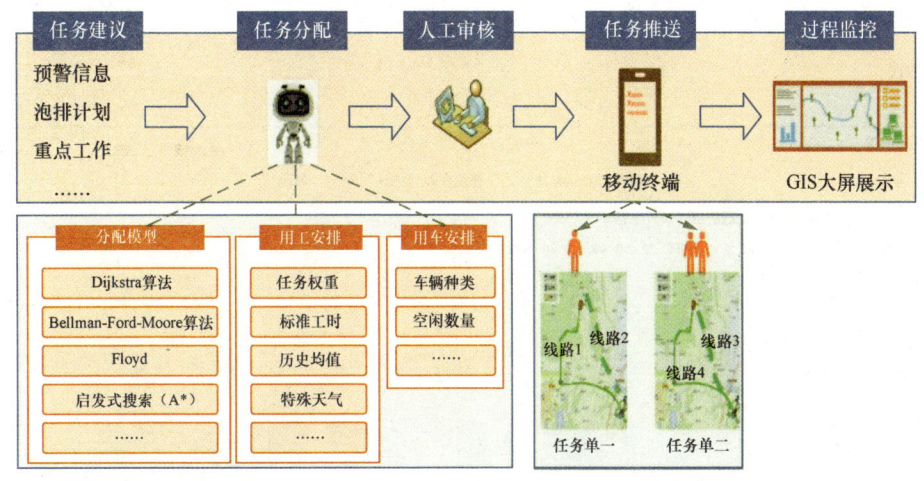

图2-17　调度在线流程

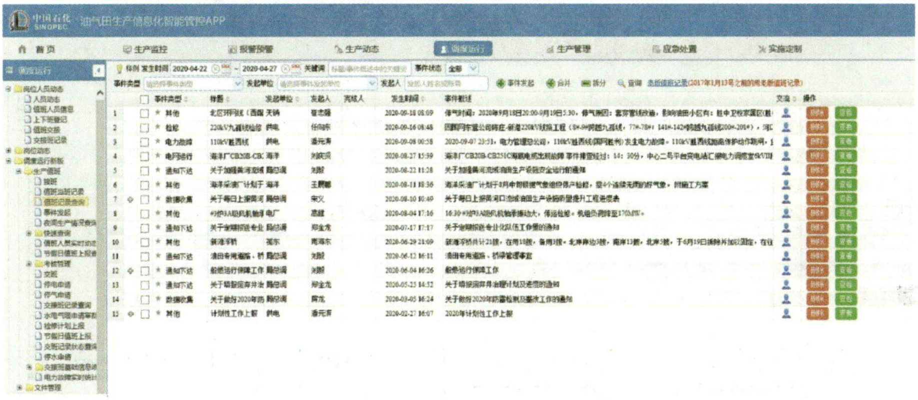

图2-18　调度值班功能界面

（5）建设生产管理功能模块，实现智能分析决策

对采油、注水、开发、集输业务的综合分析和实时诊断的智能分析决策流程为生产管控、技术和管理人员的精细决策创造条件。油井工况分布图及油井功图实时分析界面分别如图 2-19 和图 2-20 所示。

（6）建设应急处置功能模块，实现快速联动处置

基于物联网和 GIS，建设应急资源、应急预案、应急通信、事件定位等子模块，建立管道泄漏等 12 项应急事件的处置流程，保障分公司、采油厂、

管理区三级应急快速响应，决策指挥的精准联动。应急处置流程如图2-21
所示。

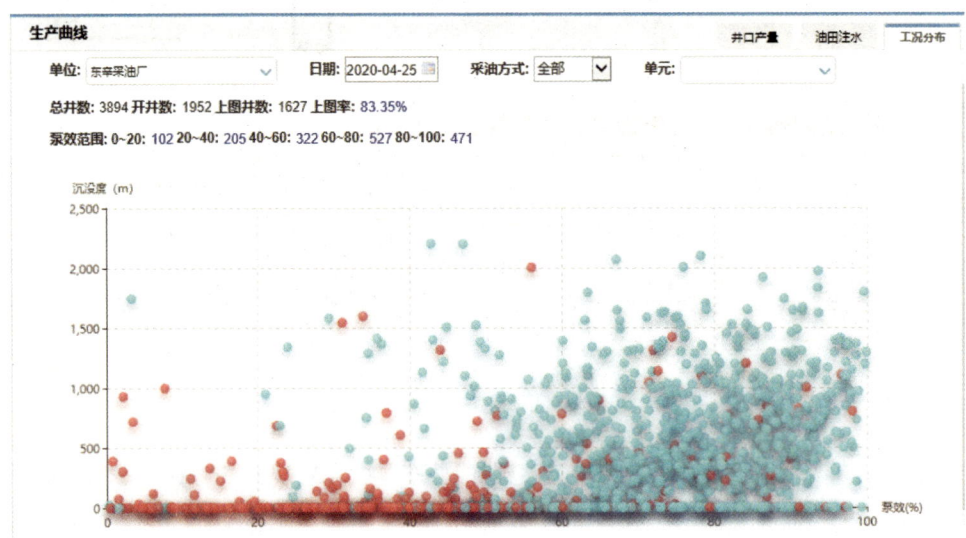

图2-19　油井工况分布图

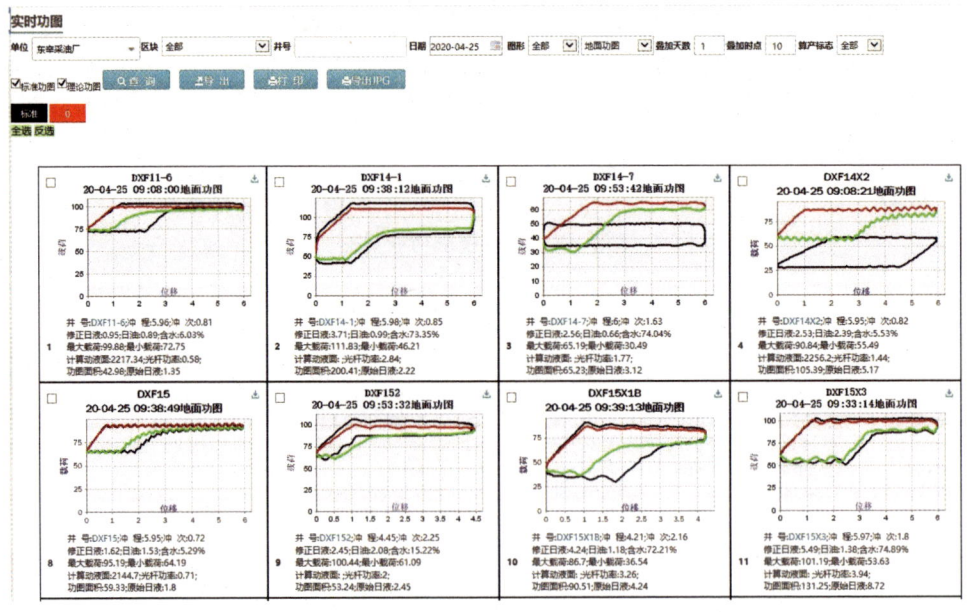

图2-20　油井功图实时分析界面

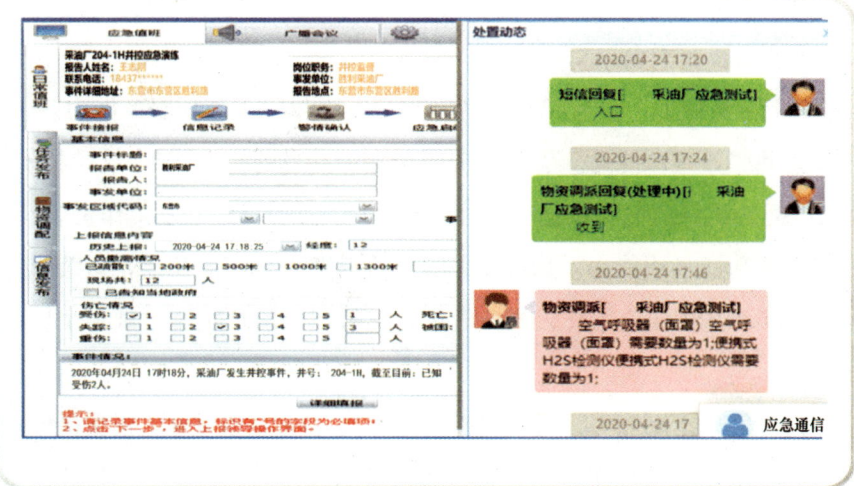

图2-21　应急处置流程

3. 技术平台创新性

（1）物联网管理平台

运用或协同运用多样化的实时感知技术，构建异构网络互联互通的能力，深度融入智能化信息处理技术，通过可管、可控等机制保障网络的安全可信，实现对油气田生产现场的全面感知和可信管理。

① 油气生产现场采用实时数据采集技术，集成多种通信协议，支持与国内外主流的 PLC、SCADA 软硬件、DCS、PAC 等设备通信与联网，解决了油气生产动态管控的技术难题，具有实时计算、实时分析、实时处理、实时调用的功能。

② 利用油气生产组态集成技术，实现不同生产现场、不同业务流程的快速定制，实现对生产现场的 SCADA 监视功能，并利用组态 Web 发布功能实现网络化多级应用无缝集成。

③ 利用大数据处理分析技术，通过实时计算、离线计算集群调度和在线监控，提高实时数据的质量。通过分类、回归、聚类等机器学习方法，实现智能单井的实时工况分析和智能报警。

④ 采用组合预警技术，按照油田生产流程，建立表征生产状态和异常的监

控模型，以及实时递变的预警体系，实现生产现场的智能管控和自我学习。

（2）油田智云平台

结合上游板块业务，形成油田智云模型，提供以下 5 项服务能力。

① 公共服务共享能力。为各业务系统提供共享的技术服务，统一技术标准，支持系统间的消息通信和数据交换，降低 20%～30% 的开发工作量。

② 业务功能复用能力。抽取各系统中具有共享价值的功能，封装成工业互联网 APP 纳入 SSCO 应用商店统一管理，支持岗位门户定制，满足个性化岗位需求。

③ 岗位门户定制能力。岗位门户通过不同 APP 拼装而成，根据岗位业务需求的不同将 APP 进行拖拽、组合、拼装，定制岗位门户，满足个性化需求。

④ 系统上云服务能力。支持存量系统与新建系统上云，优化系统资源配置，提高安全防护能力，方便实时分析应用情况。

⑤ 研发过程管理能力。基于统一开发环境和持续交付中心，集成前端通用功能和后端的公共服务调用、通用逻辑处理等功能，打造系统研发新模式。

三、解决方案应用情况

1. 应用效果

（1）实现了油田生产管理水平的全面提升

通过生产信息化规范应用模式的推行，全面提升油田的生产信息化应用水平，支撑了生产管理和经营决策的高效运行，同时产生了显著的社会效益。一是充分挖掘功能潜力，提高生产运行水平，通过对各功能模块的规范应用，充分发挥生产过程实时监控、分析预警、快速响应、精准处置的作用，提升生产运行效率和运行质量。示范管理区油井采油时率从 96.6% 提升至 97.1%，提高了 0.5 个百分点。二是促进工作协同，提升创效能力，通过生产信息化规范、深化应用，提升跨专业、跨岗位高效协同，支撑扁平化生产管理组织架构的高效运行，实现机构简化，示范管理区共优化劳动用工 353 人。优化后的富余人员外闯市场创效，按照年人工成本 10 万元 / 人计算，预计可创效 3530 万元。三是优化生产经营决策，提升生产信息化运营效益，通过生产信息化建设应用水平的提升，全面提升经营决策优化支持能力，实现生产信息化的精细化运营，大幅提升生产信息化运营效益，降低能耗 5.2%。四是社会效益显著提升，油气生产现场从"没有围墙的工厂"变成"电子井场"，安全环保管理关口前移，对重点区域闯入、参数运行异常、管道泄漏等超前预警，实时处置，做到发现问题快、预案准备快、指令下达快、落实资源快、现场处置快，安全环保风险得到有效控制。

（2）积极推动了胜利油田的转型发展

生产信息化规范应用模式为胜利油田带来的变化是全方位的，也是深层次的，对胜利油田的转型发展产生了积极而深远的影响。一是对员工思想观念的转变影响深远。生产信息化规范应用模式在推进过程中，突出反映的效益效率理念、质量标准理念、统筹优化理念、精细管控理念，正在深刻影响和改变着广大干部员工的思维模式和工作方式，要求员工队伍必须积极转变思想观念，加快提升素质能力。二是对促进老油田精细管理影响深远。信息化技术的应用和实时海量数据的集成分析，实现了精细掌握动态、精准调控措施、精确预警防控，为老油田精细挖潜、提高开发效益提供了现代化支撑手段。三是对优化劳动组织形式、提高劳动生产率影响深远。以生产管理流程再造带动劳动组织形式的变革，极大地促进了劳动生产率的提高，把一线员工从简单重复的劳动中解放出来，为促进老油田人力资源优化拓展了渠道。四是对老油田转变发展方式、提升质量效益影响深远。生产信息化规范应用模式正在引导生产经营聚焦质量效益，推动体制机制创新，积极探索油公司发展之路，对促进老油田转型发展具有示范意义。

2. 经典案例

（1）纯梁小营：精准措施，助力油藏经营水平提升

① 卡着"正点"采油。

运用远传连续功图及载荷、电流变化等曲线，对关停井和生产井开展生产动态跟踪分析，制订最高效的开井方式。油井开井数由 24 口增加到 74 口，口产油量由

45吨/天，回升到110吨/天，间开井的开井时间符合率由65.4%提升到98.6%。

②贴着"谷底"注水。

在保证注水压力稳定，确保完成配注的前提下，根据"尖、峰、平、谷"电价制定注水方案。日节约注水电费330元，年节省电费12.04万元。

③把着"油脉"调配。

在加密跟踪对比油水井动态变化的基础上，强化油藏动态分析，摸清单元开发状况。管理区自然递减率控制在1.3%以内，较计划降低2.6%，老井产量超产131吨。

④顺着"需求"施策。

通过对电流、载荷的实时监控分析，对油井的洗井周期进行优化，由原来的75天延长至98天，平均每口井的洗井周期延长了23天，减少洗井85井次，节约洗井费用7.65万元。

⑤围着"效益"调整。

管理区根据系统采集提供的功率、电参等数据，实时为油井"把脉"诊断，准确、及时地把控抽油机井平衡度、系统效率、提液单耗等指标，全区油井平衡度、系统效率分别提升18.2%和2.6%，提液单耗同比下降3.7%。

（2）现河郝现：组合预警，支撑精细管理新模式

现河采油厂郝现管理区充分挖掘生产信息化大数据变化规律，结合技术人员的业务经验，分析建立了"冠一单井管线泄漏预警模型""孙凯杆柱应力预警模型"等智能预警模型，解决了传统模式下难以解决的问题，实现了传统模式下不能实现的精细管理措施。

①精确诊断模型化。

通过阶段数据趋势分析，以"单井"为最小单元，设置诊断预警模型九大类48项，实时感知生产过程的细微变化，实现管控实时化、分析智能化，实现了自然递减的有效控制。

②精准管控智能化。

H64-C1井2017年10月28日1:45出现回压下限预警，分线来液、来油量下降预警，管控人员及时发现并处置混输管线穿孔，2:40处置完成，用时55分，

损失液量 1.95 吨，油量 0.29 吨。

（3）石开胜海：远程操控，实现滩海油田绿色安全生产

石油开发中心胜海管理区是典型的滩海油田，受自然环境影响，安全风险大；同时油田地处黄河口国家自然保护区内，环保要求高。管理区利用油气田生产信息化智能管控 APP 的远程管控、智能预警等功能，实现了滩海油田绿色安全生产。

2019 年 5 月 29 日 15 时 45 分，系统推送 1 号海油陆采平台 2 号外输油泵异常消息，经确认 2 号外输油泵停泵，管控人员立即远程启用备用外输油泵，避免因分离器憋压、冒罐、跑油造成海上污染事件，保障了生产平稳运行。

煤炭开采和洗选业

煤矿机电装备远程监控运维系统解决方案

一、项目背景

1. 基于煤矿企业智能化、少人化、安全生产的迫切需求

当前我国矿山开采与国外相比，煤炭开采用人较多，煤炭开采效率不高，安全事故发生率相对国外较高。近年来，煤炭智能开采已经得到政府、行业与企业高度重视。煤矿生产企业迫切需要建设智能、智慧矿山，提高生产率、降低事故率，朝向少人、无人化矿山开采方向发展。国家在煤炭智能开采基础研究和关键技术研发方面也给予了大力支持。

采煤工作面是发生煤矿安全事故的主要场所，环境复杂、恶劣，严重威胁着煤矿工人的生命安全和身体健康。原先，井下装备有各自的电控操作系统，所有操控系统是独立的，并且安置于井下。设备之间没有数据的关联性，因此需要多人井下操控，多人协同工作。各装备控制系统形成数据孤岛，多依靠人工协同作业，生产效率及安全性低。因此需要建立煤矿机电装备统一的管理系统，系统集成煤矿机电装备管理业务的 APP，完成在一个平台上对煤矿机电装备的远程监控维护，数据管理、分析，并且通过互联网可以访问操控平台软件，实现对煤矿机电装备的远程监控运维。

建设煤矿机电装备远程运维系统，实现对井下煤矿机电装备的远程监控运维，提高井下作业的信息化、智能化水平，是实现煤矿开采少人、无人化，安全生产的有效手段。

2. 基于集团公司对煤矿机电装备高质量发展的要求

中煤科工集团设计了"透明矿井构建""快速掘进""工作面无人化开采""矿山物联网"和"煤矿安全板块转型"5 个顶层项目，这对煤矿机电装备生产企业提出了高质量发展要求。5 个顶层项目设计都离不开煤矿机电装备的信息化、智能化发展。而建立煤矿机电装备远程监控运维系统是解决矿山物联网、工作面无人化、装备智能化快速开采、煤矿井下安全生产的重要平台基础。基于以上对机电装备高质量发展的要求，煤科院上海分院围绕煤矿综采工作面机电装备的信息化、智能化改造，着手煤矿机电装备远程监控运维系统 APP 方案设计和系统软件开发。

二、技术架构

煤矿机电装备远程监控运维系统的开发应用主要分为 3 个部分：一是煤矿机电装备远程监控运维系统软件平台的功能设计；二是开放式大数据云服务平台的集成开发设计；三是煤矿机电装备与软件系统的数据通信、互联，其总体技术设计架构如图 2-22 所示。

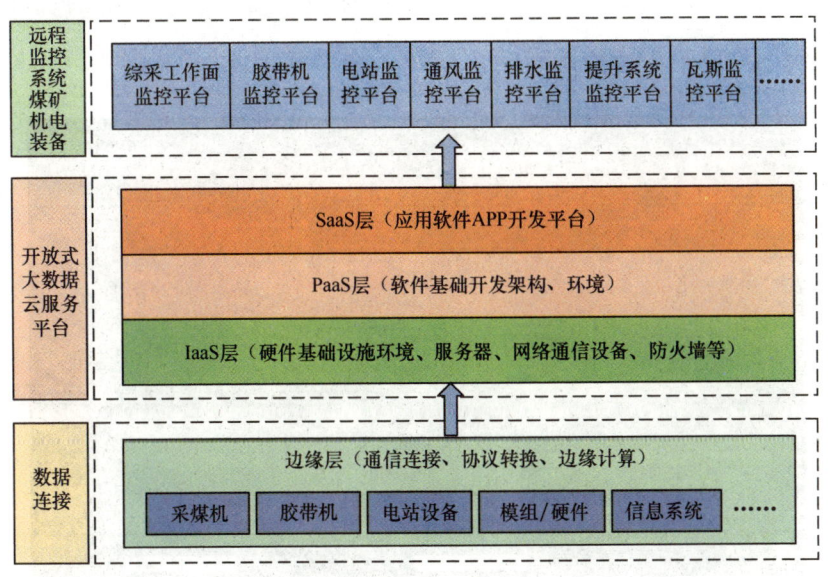

图2-22 煤矿机电装备远程监控运维系统总体技术架构

1.煤矿机电装备远程监控系统软件功能设计

煤矿机电装备远程运维系统 APP 涉及的业务面有综采工作面、胶带机、电站、通风、排水、提升系统、瓦斯监控等。

（1）综采工作面监控功能设计

对采煤机、刮板输送机、支架、破碎机、转载机、顺槽胶带机以及辅助设备、乳化液泵、清水泵等进行远程监控。监控内容包括采煤机的牵引速度、方向、位置、电机电流、电压、电机温度、缺水监测；液压支架的工作状况；监测泵站的工作状态、参数、故障信息；监测支架、刮板机、转载机、破碎机运行状态及相关参数；监测被控电机工作电压、电流、温度、运行状态、故障状态；移动变电站电力参数。

（2）电站电力系统的主要功能设计

电站电力监控系统实时采集监测井上和井下各级变电所、移动变电站 3 kV以上馈电开关的电压、电流、功率因数等电气参数，对地面 35 kV 变电所内的所用的开关，地面 6 kV 变电所开关，井下中央、采区变电所的所有开关在调度室工作站上能够远程合、开闸。在平台上能够对各变电所的短路、漏电、接地、过流、欠压、缺相等进行监测，并报警。系统可实现采集数值的趋势分析，统计、预警，如图 2-23 所示。

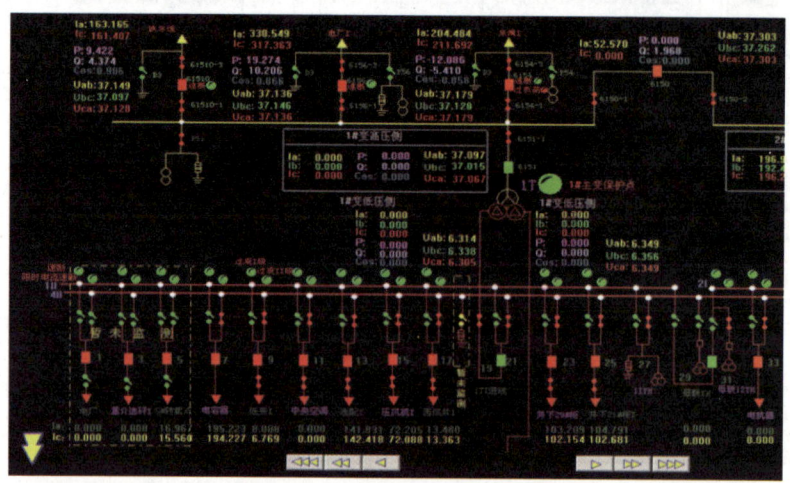

图2-23　电站电力监控系统

（3）通风机在线监测子系统设计

系统以动画的形式实时动态模拟显示主扇的运行工况；实时监测通风机的电气参数和气动参数：通风机出口温度、通风机轴承温度、风速、全压、静压、动压、电流、效率、功率、电机温度及风流量；实现有关参数趋势分析，超限报警。

（4）瓦斯监控系统的主要功能设计

系统实现在井下采煤工作面、掘进工作面、主要巷道、机电硐室等处设置各种传感器，监测瓦斯、温度、风速、负压等各类环境参数；监测风门开关、风筒开关、各种机电设备开停等生产状态参数及电压、电流、功率、电度、馈电状态等电力参数。当出现超限情况时，地面调度中心及现场均应有声、光报警。通过远程断电器实现瓦斯风电闭锁、瓦斯断电、故障闭锁及其他必要的控制。

（5）泵房主排水子系统功能设计

系统实现泵房无人值守自动控制运行，具备网络测控功能；具有系统故障自诊断、数据趋势分析、报警功能。系统具备多种控制模式：网络控制、就地自动控制、就地手动控制。对电机和水泵的运行参数及保护参数进行实时的监测和传送，参数包括电机温度（定子温度和轴温），泵体温度（壳体温度和轴温），实时流量，水位，真空度，电压，电流，水泵出水口压力，各种闸阀、电磁阀的位置信号，过转矩信号等。

（6）矿井提升监控系统功能设计

实时采集提升系统的速度、电压、电流、功率因数等电气参数，形成对速度、电流等重要参数曲线、数据的分析，可进行历史数据查询。在调度室工作站上可监视提升系统的超速、过卷、过流、欠压、缺相等各项保护，并对其进行报警，如图 2-24 所示。

（7）胶带机监控系统功能设计

对胶带运输系统的工作状态、故障性质、故障地点、煤仓煤位、运煤量等重要信息进行显示，并能遥控胶带机、给煤机等设备的开停和相关皮带之间的闭锁，控制每条皮带。主要检测保护有胶带速度、胶带跑偏、紧急闭锁、物料探测、设备开停、烟雾、堆煤、运煤量及温度保护、灭火洒水保护、防尘洒水保护、断带保护、撕裂保护等。

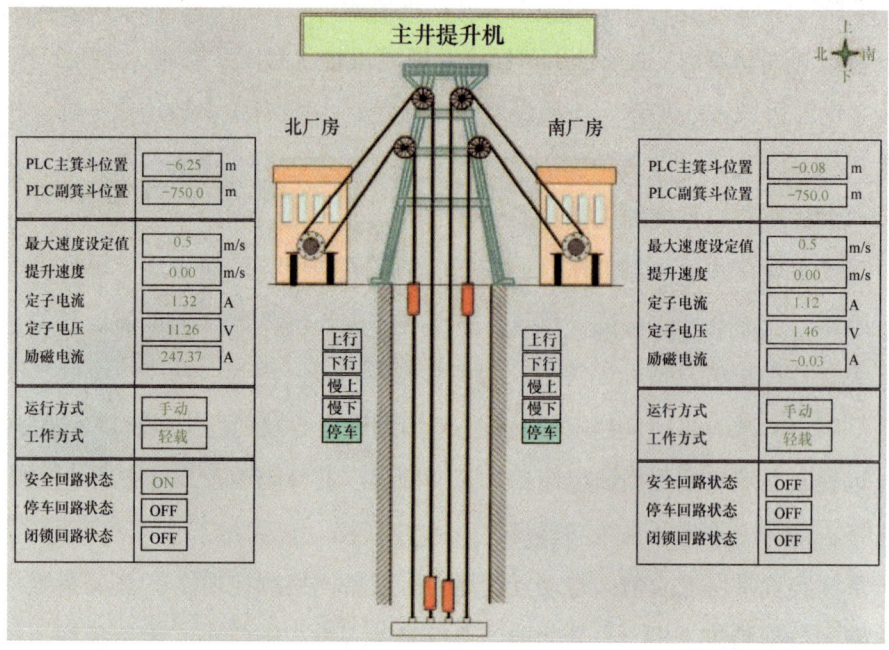

图2-24 矿井提升监控系统

2. 开放式大数据云服务平台集成构建

为满足以上对多类煤矿机电装备实现远程监控运维的需求，煤矿机电装备远程监控运维系统采用了大数据云服务技术架构，建立开放式大数据云服务平台。平台由 IaaS 层，PaaS 层、SaaS 层组成，煤矿机电装备远程监控运维系统如图 2-25 所示。

（1）开放式大数据工业 PaaS 层

PaaS 是平台即服务，PaaS 层提供完整的开发和部署环境。该平台层集成 TB/PB 级工业大数据系统架构、微服务架构、算法工具集、预测性维护框架等，形成一套开放式大数据 PaaS 层服务。

① TB/PB 级工业大数据系统构建。

第一，构建大数据 Hadoop 框架。基于 Hadoop 的技术扩展和封装，围绕 Hadoop 衍生出相关的大数据技术，构建分布式系统基础架构；第二，在大数框架的技术基础上集成系统信息收发机制，对 kafuka 消息队列集成技术、数据负载均衡技术进行集成；第三，集成数据存储技术，基于大数据架构对 Mysql 结构化数据库、Hive 非结构化数据库、时序、关系型等数据库进行集成；第四，基于大数据框架集成 OLAP 等计算分析模块，快速、灵活地实现大数据量的复杂查询处理。

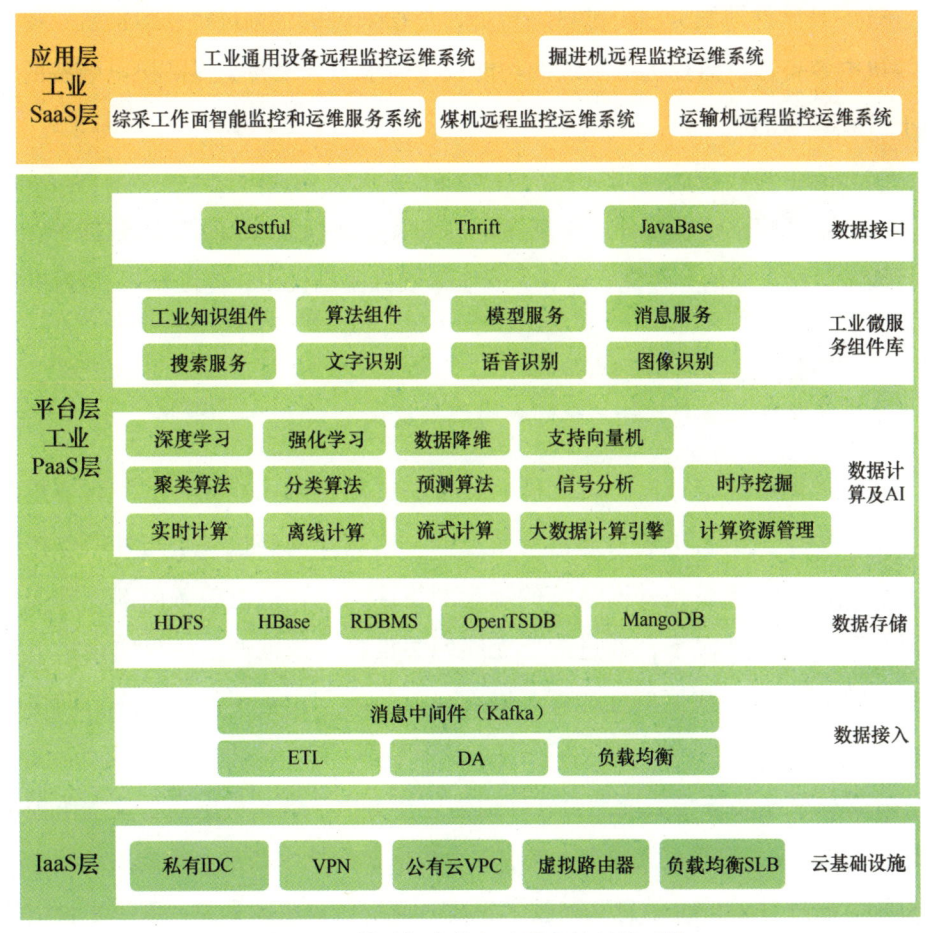

图2-25　煤矿机电装备远程监控运维系统

② 微服务框架的构建。

第一，构建 Spring Boot 微服务框架，基于其技术扩展和封装，衍生出相关的微服务技术，构建微服务架构；第二，在微服务框架的技术基础上建设数据管理系统；第三，建设微服务接口技术，基于 SDK、API、ETL 技术进行创建；第四，构建微服务权限管理系统，基于 Shiro 技术，实现系统、完整的权限管理。

③ 算法工具集成。

第一，在微服务技术基础上集成 Spark 工具；第二，在微服务技术基础上集成 MapReduce 工具；第三，在微服务技术基础上集成 TensorFlow 工具。

（2）工业应用 SaaS 层

SaaS 是软件即服务。通过该平台层，依据采煤机、掘进机、运输机、皮带机等机电装备远程监控运维系统的功能设计需求，开发各类煤矿机电装备的应用平台 APP 软件。

（3）工业 IaaS 层

IaaS 是基础设施即服务。根据煤矿机电装备远程监控与运维大数据平台的运行需求，建设通信、存储、计算、安全等硬件基础设施，提供软件平台部署、运行的硬件环境。

3. 煤矿机电装备与软件系统的数据连接建设

在物理网络连接方面，煤矿机电装备通过环网方式连接井下所有节点装备，形成一个大的机电装备通信网络环网，内部环网经过一个与外网连接的路由，实现机电装备与外网通信的物理网络连接。在机电装备内部环网无法与互联网连接的情况下，通过配置无线网关设备，依据通信协议实现机电设备数据信息采集、数据信息解析，以无线通信的方式实现与系统平台网络的通信连接。

在煤矿机电装备与系统平台软件通信连接方面，煤矿机电装备远程监控运维软件系统 PaaS 层集成大数据系统，在大数框架的技术基础上集成系统信息收发机制。通过对 kafuka 消息队列技术集成，通信协议驱动集成，系统平台依据和机电装备的通信协议，实现系统平台与装备的数据通信。

三、解决方案应用情况

1. 煤矿机电装备远程监控运维系统应用情况概述

煤矿机电装备远程监控运维软件 APP 已成功应用于王家塔、榆家梁两家煤矿，实现地面对井下煤矿机电装备的实时在线远程监控运维；煤矿机电装备远程监控运维系统成功接入 40 家煤矿的机电设备离线数据，提供对煤矿机电设备的历史数据查询、计算、分析等。

2. 王家塔煤矿机电装备远程监控运维系统应用解决方案

（1）王家塔煤矿基本情况

原先，王家塔煤矿井下装备有各自的电控操作系统，所有操控系统是独立的，并且安置于井下。设备之间的数据没有关联性，不能形成设备间自动化协同作业，装备作业仍需要多人井下操控，多人协同工作。各装备控制系统数据成为孤岛数据，各设备的数据由天玛集数据采集软件通过局域网采集存储，通过组态界面观看主要设备运行参数，没有形成一个整体的煤矿远程机电装备监控运维平台。

（2）王家塔煤矿机电装备远程监控运维系统应用建设方案

基于工业互联网，建设井下机电设备网络通信环网，通过煤矿机电装备远程监控运维系统将井下设备的数据采集、汇集、存储，关联绑定数据，进行远程监控。系统建设架构如图 2-26 所示。

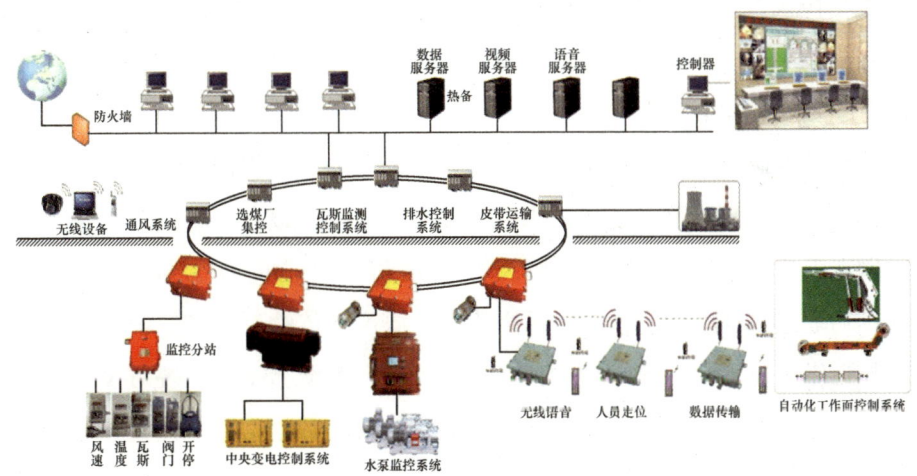

图2-26　系统建设架构

系统建成后，各自动化子系统数据在异构条件下可进行有效集成和有机整合，实现了关联业务数据的综合分析，集控中心人员或相关专业部门人员通过相应的权限对安全和生产主要环节的设备进行实时监测和必要的控制，实现了全矿井的数据采集、生产调度、决策指挥的信息化，为预防和处理矿井各类突发事故和自然灾害提供有效手段。

① 远程监控运维系统应用服务平台的开发。

基于开放式大数据云服务平台，根据管控机电业务监控需求，在 SaaS 层快速设计开发监控系统各功能板块子系统。王家塔煤矿机电装备远程监控系统包含综采工作面子系统、主井提升子系统、副井提升子系统、主扇风机自动控制子系统、地面压风机自动控制子系统、地面供排水子系统、锅炉房控制子系统、皮带集中控制子系统、矿井主排水自动控制子系统、矿井供电自动化控制子系统、矿井安全监控子系统、井下人员定位子系统、矿井主煤流电子秤计量系统、视频监测系统、井下应急广播系统、矿井巷道顶板离层监测系统、通信调度指挥系统、钢丝绳在线监测系统。

② 王家塔矿机电装备信息化互联网改造。

在不改变王家塔煤矿现有网络结构的原则下，通过构建井下环网将各类机电装备以以太网方式接入天玛数据采集系统 APP。该 APP 根据与各机电装备的数据通信协议，实现数据通信、装备数据存储，并通过 OPC DA（OPC 实时数据访问规范）协议方式对外提供数据通信接口。

③ 数据的物联网。

王家塔煤矿数据集中采集后，汇总一个局域网的数据服务中心。数据中心机房不具备与外网互联的能力，因此，需要加入网关设备，该网关设备具备无线上网能力。网关使用 OPC DA 协议访问数据服务中心的 OPC 数据服务器，获取数据后通过 MQTT（消息队列遥测传输）协议上传给王家塔煤矿机电装备远程监控运维系统平台，实现数据信息上传至平台系统。平台系统对设备数据信息的下传同样通过网关设备，依据各层通信协议将数据信息下传至井下机电设备控制系统。

④ 系统应用平台数据采集、存储、分析、计算。

子系统对采集的数据进行存储。在充分考虑各种机电设备大数据应用对存储和计算的需求，在 PaaS 层构建的基于 Hadoop 的大数据处理架构基础上，实现系统应用平台的数据采集、存储、分析、计算，如图 2-27 所示。

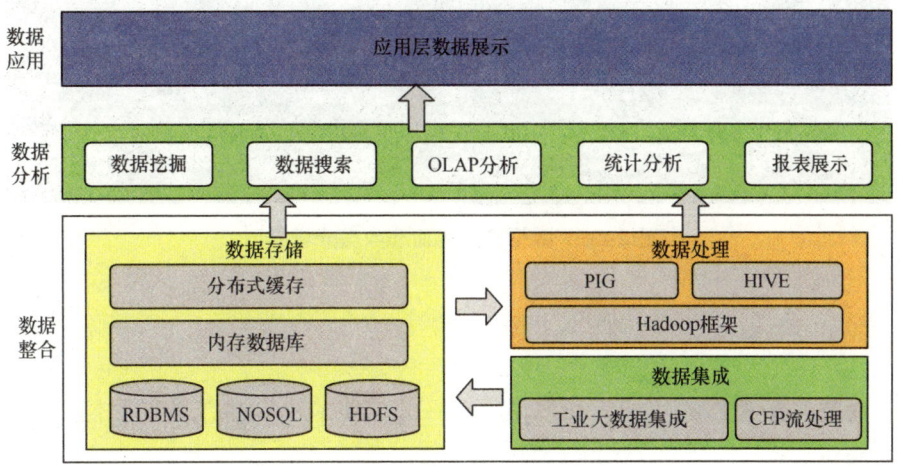

图2-27　数据采集、存储、分析、计算系统

数据存储有以下特征。

（a）数据存储支持关系型和非关系型数据库。关系型数据库如 Mysql、Oracle、Microsoft SQL Server 等；非关系型数据库如 HBase、MongoDB、Redis 等。支持分布式存储，为大数据的分析和计算提供数据支持。

（b）数据处理集成 Hive、Spark 和 MapReduce 等，对大数据进行处理。

（c）集成工业大数据，对工业大数据进行处理，分析和展示。

（d）数据分析主用 OLAP、OLTP 和数据分析引擎等对数据进行分析计算和机器学习。

⑤ 机电装备远程监控运维系统实现。

对王家塔煤矿机电装备远程监控运维系统软件数据进行配置，将需求的监控参数与系统各功能 APP 页面元素绑定，如采煤机变量绑定，液压支架变量绑定、泵站变量绑定、电液控制变量绑定、皮带变量绑定等。变量绑定后，系统可以查询、分析离线数据，或在线上传数据并实时监控数据，效果如图 2-28 所示。

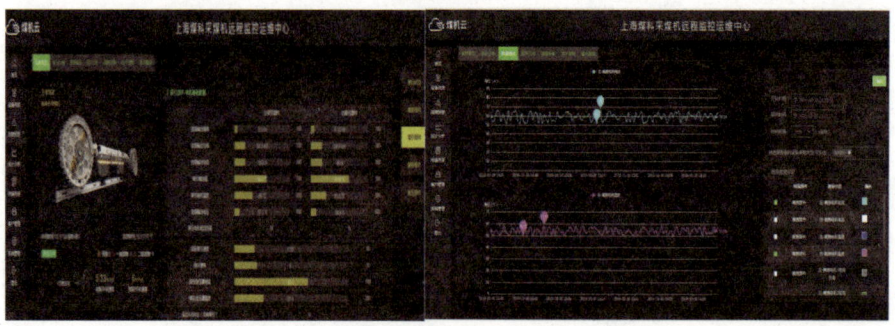

图2-28　数据监控界面和数据分析界面

3. 实践及效果

通过典型项目的实施，我们得出了一套煤矿机电装备工业互联网 APP 软、硬件解决方案。

实现煤矿机电装备远程监控运维系统，第一，数据必须接入软件系统平台，实现数据的采集上传。第二，对于采集的数据要进行存储，以便软件平台对历史数据进行查询、分析、计算。第三，对数据的前端展示，计算，分析，实现远程监控、运维。

在数据采集方面，在无外网的条件下我们通过无线数据网关上传数据至云服务平台。数据采集器根据煤矿机电装备提供的对外数据访问协议，编程读取数据，并进行边缘计算，再上传给云平台。在有外网的情况下，可以通过访问局域网，通过协议驱动远程读取数据。

在数据存储方面，通过大数据技术实现数据的存储、查询、计算、分析。

前端页面部分，根据不同的机电装备管控需求，界面可通过组态工具进行快速开发编辑，并建立对应的数据字典，关联形成具体的页面数据展现。比如榆家梁煤矿接入的采煤机远程监控运维系统，就是通过无线网关设备，按照 Modbus TCP 采集并上传装备数据至服务器平台。数据通过 MQTT 协议上传至系统云平台，系统进行数据存储。应用技术人员通过前端对采煤机监控运维界面的数据进行绑定和关联，建立数据字典、参数配置等操作，实现对井下采煤机的远程监控运维。榆家梁采煤机实时远程监控运维界面如图 2-29 所示。

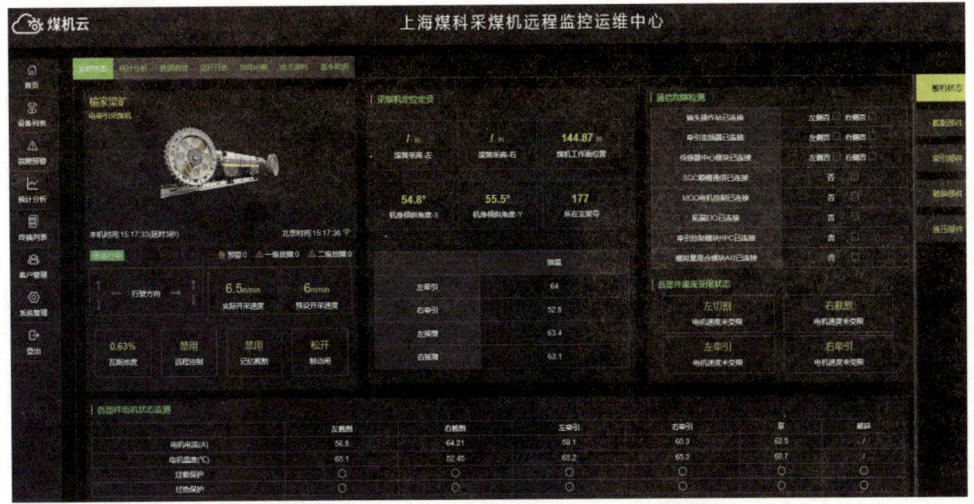

图2-29 采煤机实时远程监控运维界面

到目前为止，煤矿机电装备远程监控运维系统已经成功接入 2 个煤矿的实时数据，实现对煤矿机电装备的实时监控、安全报警、趋势分析预测、数据训练学习，反馈控制等；接入 40 个离线煤矿机电装备历史数据，并通过平台对这些煤矿机电装备的历史数据进行监视分析。

电子器件制造业

面向设备和品质优化的格创东智MFA工业互联网APP解决方案

一、项目背景

格创东智（深圳）科技有限公司（以下简称"格创东智"）是 TCL 华星光电技术有限公司（以下简称"华星光电"）孵化的工业互联网公司，致力于提升中国制造业数字化、智能化水平。依托华星光电，格创东智积累多种业态智能制造的实践经验，汇聚业内人工智能、大数据、云计算等领域的 700 多名人才为客户提供专业服务。格创东智发布业内首个"面向生产现场"的东智工业应用智能平台，提供从边缘数据采集、工业大数据分析到顶层应用开发的一站式解决方案。目前，虚拟量测、视觉检测、品质异常根因分析、能源优化、设备预测性维护等多种工业应用已在制造业现场落地实施。

以华星光电为代表的先进制造业，在国内率先实践工业互联网，已由自动化进入智能化阶段。华星建厂以来累计投资超千亿，拥有 5 座高世代面板厂，已全自动满负荷运行 8 年多。在解决企业内设备数据欠缺，侦测维度不全面的问题后，通过大数据分析建模，协助企业优化生产成本、提升设备稼动率和提高生产竞争力的需求日益突出。

1.设备预测性维护

华星光电是一家以生产为主的制造型公司，生产设备占比大，生产任务重，拥有大量行业专用设备以及高价值生产机台。当前，对于设备管理主要依靠人员的日常点检、定期安排设备停机检查，不仅耗费人力，而且不可预测的异常发生易造成生产损失。最大限度地减少设备维修和异常处理停机时间成为提高生产效率的重要路径之一。

2. 品质异常根因分析与实时管控

液晶面板的生产制程经常受到各种来源的干扰，造成品质偏移甚至是品质异常。为保证产品品质，需要对在制品的关键参数进行检测，以保证工艺制程达标，同时也需要对异常数据进行分析统计，但在这些工作中存在许多痛点，不利于工作的进行，具体痛点如下。

① 以手工方式进行上千个制程因子的异常数据处理、整合，效率低。

② 关键指标与相关因子的关系难建立，特征因子难挖掘。

③ 抽检检测难以在保证产品品质与不干扰生产节奏之间做到平衡。

二、技术架构

格创东智在华星光电引入了格创东智多因子分析（MFA，Multi-Factor Analysis）建模工具，它是首个赋能现场 OT 工程师零代码、自助式的探索建模和验证，具有实现 OT 和 IT 知识的充分融合的解决方案，与全球竞品相比，具有国际先进水平。基于格创东智 MFA，可实现设备预测性维护、虚拟量测、品质分析、品质预测等应用。

1. 部署东智工业应用智能平台

为建模分析，首先需要完成数据准备工作。华星光电首先部署了东智工业应用智能平台，使用该平台采集底层的传感器数据或 PLC 数据，将数据通过协议转换并进行数据过滤后送入平台后端的数据智能平台，完成生产制程数据以及设备运行数据的实时传输收集，如图 2-30 所示。（如果已实现数据采集，就可直接单独部署 MFA。）

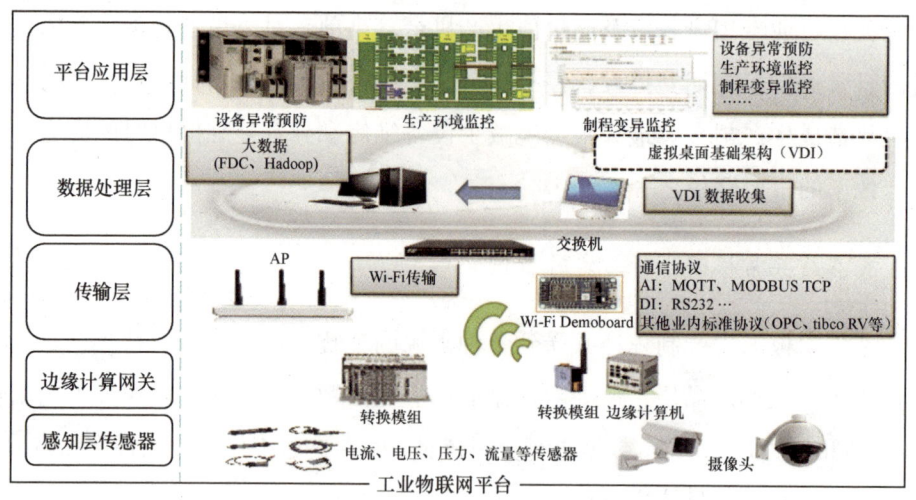

图2-30 华星光电平台和格创东智MFA实施架构

2. 针对不同的应用场景，利用格创东智 MFA 遵循 4 步法建模

格创东智 MFA 实施步骤如图 2-31 所示。

场景一：通过设备预测性维护实现设备管理优化

设备预测性维护，指的是对设备故障提前预警，减少设备宕机引发的生产损失。

设备预测性维护应用方案，对全面收集的设备运行状态的历史与实时数据和机台数据进行处理，找到设备、部件、产品关键因子，利用格创东智 MFA 内置算法模型，建立模型监控，预测关键设备的寿命，降低设备故障次数，提前预警，实现设备全生命周期管理，减少机器停机损失或运维成本。具体案例如图 2-32 所示。

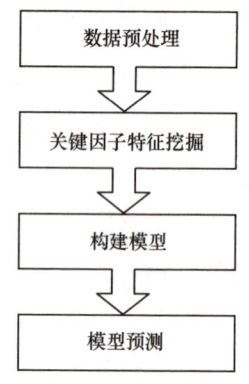

图2-31 格创东智MFA 实施步骤

场景二：通过虚拟量测实现品质在线监测与管控

虚拟量测是指利用生产设备的制程参数进行数据分析，构建深度学习模型，通过不断的修正和优化，取得在制品关键指标与制程数据之间的关系预测模型，对指标进行预测，以数字化方式对产品特征进行"量测"。同时，结合现有的抽

检系统，降低抽检率，降低抽检机台负荷，提升周转率。

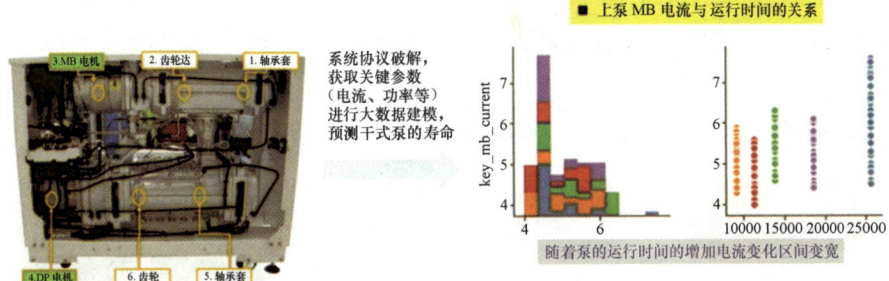

分析结果：
1. 泵的运行时间与电流呈正相关；
2. 泵的运行时间越长，其 DP 和 MB 电流变化区间越大，变化区间越大代表越不稳定，异常风险越大。

图2-32　设备预测性维护应用——泵案例解析

　　华星光电上线的虚拟量测系统涵盖产品的膜厚、CD、PSH、THK 等参数指标，虚拟量测实施思路如图 2-33 所示。以下方案将以膜厚的虚拟量测为例。

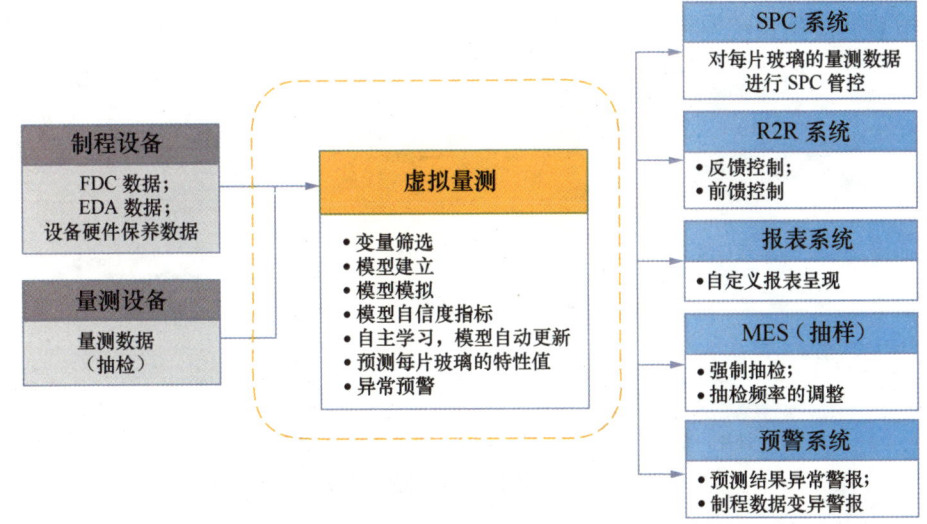

图2-33　虚拟量测实施思路

　　面板的膜厚和制程中机台的几十个指标强相关，如压力、电流、电压、流量、温度和等待时间等。为了利用虚拟量测技术解决这一痛点，找到关键指标和众多过程数据之间的关系，我们将这一制程的数据及抽检测量数据进行采集并汇总，通过机器学习算法，如BP网络、支持向量机、随机森林、梯度提升树、XGBoost等，搭建了过程数据和膜厚之间的关系模型，并利用该模型预测制程后的膜厚等参数。虚拟量测技术方案如图2-34所示。

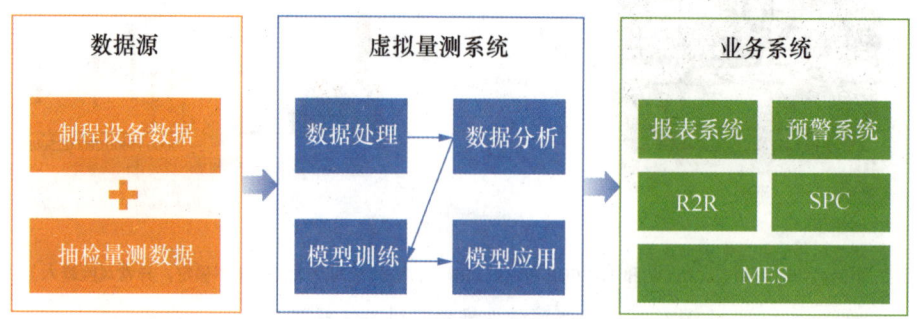

图2-34　虚拟量测技术方案

与此同时，该系统还与MES、R2R、BI系统达成联动，实现了实时的品质监控、故障预警、批次控制等功能，最大限度地降低了批次异常出现的可能性。虚拟量测应用系统架构如图2-35所示。

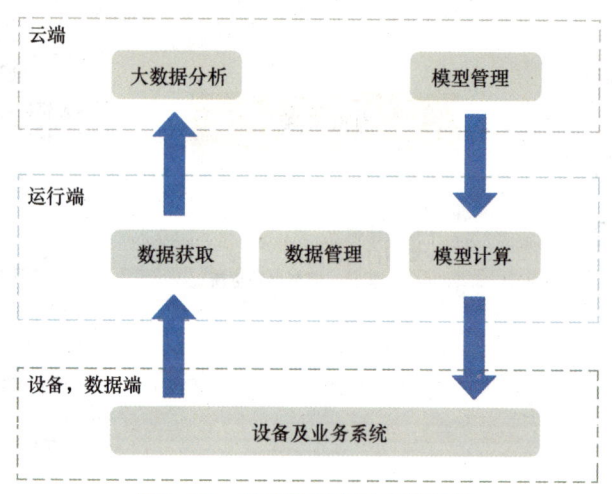

图2-35　虚拟量测应用系统架构

格创东智MFA将数据分析、模型训练等耗费大量运算资源的工作放在云端进行，本地服务器上只负责数据存储、管理和模型计算等功能，最大限度地减少了本地服务器的要求，提升了应用效率。

3. 格创东智 MFA 产品创新点。

（1）交互分析，探索数据

用户可通过格创东智 MFA 对数据不断地进行分析尝试，不断地挖掘，了解数据。分析过程只需点选操作即可完成，简单易懂，方便快捷，如图 2-36 所示。

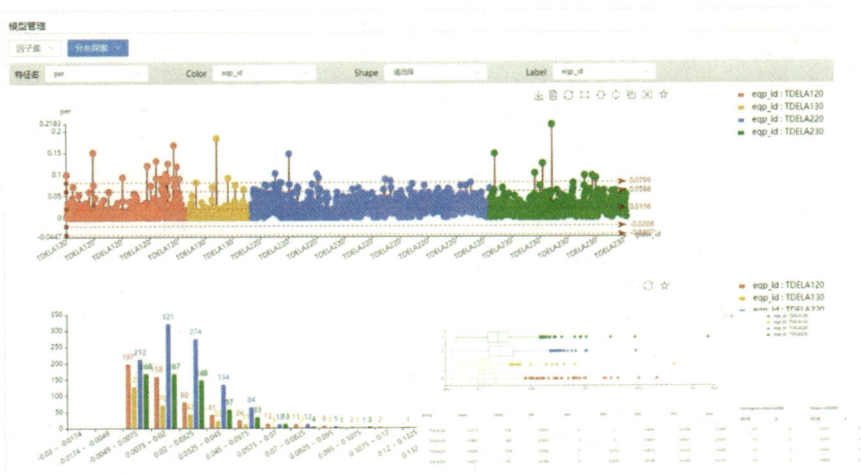

图2-36　分组分析

（2）专注特征，自动挖掘

特征是影响建模成功的关键性因素，因此，格创东智 MFA 提供多种算法自动挖掘数据的有效特征，如图 2-37 所示。

图2-37　特征挖掘

与此同时，格创东智 MFA 还提供自动的关键特征挖掘算法，用户只需要勾选算法，即可帮助用户生成一些重要的关键特征。新生成的特征将被加入因子集中，成为用户重点分析的对象，如图 2-38 所示。

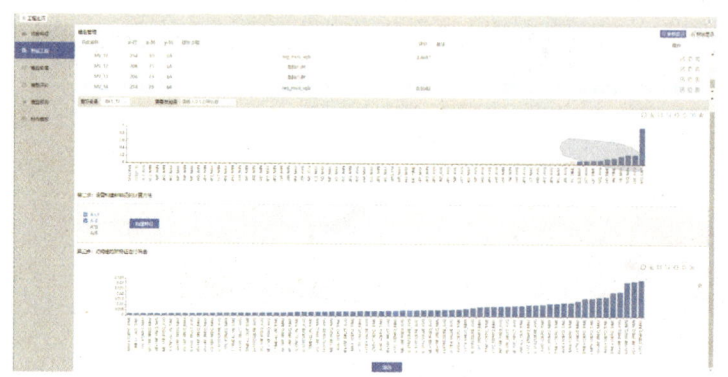

图2-38　交叉特征构建

（3）根因分析，模型可溯

模型构建界面如图 2-39 所示。

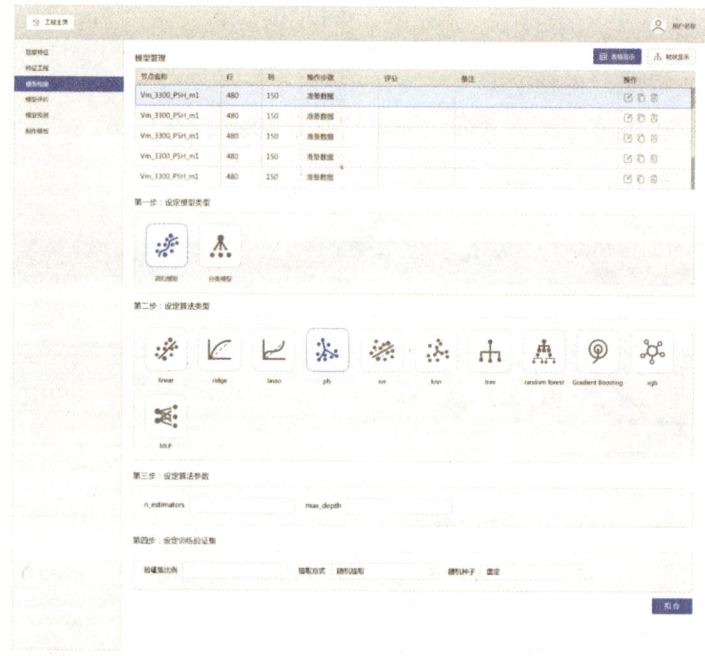

图2-39　模型构建界面

市场上很多建模软件虽然能构建模型，但缺乏对模型的解释及表征。格创东智 MFA 通过关键因子输出，让用户能清楚了解到影响该模型的关键因子及每个关键因子 x 与目标特征 y 之间的关系。模型关键因子列表均可联动跳转，方便用户对案例进行根因分析，使模型可追溯，增加模型的解释信息，如图 2-40 所示。

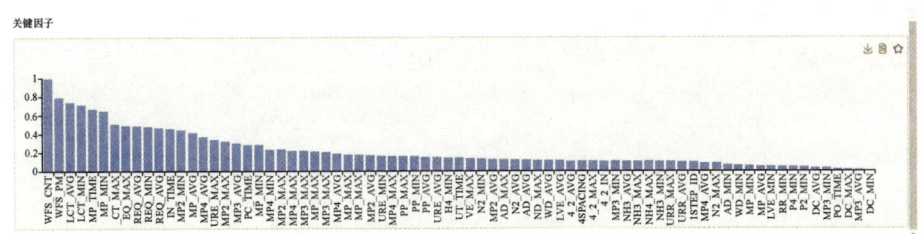

图2-40　模型关键因子查看

（4）可视化的建模流程及联动分析

格创东智 MFA 将常见的通用的分析逻辑步骤具象成简易功能，以此引导用户对数据进行分析，而对于非标准化的挖掘步骤则给用户更多的操作选择，如格创东智 MFA 设置建模节点、建模评分对比等功能，如图 2-41 所示。

图2-41　自主模型评分

（5）实时分析，多条件模型监控

如图 2-42 所示，格创东智 MFA 可以实现在线实时分析。当模型预测发生异常时，用户可实时下钻预测数据，查看导致异常的关键因子。格创东智 MFA 可自行定义监控条件，模型可自学习、自更新。

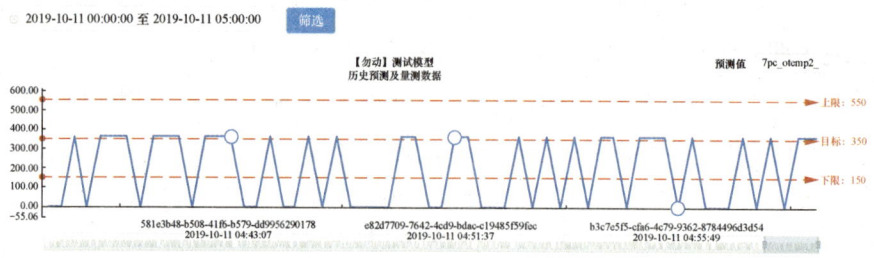

图2-42　模型在线预测

三、解决方案应用情况

目前，格创东智MFA 1.0版已在华星光电设备上投入应用。在华星光电上线的基于格创东智MFA的设备预测性维护和VM虚拟量测应用，完美地解决了公司的痛点，使设备管理方式从人员点检，依靠经验评估转变为寿命实时在线预测，品质检验方式由原来的事后分析、事后追溯、按比例抽检转变为提前预警、在线实时全检，有效降低了设备运维成本，提高了产品良率、设备利用率，实现了降本增效。

1. 华星光电应用格创东智MFA实现了设备预测性维护

通过从华星光电已有生产设备、额外部署的传感器上进行数据采集，之后进行数据分析预警和机器学习，实现寿命预测及计划性设备维护。主要涵盖的监测及建模内容：氯气浓度检测、风速风向检测、非接触式供电系统监控、STK电机参数监控、FALUL电机监控、ACOVENBooth排气流量监控、ACALN冷却循环水流量关键参数监控、ACDrypump关键参数监控、ACUPKRobot关键机构振动监控说明、ACESD监控、Drypump关键参数监控、ATS机台内部温湿度以及ESD监控、AC主设备电控箱温度监控、Robot关键参数监控、Inline particle系统趋势监控、CELLHVA电控箱断路器温度监控、CELLCUTFDC刀头扭矩参数监控。

经统计，2018 年 3 ~ 4 月华星光电设备预测性维护带来的收益达到 600 多万元，全年累计 2000 多万元，实施效果如表 2-1 所示。

表2-1　实施效果

编号	项目	项目范围	预算（万元）	效果（有形）		效果（无形）
				人力成本节约（小时/年）	其他（万元/年）	
1	皮带张力控制	t2 AMHS一科		382	221.5	机况快速响应提高办事效率
2	非接触式供电系统监控	t1 Stock二科		40	36	降低工作负载提升监控的及时性及准确性
3	马达参数监控	t2 AMHS一科 t1 Stock三科	210	120	284	预防设备宕机降低工作负载
4	电控箱温度监控	t1 LUL二科		90	20.4	杜绝温度过高风险降低工作负载
5	L/UL洁净度监控	t1 LUL一科		796	3	杜绝洁净度异常风险降低工作负载
6	PLC参数监控	t2 LUL一科		730	5.9	预防设备宕机降低工作负载

2. 华星光电应用格创东智 MFA 虚拟量测实现了品质管控

虚拟量测是基于经验预测模型原理，通过人工智能算法对大量的制程数据进行学习，通过不断地修正和优化，取得在制品关键指标与制程数据之间的关系预测模型，便可对指标进行预测，以数字化方式实现"量测"，并能通过趋势分析，发现并预警潜在的品质问题。与此同时，虚拟量测可以节省大量的检测设备，降低企业投资成本。

基于格创东智 MFA 的虚拟量测应用，可以实现实时在线的品质管控。通过对表征面板生产质量的特征值（膜厚、线宽、高度等）的实时在线预测，利用预测值代替量测值，并且可以实时下钻因子分析异常原因，及时对接 MES 进行生产制程参数的调整。另外，根据实时的生产数据，模型可以自学习，不断地自动进行优化，目前单点膜厚、平均膜厚等参数预测的 MAPE（平均绝对百分比误差）控制在 1.3% 以内。该虚拟量测在生产线的成功上线应用，降低了生产线 30% 的抽检比例，缩短了品质异常排查时间，发现了部分产品品质问题，达到了提高工厂良率的目的，实施效果如表 2-2 所示。

表2-2 实施效果

类别	功能	描述
在品质方面	品质管控	实时自动预测产品特性值，全面监控产品质量
	先进制程控制体系	对接控制系统，对前后制程参数自动调整
	品质异常及时侦测	在制程参数发生变异时及时发出预警，实现品质异常及时侦测，防止异常品后流
在生产周期方面	抽检频率降低	站点抽检比率降低30%以上
	提高机台产能	减少离线测量站点负荷，减少产品积压

以华星光电 t6 为例，虚拟量测应用给其带来了 654.4 万元 / 年的经济效益，具体如表 2-3 所示。

表2-3 经济效益

类别	金额（人民币）	来源
有形	654.4万元	批量异常减少，产生效益222.3万元/6个月；NAN部分站点抽检比例降低30%，产生效益104.9万元/6个月
无形	NA	数据分析算法内化，提升CSOT内部人员数据分析能力与速度（6小时→0.5小时）
		为FDC等提供持续可优化算法，持续提升相应系统准确性
		数据分析算法内化，提升CSOT内部人员数据分析能力，培养10多名因子分析师

（1）批量异常减少：t2 2017M1 ～ M8 异常事件导致损失 494 万元，其中本项目可解决 60% 异常情况，因此，估算 6M 效益为 222.3 万元。

参考：t2 2017M1 ～ M8 ABL 损失共 759 万元，其中参数 / 设备异常导致损失 494 万元，异物类及其他导致损失 265 万元。

（2）NAN 部分站点抽检比例降低 30%，产生效益 209.88 万元 / 年，因此，6 个月的效益为 104.9 万元。

　　格创东智 MFA APP 目前已在多个行业落地使用，并取得显著成效。基于格创东智 MFA，可以快速实现虚拟量测、设备预测性维护、品质分析、品质预测等应用，助力企业挖掘更多数据价值，更快实现数据变现。

土木工程建筑业

2.4.1 蒙华铁路白城隧道施工建设盾构远程在线监测云服务工业互联网APP解决方案

一、项目背景

随着轨道交通行业的不断发展，国内盾构机（TBM，Tunnel Boring Machine）市场需求规模不断扩大，但行业内仍存在安全隐患难排查、工程项目难监管、施工效率难保障、掘进风险难把控、设备故障难定位、盾构数据难存储等诸多难题。中铁工程服务有限公司（以下简称"中铁工服"）凭借多年的盾构制造和施工业务经验，通过对盾构施工数据的存储和分析，研发出集隧道盾构远程监控＋隧道风险安防管控＋视频监控功能于一体的盾构远程在线监测云平台，将推动行业向智能化方向转型升级。

盾构远程在线监测云平台依托国内盾构机技术，远程采集运行参数、报警信息、能耗情况、材料耗损等数据，通过新一代信息技术与高速铁路技术的集成融合，打造设备运维数字化、信息化、智能化的盾构机远程在线监测云平台的运维系统，实现盾构机运行监控、报警管理、健康诊断、掘进进度与安全风险管控、部件维护保养、项目资料归档、安全教育、工序优化及智能掘进等应用功能，为施工现场提供集成化管理和智能分析统计服务。

与国内现有产品相比，该产品具有流数据存储与使用功能、预警报警数据实时存储功能、远程数据传输与接收功能及可移动应用终端，具备响应速度快、业务并发量大、系统容量高、控制精度高、资源使用率高、安全可靠性高、兼容性强、可维护性强等技术性能。

本项目产品的研发保障了我国轨道交通隧道掘进施工的安全、高效，提升了我国掘进盾构机的研制和运用的技术水平；推动了我国复杂盾构装备从制造型向制造＋服务型转变；改变了传统掘进盾构机复杂的运维服务模式，提升了运维的技术水平和能力；对工程建设行业"互联网＋"行动的实施具有重要的参考价值和带动作用。

二、技术架构

1.平台整体架构设计

盾构远程在线监测云平台是用于实现对盾构施工现场及盾构机设备的全面管控，为工程管理提供全面的信息技术服务，同时对盾构数据进行采集、存储、分析，推动盾构施工行业向智能化方向不断发展。为了满足课题任务要求，建立的平台建设框架如图 2-43 所示。

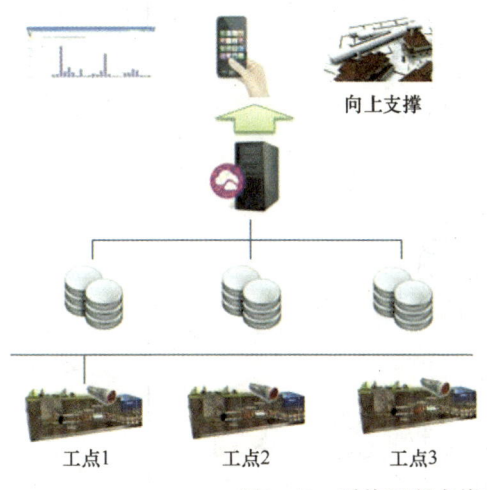

Web应用、手机APP、BIM应用

向上支撑

盾构云中心对数据加工、计算

数据中心

工点数据采集（设备＋人工）

工点基础数据、沉降数据、水平位移、地质数据、盾构机运行参数、工点风险数据、监理日志、隐患数据、工程资料、视频图像等

工点1　　工点2　　工点3

图2-43　盾构远程在线监测云平台框架

第一层：工点数据采集。通过采集设备及现场人员填报的方法对现场数据进行采集，采集的数据包括工点基础数据、沉降数据、水平位移、地质数据、盾构机运行参数、工点风险数据、监理日志、隐患数据、工程资料以及视频图像等。

第二层：数据中心。数据中心实现对采集的远程数据的接收和存储，并对数据进行初步处理。

第三层：数据自动分析处理。通过编程的方法对采集的数据进行精细加工和计算。

第四层： 数据展示。对分析处理后的数据通过 Web 应用、手机 APP 以及 BIM（建筑信息模型）应用实现个性化展示，满足用户需求。

2. 网络拓扑设计

盾构远程在线监测云平台的网络主要覆盖远程数据采集、远程数据传输、数据存储与分析、界面展示，网络拓扑如图 2-44 所示。

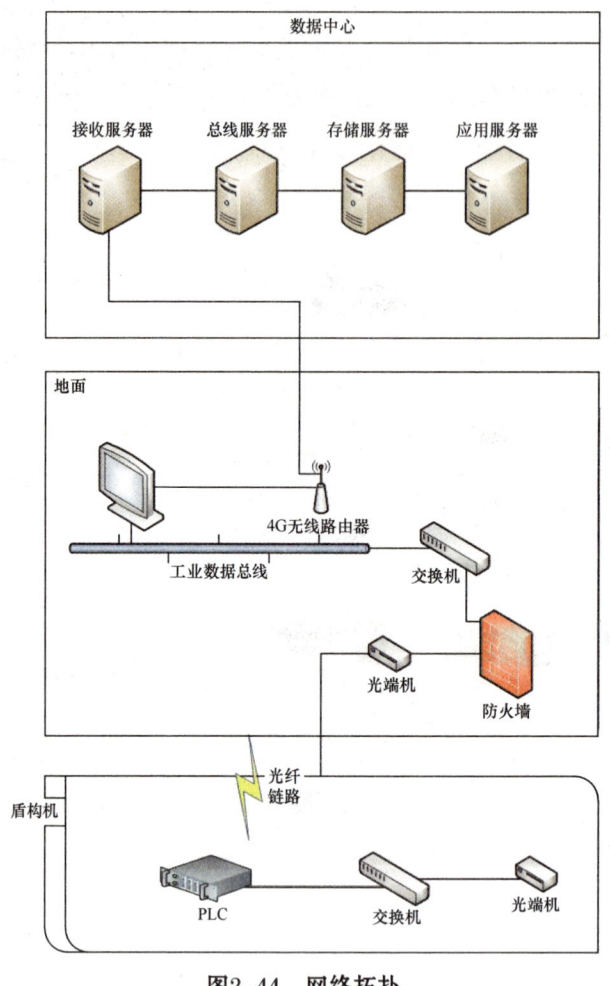

图2-44　网络拓扑

盾构机传感数据传输到盾构机设备上的 PLC（可编程逻辑控制器）中，PLC 中的数据通过光纤传输，地面通过光端机接收传出的数据，数据穿过防火墙，通过一台交换机将上位机与盾构数据采集端 BOX 组在同一网段，在盾构数据采集端 BOX 中用西门子组态的方法安装数据采集软件，可将工业总线上的数据采集到 BOX 中，然后利用互联网或 4G 无线网通过 HTTP 实现数据的远程传输。接下来通过接收服务器接收远程数据，将数据存储在服务器中，分为结构化数据存储和非结构化数据存储，通过特定算法实现对采集的原始数据的分析处理，最后通过网页或其他客户端工具对分析后的数据进行展示。

3. 技术创新

中铁工服立足于盾构设备发展现状，结合盾构机运行及施工特点，采用云计算、物联网、大数据、北斗定位、人工智能等先进技术，打造设备运维数字化、信息化、智能化的盾构远程在线监测云平台，该平台经成果评价"整体达到国内领先水平"。该平台主要的创新点如下。

（1）盾构数据采集、传输、存储

为全面感知盾构机的服役状态，在盾构机主要系统上安装近 600 种传感器采集盾构机状态参数及故障检测点等关键服役数据。BOX 数据使用 ADSL 网络与 4G 无线网络进行传输，实现断点续传、自动重启、数据加密，并使用协议转换器，实现信息共享。

（2）多源、异构大数据平台建设

为满足海量异构、跨域关联大数据的存储计算需求，平台对物理资源进行虚拟化，在此基础上采用 HDFS、HBase、Hive 等分布式大数据存储技术及 MPP 等分布式并行数据库技术，来存储采集到的结构化、半结构化和非结构化数据，从而建立大数据存储资源池。

（3）盾构机远程监控中心建设

通过构建远程全方位服役状态视频监控系统、工作环境预警系统、关键部件关键服役参数状态监控系统、基于百度地图的项目监控系统，以达到远程实时监控盾构机状态的目的。

（4）基于 AR 的盾构机远程维修指导系统建设

在通过智能评估与诊断系统发现盾构机设备故障后，可连线多个专家，通过 AR 识别和 3D/ 文档同步帮助专家了解现场情况，指导故障诊断和修复。

（5）盾构机远程运维多业务集成盾构云平台建设

将盾构机服役大数据存储系统、智能评估和诊断系统、远程监控系统、远程运维支持系统及面向不同用户的远程业务应用等进行云端化部署，构建盾构云平台。同时，将盾构云平台进一步与已有的调度指挥平台和掘进机租赁网进行集成融合，3 个平台互为支撑，实现数据共享。

4. 发挥的作用

（1）促进现有盾构工程管理的变革和升级。该项目所构建的盾构云平台可实现虚拟维修、远程协同，提高了信息实时性、关联性、处理时效性；实现了运行状态监测及远程故障诊断，提高了安全性与可靠性。项目的实施可降低盾构工程管理成本，减少维护时间，提高服务质量，提升运营效率，是对现有盾构装备服务模式的创新。

（2）提升盾构装备技术服务的快速响应能力。盾构装备具有体量大、分布广、运营速度快等特征。运用云平台、大数据分析等信息化技术，构建远程智能化管理平台，依托建立的专家知识库和故障分析知识库，快速做出决策，有效支持和指导施工、运行维护，极大缩短响应时间。

（3）为盾构装备运营安全和可靠性提供保证。本项目开发的盾构装备故障预测与健康管理系统，可实时跟踪盾构装备的运营，监控盾构装备或部件的关键参数和运行状况，通过开展故障诊断、故障预测、健康评估和地下岩石层分析功能，助力盾构装备运维模式从故障维修、计划性维修向预测性维修转变，为盾构装备的安全运行提供保障。

三、解决方案应用情况

蒙华铁路白城隧道位于陕西省靖边县，隧道全长 3345 m，最大埋深 81.05 m，是设计时速为 120 km 的双线电气化铁路隧道。该隧道地质为新黄土，采用传统隧道施工方式掘进存在安全隐患大、工期长等问题，项目实施运用中铁工程装备集团研制的世界首台马蹄形盾构机（11.9 m×12.9 m）进行施工。在应用盾构云平台的帮助下，该盾构机平均每天掘进 9 环（14.4 m），并先后创下了多项纪录：连续 10 天掘进 10 环（16 m），创下月掘进纪录 308 m，截至目前最高纪录日掘进 12 环、拼装 12 环（19.6 m）等，目前隧道已顺利贯通。该项目仅用 440 天就完成隧道全线的掘进任务，速度是传统矿山法的 3 倍，获得了建设方和地方政府的高度好评，多次受到中央、地方新闻媒体的采访。

白城隧道项目遇到的最大问题就是安全问题。由于隧道下穿天然气管线、供水管线及包茂高速公路，隧道埋深浅，施工方法复杂，施工安全及工期风险较大。此外，还有 3 个施工难题：第一个难题就是隧道地质为土质松软的新黄土，盾构施工不出渣；第二个难题是盾构上下半径不一致，难以控制掘进误差；第三个难题是刀盘被软硬不均的地层卡住，盾构机不能向前推进。

为解决以上问题，本项目引进了由中铁工程装备集团研制的全球首台"马蹄形盾构机"和本公司的盾构云平台，为中国中铁四局集团有限公司提供专业的"管家式"掘进机施工技术服务。在本项目中，盾构云平台通过以下功能解决遇到的问题。

（1）风险监测预警

盾构云平台通过将现场勘测采集地质数据和导入地质图及现场人员填报的方法相结合对白城隧道地质数据进行采集，采集的数据包括工点基础数据、沉降数据、水平位移、地质数据、工点风险数据、隐患数据。盾构云平台对项目中的风险点进行统计，并且根据项目掘进的平均速度对盾构机到达风险点的时间进行预估，监测盾构机施工进度，临近地质或人工设施风险源时发出预警，提前做好应对措施。

白城隧道施工盾构机操作司机及管理者登录平台即可查看周围的具体地质情况，了解盾构机当前所在的具体位置，合理避开地下天然气管线、供水管线及包茂高速公路等，合理控制掘进线路方向，避免掘进误差，提示施工风险，对施工区间风险进行全方位管控，保障白城隧道施工安全。

（2）实时监测盾构机各部件工况

为了全面获取盾构机各部件的施工状态，在"马蹄形盾构机"的各主要系统上安装 600 多个传感器用于采集盾构机模拟量参数、状态参数及故障监测点等服役数据，采集数据的频率为每10 s采集一次。使用协议转换器，将各种私有传输协议转换成标准工业控制总线通信协议，将数据从白城隧道地下盾构机传输到地面的盾构服役数据采集BOX中，实现信息共享。盾构云APP显示界面使用不同标识在百度地图标注盾构机状态，包括掘进、管片拼装、停机和维保，保持盾构施工现场与盾构云平台状态同步，显示主监视、导向系统、注浆系统、泡沫系统、电力参数、累积量、运行参数诊断、三维视角等实时工况信息。从而，"马蹄形盾构机"的管理者和操作司机能实时查看盾构机各部件的工况，避免了刀盘被软硬不均的地层卡住，盾构机不能向前推进的施工难题。

（3）在线净油

在白城隧道施工的"马蹄形盾构机"还安装了中铁工服研发的在线净油机，该机器能够过滤液压元件中的液压油中的水分及杂质，实时收集盾构机油水在线检测结果，并在盾构云APP上显示。盾构云与在线净油机的配合，使盾构机操作司机和白城项目管理者能够实时监测液压油的状态变化。

（4）盾构维保信息提示

盾构云平台通过互联网采集数据并将采集到的数据在远程盾构管理中心还原，构建关键部件关键服役参数状态监控系统。系统对这些信息进行大数据智能分析，综合评估后按日维保、周维保、月维保提醒维保人员进行盾构机维保并录入维保信息，系统会根据录入的维保信息对盾构机健康状况进行评分。通过盾构云APP实现盾构设备维保提醒，并对维保状况进行统计，白城项目产生的维保数据共计3909条。

（5）进度、工期预测

通过前期导入盾构云平台的工期计划表，可以自动统计项目工序的具体进度情况。盾构云平台对蒙华铁路白城隧道项目进度进行统计，统计可以按工作制、按日、按周、按月进行，通过柱状图可以展示实际掘进环数，并且能与计划进度进行对比，最后得出结论：相比于计划提前或延迟多少环。这样可以帮助白城项目管理者对项目进度进行科学管控。

（6）耗材统计

盾构云平台对白城项目盾构掘进过程中的常用耗材（油脂、泡沫、膨润土等）的消耗量按环进行统计，通过柱状图的形式进行展示，可有效防止项目施工过程中由于偷工减料或用量不合理导致隧道成型质量不过关的情况出现。

（7）档案管理。

盾构云平台对"马蹄形盾构机"的各部件故障报警信息、停机原因、故障点都进行了详细的档案记录，作为该盾构机后期研发改进、维修的参考信息。此外，盾构云平台对蒙华铁路白城隧道项目施工的掘进参数进行统计，并且通过折线图的方式对单环的盾构机参数变化情况进行展示，这些统计的数据也是以后进行大数据分析的宝贵资源，对类似的新黄土地质的施工项目有极大的参考价值。

2.4.2　新疆交通建设集团股份有限公司"交通之眼"工程建设大数据与综合管控智慧调度平台开发项目

新疆交通建设集团股份有限公司是新疆维吾尔自治区国资委直接监管的重点骨干企业，于 2018 年 11 月在深圳证券交易所成功上市。公司长期服务于交通基础设施建设第一线，拥有丰富的实践经验和业务积累，对基建行业的项目管理有深刻的理解和系统性的体系支撑。公司具备公路工程施工总承包特级、综合乙级试验检测等资质，先后主持、参与各级各类科研项目 33 项，获得各级各类科技创新荣誉 11 项，成立"西部协同创新平台""国家级企业技术中心"等 12 类科技平台。公司始终坚持"科技先导"的理念，上市以来，公司对建设品质工程、创造品牌价值、实现全产业链的高质量发展提出了更高的要求。

一、项目背景

交通项目涵盖范围广、跨度大，如何高效地对工程建设进行综合管控和动态监测是交通行业、企业、工程管理人员针对项目过程管控的迫切需求。

（1）全面提升项目管控水平是打造品质工程的客观需要。随着上市企业业务规模的不断扩大，项目管控线长、面广，管理模式在不断革新，传统的管理手段和方式已经无法适应新的业务模式，因此，需要利用新型信息化管控手段，助力提升工程管控水平，为打造品质工程提供保障。

（2）拓展工程建设服务内涵是创造品牌价值的重要手段。项目的核心是将卫星遥感扫描的"面上"数据与成本、质量和安全方面的"内核"数据有机融合，形成工程综合管控智慧调度平台和工程实体的数据镜像，工程竣工后可提交"虚"和"实"两项成果（"工程实体"和"数据镜像"），拓宽了工程建设服务内涵，创造了企业品牌价值。

（3）瞄准产品服务商业推广是拓宽产业维度的必由之路。立足提升交通建设项目施工全过程的综合管控能力，全面获取交通建设领域各类数据，为推动工程成本、工程质量、工程安全等信息的集中管理、多维融合、智能分析，打造"一库、一平台＋数据应用服务"的综合能力体系，形成具备行业价值并能在市场快速推广的"产品＋服务模式"，实现对外商业推广，拓宽企业产业维度，创造新的经济价值。

二、项目内容

凭借新疆交通建设集团股份有限公司在新疆综合交通建设领域的领军地位，借助新疆在"一带一路"发展中连接中亚桥头堡的作用，发挥公司在卫星和信息技术领域的突出优势，进行先期开发。

（1）公路设计。以高分辨率遥感数据为基础，以北斗及GPS数据为辅助，依托大数据中心，利用平台数据分析功能对目标区域内的地形地理信息、周边路况信息等进行提取，结合地质环境、地貌特征、社会人文等数据，完成公路建设影响因素分析，实现相关专题产品的生产，为公路交通基础设施的选址、规模界定、路网提取、规划选线等提供辅助支持。

（2）施工管理。公路施工工程由于建设周期长、整体监测困难等原因，很难从宏观上直观掌握整个工程进度。运用卫星遥感技术＋信息化手段、智能设备、传感器从多个维度建立数字工程体系，能快速高效地获取并全面、系统、真实地分析地表空间动态变化信息，同时结合部署在施工现场的智能检测设备及力学、地磁和光敏等传感器，能够帮助项目管理者客观、全面地把控项目实施情况，为工程管理提供辅助决策的数据依据。利用遥感技术结合物联网设备对工程动态、连续、准确地监测，能够辅助重大工程的规划、开展和决策，同时对工程进度、工程中的临时占地及工程对环境的影响等提供客观评价。

（3）公路管理及养护。充分发挥卫星遥感快速高效、覆盖区域广的优势，基于大数据中心，建立公路管理及养护系统，实现道路的影像数据、空间地理信息、道路规划信息、道路现状属性的无缝集成与动态更新，可满足管理者对于交通基础设施大范围、实时动态监测管理的需求。同时结合智能巡检设备和关键节点的传感设备能够有效补充微观层面的数据，组成由面到点的数据网络，大幅提升交通基础设施运行服务的能力，为区域道路的管理与养护提供基础支撑。

（4）灾害预警监测及灾害评估。在灾害发生前，通过遥感影像（包含光学和雷达数据）提取灾害体征信息，结合 GPS 和地面控制点影像库及相关的物联设备（位移、水分、震动等传感器和红外监控探头），可实施灾害预警监测。预警监测是降低灾害事件损失的重要措施。灾害发生后，利用高分辨率卫星可见光遥感和微波遥感、卫星导航系统等多种灾害监测手段，可以大范围、快速获取和掌握道路毁坏信息，对道路、桥梁、涵洞等目标受洪水、泥石流、滑坡等灾害的冲毁情况进行识别、评估与分析工作，形成专题产品和评估报告，辅助领导决策，同时利用卫星通信能够快速打通信息链路为指挥应急提供技术保障。

三、建设目标

依托卫星遥感扫描数据和信息化手段，建立道路交通建设管理全流程、全范围数据库，并结合行业的广泛调研进行集成化、定制化的应用开发，在移动端、Web 端打造了面向行业广泛需求的业务应用程序，提供数据应用咨询延伸服务，最终形成"系统产品 + 咨询服务"的商业模式，并在外部市场推广应用，共同实现经济价值。

四、实践及效果

该项目将遥感影像技术与传统的管理方式相结合，运用物联网、智能硬件技术进行赋能，重点以工程建设的人、材、机为着力点，对基础建设过程中的进度管理、质量管理、安全管理、占地生态管理、物料管理、生产调度等方面进行数字化和传输改造升级，通过大数据技术进行分析，重点开展数据线性研究、成本风控、质量体系研究、安全培训等应用，颠覆了传统的道路交通监管模式，实现了从"经验管理"到"数据管理"的转变。

（1）该项目利用卫星遥感技术已经为高海拔、缺氧等特殊地区的前期选址、规模界定、路网提取、规划选线等提供辅助支持。

（2）该项目基于物联网、传感器技术形成的"路易通"试验检测综合管控平台、沥青品质快速检测系统、公路施工质量动态监控系统、巡检养护系统等分项成果已经在公路施工中得到应用，目前，已具有超千万元的市场份额。

（3）该项目将新兴技术人才引入传统路桥行业，传统路桥行业接触到最新的科技成果，转变对所处行业的认识，间接促进了整个地区乃至全国的经济发展和人才培养，无形中培养了具有新技术思维＋传统技术的复合型人才，带动了整个行业的快速发展。

（4）该项目将卫星遥感技术＋物联网技术融合传统路桥行业，是对传统行业的转型升级，具有技术创新性，该项目产生的技术，还能用到建筑、水利、铁路等行业，带动整个基建行业的转型发展，具备推广复制的意义。

（5）该项目借助前期基于物联网，传感器技术在试验检测、质量管理和卫星遥感领域取得的分项成果，立足于打通公路行业的规划、设计、施工和养护整个寿命周期。

（6）该项目紧贴工程应用，可实现信息共享，提高工作效率，实现全过程的数字化，形成工程数据仓库，便于通过数据挖掘，提升技术水平，具有较高的经济效益和社会效益。

（7）该项目使卫星遥感技术、物联网技术与行业深度融合，打通了规划设计、施工建设及后期运营、养护全寿命周期，形成了上亿级的市场规模，推动了公路行业的整体发展。

汽车制造业

2.5.1　汽车行业研发生产环节质量监管工业互联网APP解决方案

一、项目背景

随着我国汽车产业的不断发展，尤其是自主汽车品牌的崛起，汽车企业越来越多地关注研发生产环节的质量问题。研发设计、生产制造、供应商协同都是质量管控的重要环节，汽车行业研发生产环节质量监管工业互联网 APP 解决方案为汽车质量管控提供专业服务。

汽车行业研发生产环节质量监管工业互联网 APP 解决方案包含众多质量管控工业互联网 APP，本次列举了 3 个重点 APP，分别是 CAD 知识封装工业互联网 APP（KBE）、供应商协同管理工业互联网 APP、生产质量管控工业互联网 APP。

CAD 软件的应用贯穿汽车研发过程，典型应用包括白车身设计、总布置校核、轻量化研究等。目前汽车行业 CAD 技术存在两大问题：（1）优化设计经验缺少有效封装应用；（2）研发环节法规校核工作较为烦琐，严重影响了研发设计的规范性和效率，急需一套校核优化工具予以支撑。KBE 通过一系列 CAD 知识封装工具，将工程师隐性的知识显性化，有利于企业知识传承，打造研发设计环节的核心竞争力；通过研发阶段的工具校核，能够全面提升研发效率及合规率，减少由于设计的缺陷而导致的后期反复修正，有效缩短了研发周期。

供应商协同管理工业互联网APP是针对国内汽车行业企业，结合行业IATF16949质量体系管理理念，通过先进的技术手段，为供应链上下游提供信息协同、业务协同等智能服务平台。此款工业互联网APP是推动企业网络化和信息化融合，提升企业整体智能制造水平的一款集成服务产品，保障了研发和生产质量。

生产质量管控工业互联网APP是为汽车主管部门逐步加强车辆产品一致性监管的管控力度而设计的一款工业互联网APP。汽车企业的产品一致性问题可能导致车辆无法销售、公告产品撤销、企业资质撤销等重大问题，企业迫切需要完善自身一致性管理体系并将其融入生产工作中。同样，主机厂在生产制造中涉及大量机器设备，设备运行状态、故障等因素极大地影响生产效率及产品质量。此款APP可以确保样车的参数、性能和配置满足产品一致性要求，避免企业申报的数据同实际应用的数据不一致，以及生产过程未能按照一致性控制计划有效执行。

二、技术架构

汽车行业研发生产环节质量监管工业互联网APP解决方案是在通用IaaS层、PaaS层运行技术的基础上，以行业特有"三维一体"的模型资源库为核心，通过机理模型编译分析及求解引擎和工业互联网APP开发环境实现工业互联网APP的低代码可视化开发，最终打造承载CAD知识封装工业互联网APP（KBE）、供应商协同管理工业互联网APP、生产质量管控工业互联网APP等多款精品工业互联网APP的一站式服务平台，助力行业企业智能化转型升级，具体技术架构如图2-45所示。

平台运行支撑环境，包括IaaS运行环境、PaaS运行环境。其中，在IaaS运行环境建设中，计算虚拟化资源与共享存储资源提供了云计算中最为基础的计算与存储系统；安全防护资源与应用优化资源提供了安全优化的附加增值服务；统一管理平台和使用交付平台为外部的用户与管理员提供了云计算资源管理使用的入口；融合网络资源通过连接整合使云计算资源能够作为一个真正的整体对外提供IaaS服务。基于容器云的PaaS运行环境建设包括业务生命周期的自动化管理、标准化的整体流程与系统环境、集成第三方服务、与其他系统平台联动。

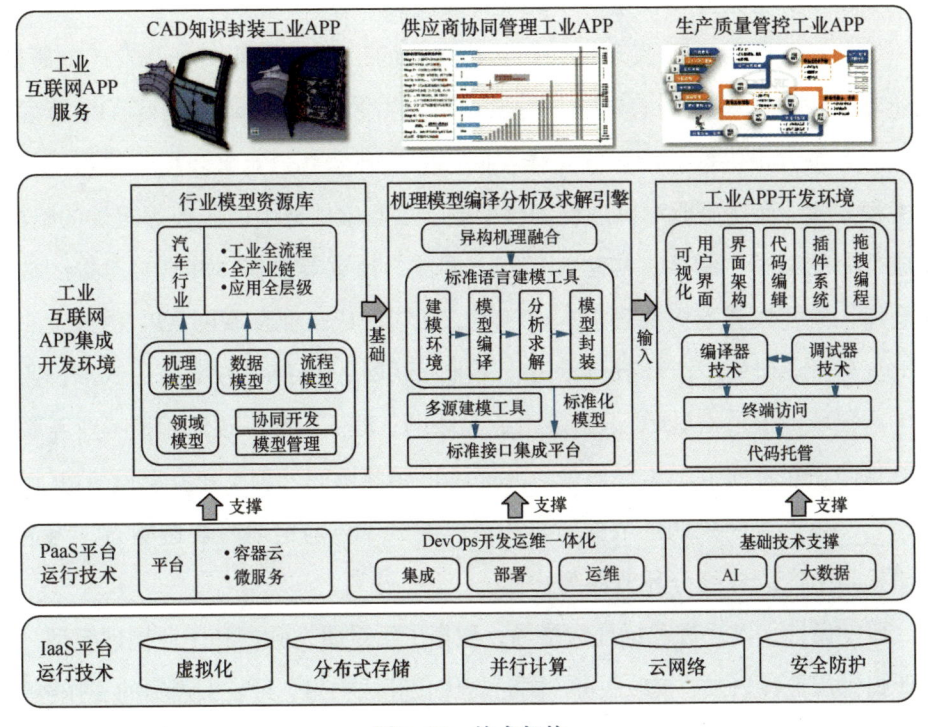

图2-45 技术架构

行业模型资源库。建立汽车行业"三维一体"的工业机理模型库体系,面向汽车行业大量应用场景,有机组合形成全产业链、全生命周期的领域模型,针对聚焦场景,提供工业机理模型的关系和逻辑,解决场景问题;面向汽车工业流程提供全面的流程模型体系,致力于解决汽车研发、生产、服务等环节流程性工作;通过数据线性积累,汇聚大量数据模型,形成覆盖汽车行业全产业链、全生命周期的数据模型体系。

机理模型编译分析及求解引擎,包括机理模型开发工具、机理模型开发集成平台。机理模型开发工具提供基于统一语言规范的机理建模工具,支持采用方程、程序、数据等研究对象建模。机理模型建模工具集成平台通过统一的工具管理功能,实现软件工具下载、安装、升级、卸载、购买以及分类管理等,提升仿真人员的工作效率；通过调用机理模型库综合管理和运营平台提供的服务，完成模型的上传与下载，实现机理模型库综合管理服务；通过机理模型集成平台，实现多源工具异构模型的系统级集成仿真。

工业互联网 APP 开发环境，包括可视化的工业互联网 APP 开发环境研发、工业互联网 APP 关键技术与模型集成研发。建设可视化工业互联网 APP 开发环境，向开发者提供按需配置的工作空间，支持开发者自定义环境，提供可视化的编程方式，拖拽完成对机理模型微服务、工业软件适配微服务等组件的集成，完成代码的编写、阅读、构建、运行、调试、预览等操作，并直接对接云端代码仓库，使开发者不再受限于本地环境，在线完成工业互联网 APP 的开发。

汽车行业研发生产环节质量监管工业互联网 APP 解决方案聚焦汽车行业研发生产领域。通过 CAD 知识封装工业互联网 APP、生产一致性管控工业互联网 APP 保障了企业研发、生产质量，并通过供应商协同管理工业互联网 APP 加强了研发、生产之间采购环节的监管力度，提升了供应链风险规避能力，为企业从研发到生产的各细分环节保驾护航。

研发设计。以法规和标准为指导，积累了大量研发数据和工业机理模型，为企业提供规范性研发、校核服务，同时从优化算法出发，封装工程师的工作经验。

生产制造。基于对行业生产环节管理的深度认知，规范企业一致性控制计划流程，确保主机厂各工艺环节标准化、高质量进行。

运营维护。通过软硬件集成形式，监控分析每台设备历史数据、运行数据，以故障预测等工业机理模型为核心，提升企业故障检测与预警分析能力。

中汽数据作为中国汽车行业最重要的数据资源整合及服务机构的同时，积累了众多行业工业机理模型，并通过平台打造了汽车行业特有的"三维一体"工业机理模型库，由此构成了"数据＋模型"的行业知识体系，是工业互联网 APP 构建的核心。承载本次解决方案的工业互联网 APP 集成开发平台可实现平台内工业机理模型的开发和封装，并通过模型组建的拼装生成工业互联网 APP，承载了覆盖汽车行业"研、产、供、销、服"全流程的一站式解决方案。基于平台开发的工业互联网 APP 突破了国产工业软件的核心模型、技术瓶颈，依靠平台化的服务形式，为企业提供创新型的工业互联网 APP 服务。

三、解决方案应用情况

1. CAD 知识封装工业互联网 APP（KBE）

KBE 可用于汽车行业新产品、新技术的总体发展规划并实施具体的研发工作，可保证整体研发业务的流程规范性，提高设计人员的工作效率和质量。某汽车企业开展研发设计领域的校核优化工具（KBE）设计。此项目涉及多种模拟汽车零部件及其校核工具的工业机理模型。项目提供两类校核优化解决方案。

（1）KBE 法规校核类解决方案

基于法规及标准，形成规范化设计校核方案，提升设计工程师对标准的理解及高效应对，如表 2-4 所示。

表2-4 KBE法规校核解决方案

国家标准	实现功能
GB 11552—2009《乘用车内部凸出物》	GB11552，前排乘客头部碰撞区域自动划分、内部凸出物高度校核，两项检查方法； 区域包括IP和Console的上下分界线，前排乘客头部碰撞区域，方向盘豁免区、前挡豁免区、侧面豁免区，后排乘客头部碰撞区域，门板等检查区域
GB 15084—2013《机动车辆间接视野装置的性能和安装要求》	依据ECE R46/GB 15084—2013法规，II类、III类、IV类、V类、VI类镜，生成法规区域、生成法规区域在后视镜的投影线、生成视野区域
GB 15083—2006《汽车座椅固定装置及强度要求和试验方法》 GB 11550—2009《汽车座椅头枕强度要求和试验方法》	头枕高度检查 头枕强度Layout检查 安全带固定点检查 头枕Whiplash检查
GB 4785—2007《汽车及挂车外部照明和光信号装置的安装规定》	对灯具的安装要求
GB A11555—2009《汽车风窗玻璃除霜和除雾系统的性能和试验方法》	A、D区的划分
GB 14167—2013《汽车安全带安装固定点、ISOFIX固定点系统及上拉带固定点》	安全带固定点区域等
GB 15085—2013《汽车风窗玻璃刮水器和洗涤器性能要求和试验方法》	雨刮挂刷区域等

（2）KBE 优化设计类解决方案

从优化算法出发，一方面封装工程师的工作经验，另一方面形成企业的知识资产。

KBE 优化设计解决方案如图 2-48 所示。

表2-5　KBE优化设计方案

功能	设计思路
焊点设计	整车焊点管理、焊点（胶条）自动出图、焊点文件创建、焊点编辑、焊点检查、焊点查询、焊点输出、点焊创建模式、曲线焊接参考元素创建方式、焊点工程图操作、焊缝检查
气弹簧	根据输入参数，自动计算不同开启角度下4种力的值，输出到Excel，并生成气弹簧运动包络，计算与周边件最小间隙曲线
运动校核	车门运动校核，发盖/尾门运动校核，滑移门运动仿真，整车DMU校核，前盖、后盖、尾门运动校核
雨刮器	主雨刮器、刮片计算、副雨刮轴、刮片计算，抬高角、攻击角计算、雨刮刷区域布置模块、刮刷机构模块、连杆机构模块
车门设计	车门设计导航、模板定义及布置、DMU审核、结构强度分析等
主断面	主断面创建、入库、调用、对比、性能参数计算等
座椅舒适度	摆放假人并平移、安全带肩带的3个点布置、安全带样条线
铰链轴	模板+CAA，所有符合条件的结果，无解时，给出车门分缝区间
布置校核类	组合仪表视野、方向盘遮挡校核、眩目校核、下车体遮蔽性校核、手伸及性、门板操控件布置区域方向盘手部操作空间、组合开关调节操作空间、机框换挡手部操作包络、点火锁手部操作包络
邮箱	邮箱倾斜不同角度时，叮装油量计算，数据输出到Excel文件
环境检查	检查包括膝部空间、脚部空间、座椅后部环境、后排座椅旋转、座椅前后距离、座椅底部环境、座椅坐垫手柄、座椅侧面环境、座椅控制台，生成2D图纸及标注、输出检查报告

下面以工业机理模型为核心，选取法规校核类和优化设计类的场景进行详细分析。

（1）法规校核类应用场景分析

场景：乘用车内部凸出物校核，根据 GB11552—2009 法规要求，实现头碰区域和膝碰区域的划分。以车内部零部件模型和数据为基础，通过触点模型对内部凸出物高度进行滚球法自动校核，自动检查 IP/CNSL/DP、后排座椅区域的头碰区域、膝碰区域圆角曲率。KBE 应用场景分析如图 2-46 所示。

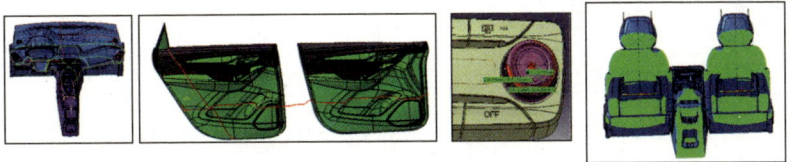

图2-46　KBE应用场景分析

乘用车内部凸出物校核流程如图 2-47 所示。

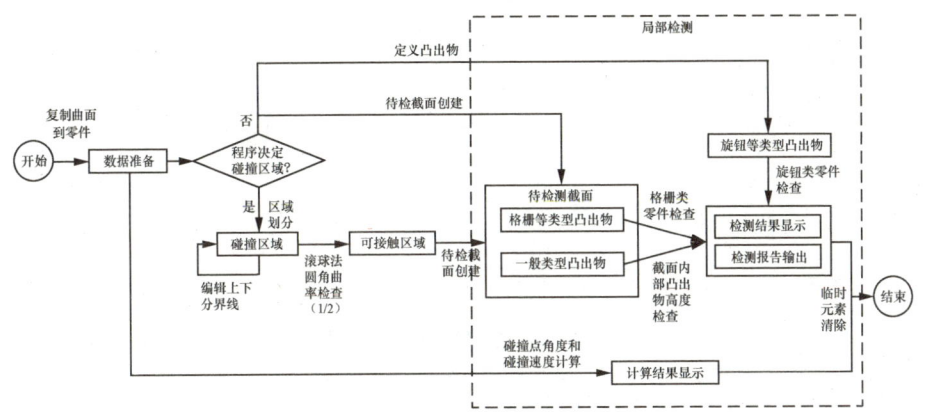

图2-47　校核流程

依托突出物模型，通过 CAD 工具模拟传统实物工具检测过程，采用优化算法实现自动化划分区域，以最少的输入得到满足各种条件的最优化结果，从而在设计阶段降低出错概率，实现高效高质产出。

（2）优化设计类应用场景分析

场景：焊点设计，结合国内各汽车企业的焊点设计经验，以零模数据为基础，建立焊点外形样式工业机理模型，归纳总结出一套比较完整的整车焊点设计方法，使焊点设计规范化、标准化，从而提升企业的设计效率，降低错误率。优化设计场景如图 2-48 所示。

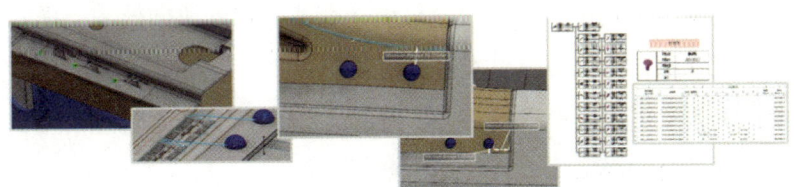

图2-48　优化设计场景

优化设计场景流程如图2-49所示。

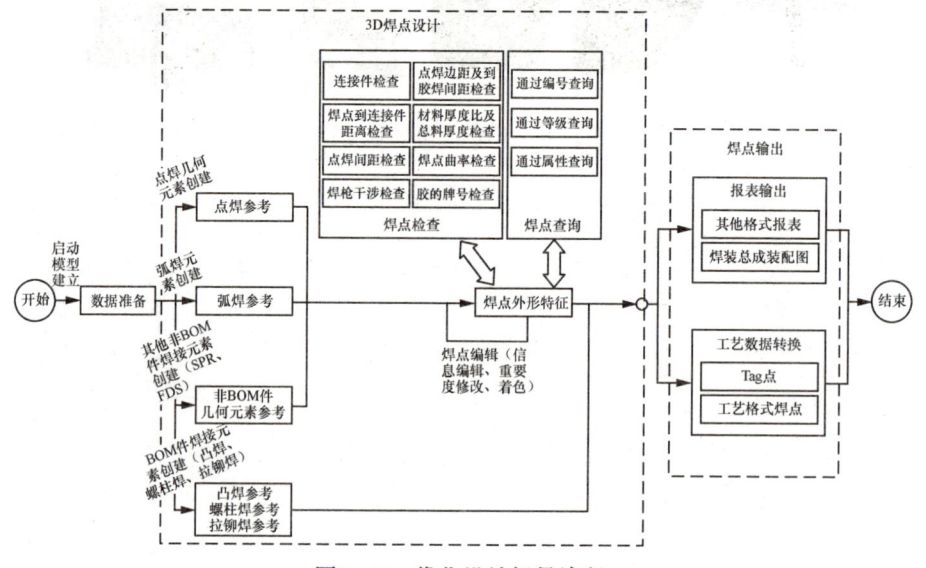

图2-49 优化设计场景流程

按客户需求定制，例如焊点类型/编码/区域。提供强大的、灵活的、高效的设计工具，用于增、删、改、查各种类型焊点，规范焊点设计，减少人为干预，提高设计输出效率和准确性。

通过一系列CAD知识封装工具，将工程师隐性的知识显性化，有利于企业知识传承，打造研发设计环节的核心竞争力；通过研发阶段的工具校核，能够全面提升研发效率及合规率，减少由于设计的缺陷而导致的后期反复修正，有效缩短了研发周期。

2. 供应商协同管理工业互联网APP

为主机厂开发供应商协同管理工业互联网APP，实现供应商在线信息协同、业务办理和数据统计功能，有效提升供应链企业之间的协同效率，提升供货质量，合理分配资源，降低整体供应链风险。

此项目所涉及工业机理模型：生产件批准程序（PPAP）管理模型、供应商绩效评价模型、供应商风险评价管理模型。

（1）PPAP 管理场景。通过建立 PPAP 管理模型，定义不同的提交等级，明确零部件供应商必须按照要求提交该等级规定的项目和/或记录，实现在线协同管理。将庞杂的整车项目管理系统化、流程化、信息化，使零件开发进度及审批流程可视化，规范化生产件批准相关文件的提交及传递过程，保证整车项目高效、高质地按计划进行。

（2）供应商绩效评价场景。对模型从设计制造到售后服务的整个过程进行全面的绩效测度，涵盖质量、成本、技术、服务 4 个部分，建立完整全面的过程绩效测度指标体系并采用标杆与预算值结合的方法进行单因素测度、G1 法综合因素测度的评判，并基于供应商绩效监控与绩效决策分析问题确定保障措施，可实现供应商绩效统计、供应商分级、供应商绩效改进的功能。

（3）供应商风险评价场景。利用 WBS–RBS 作为工具，对于风险项目进行识别，利用层次分析法进行风险度计算，将 WBS–RBS 矩阵和层次分析法结合使用，构建出汽车零部件供应商风险评价模型。

企业应用后，供应商供货质量显著提高，供应商不合格数 PPM 值显著下降，问题关闭数有效上升。规范了供应商管理相关流程，规范了公司供应商选择、供应商绩效管理、供应商风险控制和采购流程，建立了更加完善的供应商管理机制，有效提高了企业的管理水平。

3. 生产质量管控工业互联网 APP

生产质量管控工业互联网 APP 包含一致性核查、生产一致性控制计划管理、生产设备管控三大核心模块。所涉及工业机理模型包括一致性比对模型、一致性控制计划工作流模型、设备故障预测模型、设备开动率计算模型。

（1）一致性核查场景。通过终端设备进行生产线实车（含关键零部件）以及随车证书的扫描，运用模式识别技术形成单车数据库，利用一致性比对模型，输入车辆的海量数据后，与单车数据库进行多方比对、全面分析，实现对车辆参数系统化的一致性管控。一致性核查流程如图 2–50 所示。

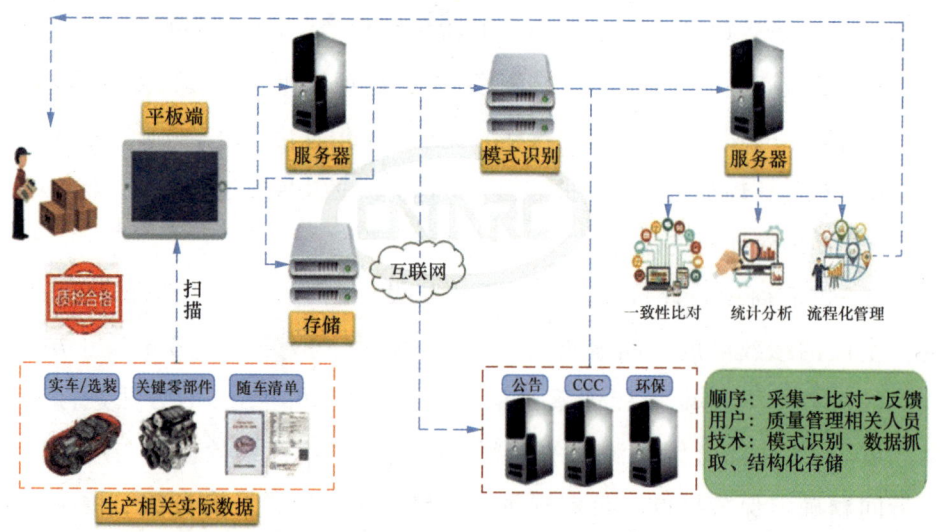

图2-50　一致性核查流程

（2）生产一致性控制计划管理场景。通过企业流程的定制化设计，实现一致性控制计划模块关键零部件、关键工序、整车检验、整车 COP 试验 4 个重点节点的主功能收集。通过对一致性控制计划工作流模型输入汽车企业工作架构及部门管理需求，输出一致性控制计划管控文件及相应工作流，能够实现快速的变更和管理，管理的流程更加智能化，模型准确度基本满足工程应用的需要。

（3）生产设备管控场景。对现场设备外接物联盒子，获取设备电压、电流、停机时间、实时产量等运行状态信息，通过在故障预测模型、设备开动率模型中输入采集数据，进行生产现场设备故障预测及生产管理。

本项目故障预测模型基于全矢 ARIMA 模型（自回归积分滑动平均模型）开发，该模型对变化趋势波动较缓慢的数据具有较好的单步预测效果。

$$\nabla^d\big(x(n)\big)+\sum_{i=1}^{p}\alpha_i\nabla^d\big(x(n-1)\big)=\delta(n)+\sum_{i=1}^{q}\beta_i\delta(n-i)$$

$$\mathrm{MAPE}=\frac{1}{n}\sum_{i=1}^{n}\left|\frac{x_i-\hat{x}_i}{x_i}\right|\times100\% \qquad \mathrm{RMSE}=\sqrt{\frac{1}{n}\sum_{i=1}^{n}\big(x_i-\hat{x}_i\big)^2}$$

基于上述 ARIMA $(p,\ d,\ q)$ 方程，在建模过程中经过对数据趋势项提取、平稳性检验处理、介数选取、模型参数估计、预测模型建立等，得出最终故障预测模型，以平均相对误差（MAPE）和均方根误差（RMSE）作为评价指标。

ARIMA 故障预测模型如图 2-51 所示。

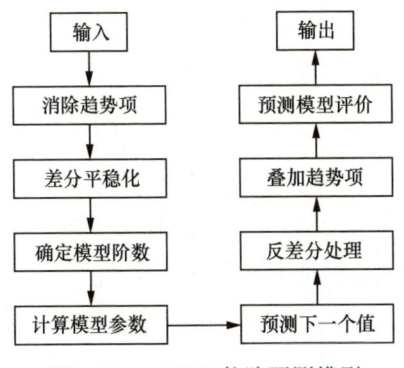

图2-51　ARIMA故障预测模型

通过采集并输入每台设备的历史数据、运行数据，可以精确预测设备故障时间，提前完成故障预警，进行故障排除及设备保养，极大减少由设备问题带来的质量缺陷及成本损失。

同时，向设备开动率模型（可用工作时间 – 停工损失时间 / 可用工作时间）中输入采集到的设备停机时间，可实时计算当前每台设备开动率，实现生产效率的实时监控。

生产质量管控工业互联网 APP 有效地保证企业产品生产参数一致性核查的准确性、高效性，并通过建立规范化的一致性计划发起、执行、控制过程体系，使生产的整车产品的一致性持续符合工信部、国家认证认可监督管理委员会、生态环境部等政府主管部门的生产一致性规定要求。同时，极大降低了因设备问题造成质量事故的概率，提高设备开动率和产品良品率。

2.5.2　中国第一汽车集团有限公司解决方案

一、项目背景

新兴数字技术及能源革命，正在驱动汽车行业向智能化、电动化、网联化、共享化的出行服务转型，数字化正成为汽车企业的核心竞争力。工业互联网作为推动企业数字化转型的核心技术，为制造业乃至整个实体经济数字化、网络化、智能化升级提供关键支撑，还不断催生新模式、新业态，促进传统产业改造升级和新动能培育壮大。融合 5G 等新一代信息技术和产业链全要素的工业互联网平台，是支撑智能汽车、实现自动驾驶的基础，更是连接人、车、出行生态系统的载体，赋能汽车研发、制造、销售、出行及维修保养的全生命周期。

中国第一汽车集团有限公司（以下简称"中国一汽"）作为中国汽车工业的长子，牢记"产业报国、工业强国、强大中国汽车产业"的初心和使命，深入贯彻落实党中央、国务院关于建设"制造强国""网络强国"的决策部署，大力推进 5G+ 工业互联网融合创新发展，围绕"智能化、网联化、电动化、共享化"四大方向，打造高品质出行产品，以"智慧城市、智慧居住、智能交通、智能汽车、智享出行、智享生态"为主线构建"智能出行生态圈"，为消费者打造极致的用车体验、高品质的出行体验和美好的生活体验。同时，在工信部的指导下，按照"紧跟业务需要、科学规划落地、核心技术突破、内外协同攻关"的发展思路，以一汽工业互联网平台建设实践为基础，协同上下游合作伙伴共建汽车行业工业互联网平台。通过一汽工业互联网平台，提升敏捷的战略决策能力、广泛的业务协同能力、灵活的服务响应能力、高度的自主可控能力，着力补齐核心技术能力短板，构建新型制造产业生态。

对于离散制造业而言，电机是设备和产线的动力源。以往由于缺乏准确的方法来判断设备发生故障的时间，在工业生产中极易出现因设备突然发生故障停机的风险。随着 IoT、大数据等技术的成熟，预测性维护技术应运而生，不仅可以对实时监测到的关键工艺设备的健康状况进行大数据分析，提前感知设备故障，还可以远程服务和提前排查故障隐患，更有利于离散型制造企业实现工业领域"提质增效，降本减存"的目标与规划。

随着在品牌、产品、渠道及营销体系建设上的持续创新，一汽红旗已经成为中国民族汽车高端品牌的代表。一汽红旗工厂新 H 总装车间电机使用量大、种类繁多、运行维护成本高，一旦电机发生故障导致停台或产品质量问题，将会造成巨大的经济损失，更会为品牌推广带来不利影响。因此，利用 IoT、大数据等信息化手段，对新 H 总装车间设备电机进行实时监控与分析、远程巡检、故障诊断等，成为红旗降本增效的重要途径。

为有效减少因电机问题导致的非计划停产，推动工厂智能化转型，本案例采取外挂式无线传感设备，通过高带宽、大连接的 5G 网络，结合高可靠传输的 MEC，打造工厂内网数据闭环。在红旗工厂新 H 总装车间实现电机预测性维护，提高生产过程可控性，减少生产线人工干预，探索工厂数字化升级改造的最佳实践。

二、技术架构

本案例基于一汽工业互联网平台，利用 IoT、大数据、机器学习等技术，搭建一汽红旗工厂新 H 总装车间的电机预测性维护系统。安装一体化无线传感器，利用 5G 网络与 MEC（边缘计算）将数据实时回传，对实时反馈的运行状态信息及参数进行分析，有效预测设备故障。技术架构如图 2-52 所示。

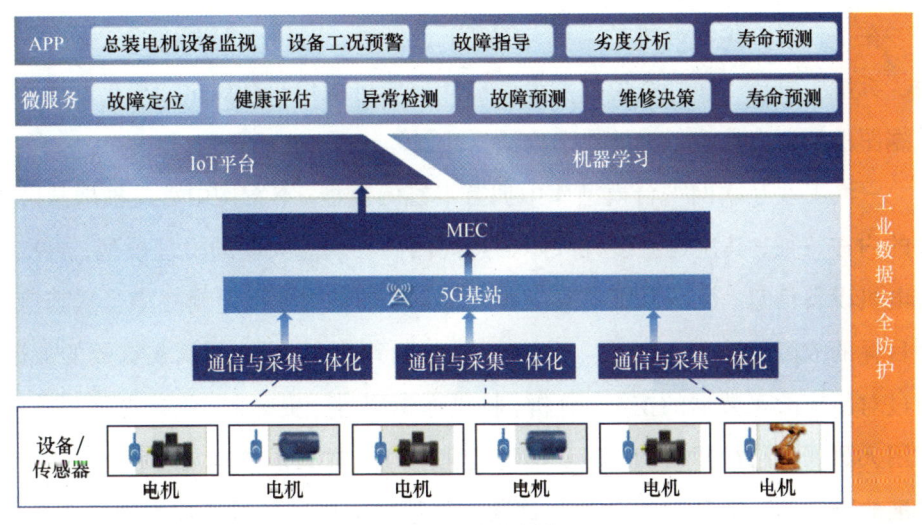

图2-52　技术架构

预测性维护系统的总体架构分为 4 层，分别是数据采集层、网络传输层、平台层和应用层。

在数据采集层，采用传感器定位、数据传输一体化的方案。UWB 无线传感器具有隐蔽性好、抗干扰能力强、传输速率高、系统容量大、穿透能力强、功耗低等优点，可以实现传输速率高达 6.8 Mbit/s 的大数据高速传输。智能网关选用采集模块与 5G CPE（客户前置设备）一体化的设计，确保无线接入信号强度，根据现场情况确定安装位置。该方式有效避免了传统无线传感器在室内复杂环境下节点通信容易受到干扰的问题，并且有效降低了应用成本和维护成本。

在网络传输层，工厂内的 5G 无线覆盖采用 5G 与 4G 锚点交叉斜拉对角结构设计，主备互补，上行速率 ≥ 50 Mbit/s，下行速率 ≥ 100 Mbit/s，传输时延 ≤ 20 ms，覆盖接入的理论速率高达 800 Mbit/s。MEC 的部署地点选择靠近厂区、配套条件好的机房，与 BBU 和 IP RAN 光缆直达。MEC 部署在新 H 总装车间网络机房，为中国一汽专享。MEC 中的分流网元 UPF 对需要本地分流的业务进行流量转发。该部署方式满足业务系统对时延、存储、调用本地化，以及安全性方面的要求，为红旗工厂乃至中国一汽提供更高的业务保障和更好的服务响应。

在平台层，预测性维护系统与 IoT 平台打通，对传感器上传的数据进行接收、拆解、分析，将特征值、波形数据转换成可视化、有规律的相关图谱，并依据图谱的历史趋势，提供数字化预测性服务。

一汽工业互联网平台模型库中拥有丰富的模型，本案例中首先抽取故障信息的内在特征，其次建立多元故障信息间的内在动态关联的机理模型，再次结合电机设备信息、配网系统信息等多元信息，最终构建以追溯故障全状态信息为目标的故障反演理论体系。系统在电机运行时收集了大量真实有效的数据，通过对历史故障数据的挖掘、分析，将机理模型与历史案例、业务规则相结合，利用大数据进行故障反演，逐步迭代优化故障关联关系模型，从而对设备进行精准故障预测、故障分级和远程诊断。本案例的机器学习迭代原理如图 2-53 所示。

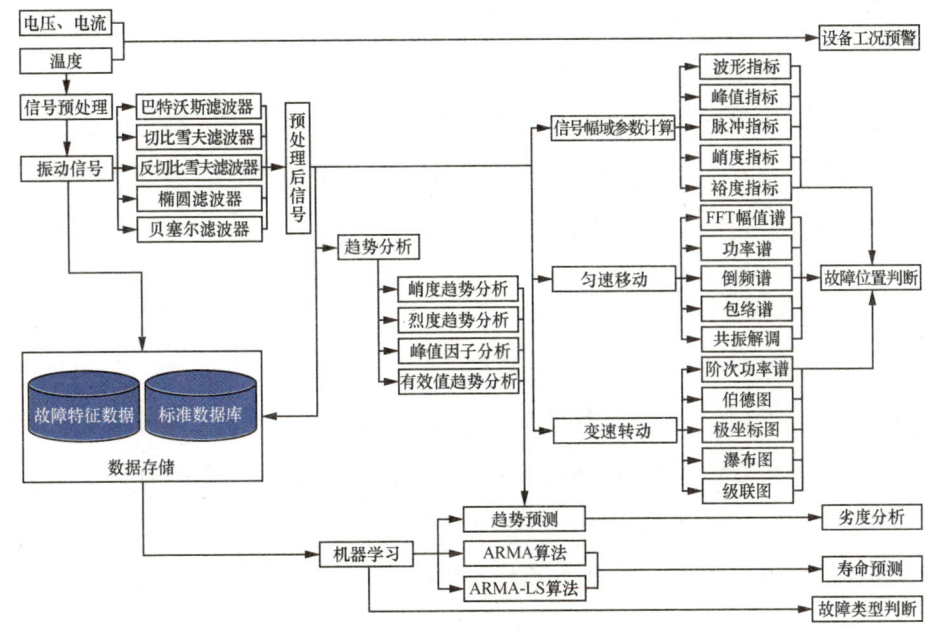

图2-53　机器学习迭代原理

利用机器学习技术，对真实数据进行挖掘分析，可以发现电机故障预测过程中隐藏的内在规律，这为以往需要进行大量人工操作才能判定的故障问题提供了更好的解决方案，为今后实现工厂内所有设备的综合管控提供了更多可能。

在应用层，预测性维护系统依托一汽工业互联网平台的集群资源，可以为用户提供设备故障定位、健康状况评估、异常报警监测、维修建议、设备寿命预测等功能。利用上述功能，车间维修主任可以参考故障定位及部件损伤程度，合理安排备品、备件；车间维修工程师可以追踪异常报警，明晰设备潜在故障，实行计划检修；维修班组可以提前预知重大故障隐患，避免突发停台风险。系统采用基于SOA（面向服务的架构）的分类集成方法，建立分层的松耦合系统架构，具备足够的兼容性和可扩展性，部署灵活、易于维护，在最大程度上降低因为业务升级或变更对系统造成的影响。

作为预测性维护系统的安全保障，构建自下而上的工业数据安全防护体系是必不可少的。本案例通过使用UWB（超带宽）温度振动传感器，基于超宽带通信技术，整合国产密码算法，结合5G通信技术与智能网关，构建从设备现场到云端的全链路安全网络，实现从生产到云的安全、可靠、高速的数据采集及传输，为工业安全保驾护航。

本案例采用以上全新架构，实时监测电机的运行状态及参数，做出预测性的设备维护，提高生产安全性，从而将损耗程度降到最低，将资源进行更合理的分配。

三、解决方案应用情况

本案例已经在红旗工厂新 H 总装车间完成全部建设，对红旗工厂 H105 栋工房进行全部 5G 信号覆盖，部署 MEC 边缘计算设备、大量无线传感器及智能网关。经过系统联调及测试之后，系统已经平稳运行。经实际测算，在系统运行期间，车间电机维护成本节约 5% ~ 15%，减少非计划停机时长 10% ~ 20%，实现故障提前预测周期 7 ~ 90 天，系统预测准确率达到 90% 以上。

预测性维护技术在红旗工厂的成功应用，顺利解决了维修班组在日常工作中点检率高、工作量大的问题，为整个车间的电机提供了可靠的健康保障。通过监控电机设备健康状况，红旗工厂实现了有效避免非计划停机的预期目标。本案例采用先进的 5G 技术，边缘计算技术、机器学习技术，依托于 5G 低时延、高带宽特性，立足于创新先导。在目前 5G 模组尚未具备大规模推广条件的情况之下，本案例适用于 5G 环境下各个生产车间的应用场景，具有高度可拓展性和可推广性。

红旗工厂电机预测性维护案例的成功实践，有效验证了一汽工业互联网平台的完整性、可靠性、兼容性和安全性，有力提升了一汽工业互联网平台的业务能力水平，从而提升了中国一汽敏捷的战略决策能力、广泛的业务协同能力、灵活的服务响应能力、高度的自主可控能力，为后续中国一汽持续加大企业信息安全投入、积极推进安全体系规划建设、着力补齐核心技术能力短板、构建新型制造产业生态提供了强大信心和经验支持。

本案例在离散制造业具有巨大的推广示范效应，不仅可成功复制到冲压、焊装、涂装等车间，还可以延伸到几乎所有应用传动设备的场景。此技术架构的广泛应用，不仅能够助力离散型制造企业构建数字化工厂体系，更能够助力企业进行智能化转型升级，逐步实现生产、运营、管理等领域的深度融合发展，形成企业发展新动能，进而有力提升企业的行业地位及市场竞争力水平。

中国一汽展现央企担当，立足产业发展，以预测性维护为锚点，为推动数字化工厂布局指明了方向，为工业智能化生产提供了更快捷、准确的指导，打通了企业生产制造、经营管理、运维保障之间的业务藩篱，实现了高效资源配置，丰富了工业 4.0 条件下的智能制造生态体系。本案例的推广示范，有利于推动互联网与实体经济的融合发展，有利于补齐新型基础设施建设的短板，有利于加快推进东北全面振兴、全方位振兴，有利于推动我国"制造强国"和"网络强国"战略实践落地，在加快工业互联网生态系统的发展建设中具有相当重要的意义。

机械零部件加工业

2.6.1　机械加工领域基于数据驱动的工业APP解决方案

一、项目背景

机械加工产业作为制造业的基础，是国民经济发展的重要组成部分，但产业整体水平高而不强。多数企业研发投入不足，产品更新慢，技术含量低；供应链管控水平差，配套效率低，生产成本高；生产方式落后，对于智能化生产、信息化管理等的技术应用不足，生产效率低。其中以下几点尤为突出。

1. 生产实时管控

机械加工行业生产工艺繁多，生产工序复杂，企业为了满足客户需求并避免断料情况的发生，需要随时跟踪现场的生产进度，并平衡生产设备的负荷能力，但由于基础数据的不完整，生产现场的复杂性，生产进度不能及时反馈，计划排程无法动态调整，给企业带来了管理困扰。

2. 设备健康管理

数控机床作为机械加工行业的核心装备，自动化程度较高，结构较为复杂，要实现数控机床的高利用率及高精度，就必须进行正确的操作和精心的维护。现阶段机床往往采用定期更换机械部件的维护策略，如导轨、轴承和丝杠的维护，但这种维护策略不具有现实意义，一旦精度下降或出现故障将会给正常生产造成很大的困难，增加了公司的运营风险和人力成本，影响生产效率。

3. 生产效率提升

机械加工企业以中小企业为主，订单量与实际生产效率息息相关，生产效率的提升对于公司扩大产能、提高效率具有重要的意义，而多数企业在订单不稳定、上下浮动的情况下无法快速进行低成本的产能扩充；同时工艺人员水平参差不齐，工艺定型及工艺改善、生产效率提升需要消耗较长的时间进行验证。

4. 刀具寿命预警

刀具作为机械加工过程中的重要耗材，产品类型多、更换频率高。加工过程中一旦发生刀具崩刃、装夹不紧、缠屑、碰刀等异常现象，就会对设备安全造成很大影响，现阶段缺少有效的监测手段，只能通过人为查看，效率低且风险高。

智能云科基于上述需求，提出了基于数据驱动的工业互联网 APP 解决方案。方案依托 iSESOL 工业互联网平台，以海量数据为基础，提供包括装备联网、数据采集、生产管控、设备运维、智能增效等在内的工业互联网 APP 创新应用服务，推动企业智能化转型。

二、技术架构

1. 总体架构

解决方案总体架构如图 2-54 所示，依托 iSESOL 工业互联网平台，通过不同类型的工业互联网 APP 为企业提供包括装备联网、数据采集、生产管控、智能增效在内的数据集成创新应用服务。解决方案通过智能终端设备互联，布局车间内的工控网络，连接工厂中的数控机床、生产者、管理者等生产要素，运用 iSESOL WIS APP 簇实现对制造过程及生产数据的实时管控，以及制造过程与企业信息化系统之间的数据协同；通过机床体检及刀具监控 APP，实现对设备及备件的健康管理和预测性维护；应用智能增效 APP，合理优化机床参数，提高生产效率，精益生产节拍管理。

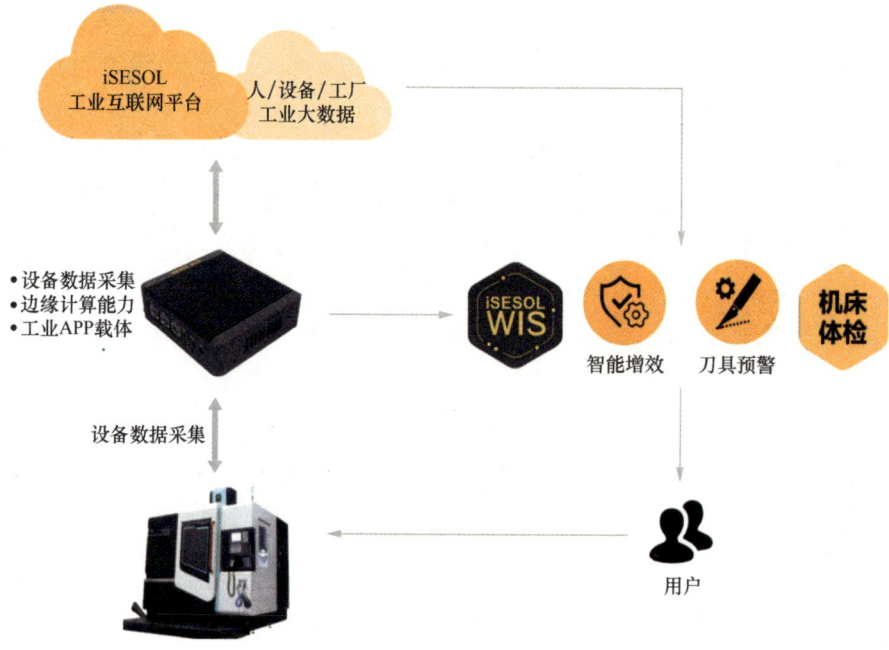

图2-54　解决方案总体架构

2. iSESOL 边缘设备

iSESOL BOX 智能魔盒是与工业云平台互联互通的边缘侧设备，通过基于标准 MQTT 协议、HTTP 及 SSL 协议，构建安全、稳定的通道，实现设备端与 iSESOL 工业互联网平台的通信，并具备数据缓存、计算等边缘计算服务能力，同时作为工业互联网 APP 部署载体，为用户提供服务调用功能。iSESOL BOX 的功能逻辑架构如图 2-55 所示。

iSESOL BOX 采用了漏洞防护、终端管理、证书管理、防伪冒等工业物联网安全技术，确保设备能快速、安全、可靠接入 iSESOL 工业互联网平台，保障工业设备本身运行环境的安全及生产制造数据及时和有效传递，并具备数据过滤、存储、上传、转发等边缘计算服务能力。

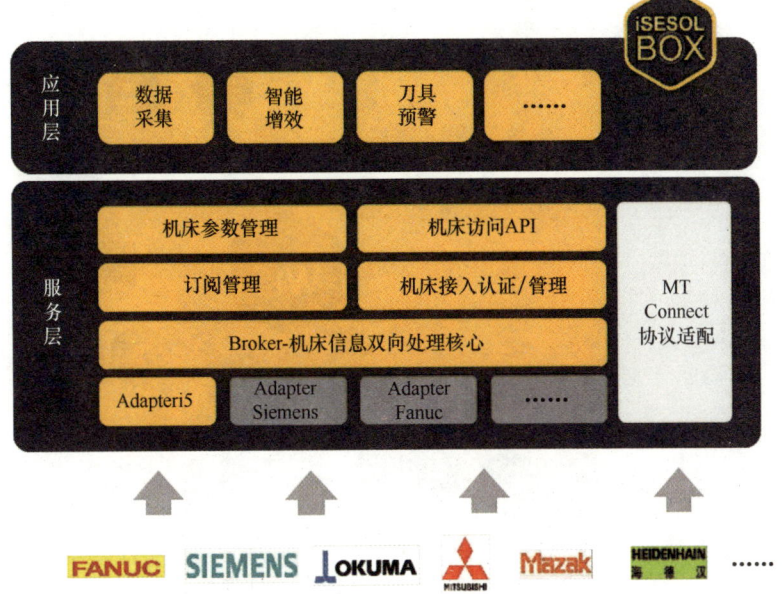

图2-55　iSESOL BOX功能逻辑架构

3. iSESOL WIS APP 簇

iSESOL WIS APP 簇面向不同适用场景的制造企业，通过云、网、端的有机集成实现了企业、人员与运营方的生产管理信息化、制造协同化和价值共享化。利用 iSESOL WIS 能够对生产过程中产生的实时数据进行分析，同时集成作业计划、生产调度、设备管理、成本核算、制造工艺等信息，实现可视化管理，实时监控生产过程和生产成本。iSESOL WIS APP 簇功能架构如图 2-56 所示。

通过部署 iSESOL WIS，为企业提供设备云眼及智车间等工业互联网 APP 服务，能够帮助企业获得制造执行过程透明、有序和优化等能力，具体功能如下。

（1）订单跟踪：以"销售订单""生产订单""生产任务""派工单"的层级次序逐一地体现各类数据，实现从"计划"到"实际完成"的信息跟踪。

（2）设备监控：展示所有设备的丰富信息，包括对各设备的实时状态监控、当日加工信息、设备绩效消息、设备各类档案卡等。

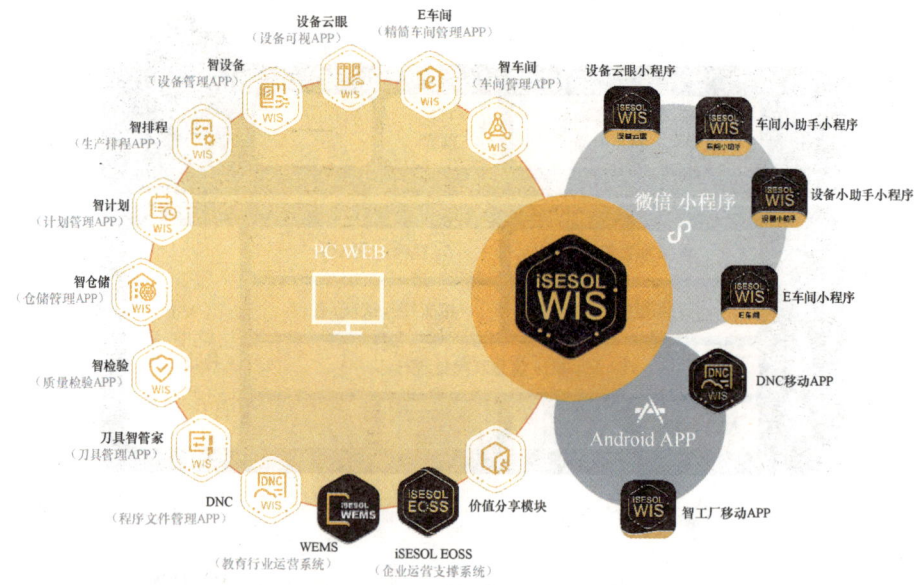

图2-56　iSESOL WIS APP簇功能架构

（3）产能监测：以多维度的形式展示工厂产能信息，实现对产能情况的实时跟踪掌握。

（4）派工和报工管理：通过智车间APP完成生产订单的派工，同时，加工人员对已分配的工单进行报工。

4.智能增效 APP

通过对设备加工过程进行监控，采集加工程序运行过程中机床相应的状态数据，并对该数据进行分析，通过云端计算和边缘计算结合的方式生成优化加工策略，该策略可指导并影响设备同批次零件加工过程，产生优化效果，提升加工效率，如图2-57所示。iSESOL BOX 按策略动态优化工业设备运行状态，主要表现为设备进给倍率发生改变，效率提升——能加速就加速，该减速就减速。通过边缘计算和云计算协同，赋能设备提升整体加工效率，实现增效降本，为用户带来直接的收益增长。

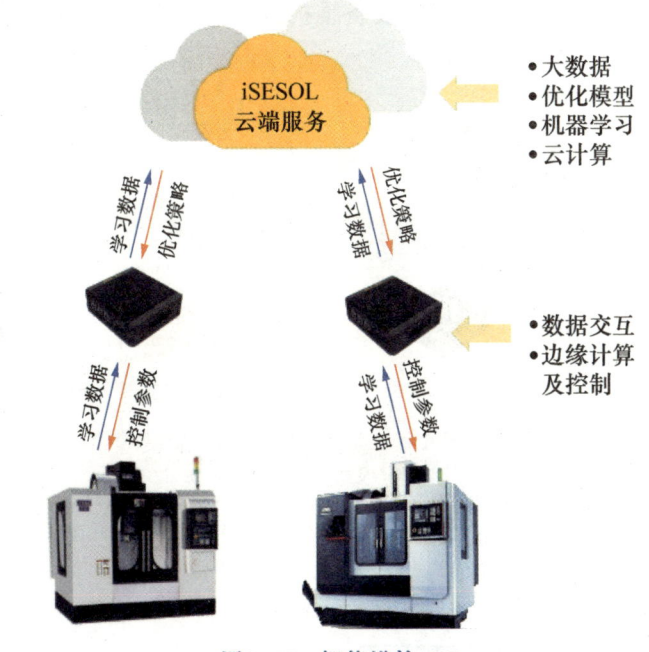

图2-57　智能增效APP

5. 刀具监控APP

刀具监控APP是针对刀具的异常使用情况推出的实时监控工具。根据刀具在加工过程中的功率消耗，刀具监控APP可以对刀具的实时受力情况进行监控并反馈机床控制逻辑，及时响应刀具异常情况，并可以以三色灯、停机、调用异常处理程序等方式提示现场操作人员或终止异常情况，有效地对钻头出现的断刀、缺刀及二次加工等异常情况进行监控并响应，及时止损，且用户可根据实际的现场情况，不断调整并优化异常情况报警模型，更加精准地对刀具异常情况进行提醒并响应，如图2-58所示。

6. 机床体检APP

机床体检APP是针对设备预测性维护的有效工具，它可以为生产企业的每台设备生成专属的评价标准，对现场设备不同的运行环境进行设备性能标定，通过一系列性能指标的可视化，并结合工业现场设备理解能力，为企业提供清晰的设备性能指向性标的，极大地降低设备维护成本及设备的故障时间，如图 2-59 所示。

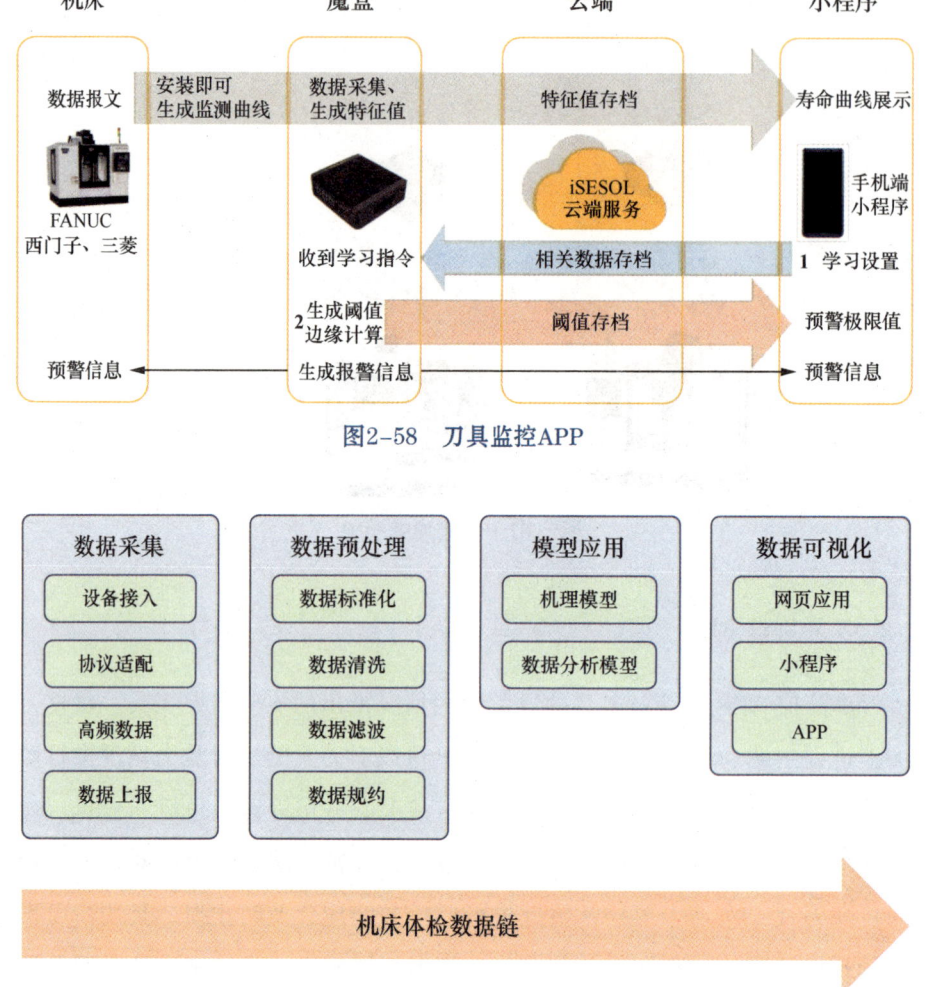

图2-58　刀具监控APP

图2-59　机床体检APP

三、解决方案应用情况

解决方案满足机械加工企业生产实时管控、设备健康管理、生产效率提升等业务需求，提供智能终端设备互联和生产数据上云，为企业提供基于工业大数据分析的工业互联网 APP 应用服务，包括 iSESOL WIS APP 簇、机床体检、刀具预警、智能增效等，帮助企业实现提质降本增效，推动行业整体转型升级。

1. 生产实时管控

解决方案通过生产设备联网上云，实现了设备状态实时监控、统计、分析，指导设备运维；通过 iSESOL WIS APP 簇构建了完整的设备数字化管理体系，包含设备台账管理、备品备件管理、生产计划管理、销售订单管理、物料采购管理等。其中设备云眼 APP 能够监控每台设备的当前状态，如设备综合利用率、设备时间利用率、性能开动率、生产时间、生产产量等；智车间 APP 通过提供订单管理、工艺管理与采购管理，生产派工/报工、生产进度/绩效查看、生产监控看板等功能，有效提升了车间信息化程度，实现全过程透明。

某汽车零部件制造企业通过应用 iSESOL WIS APP，实现了生产进度、生产质量、库存数据、设备使用情况、工艺、物流配送等信息的及时获取，从而及时调整自己的生产计划、采购计划，有效解决生产中出现的各类问题，降低运营成本，提高生产效率。

（1）设备状态实时监控

应用设备云眼 APP 之前，客户对车间内的情况无法做到实时把控，不了解哪些设备发生了故障需要维修，哪些设备产能不足，始终处于空闲状态。通过实施解决方案后不仅解决了上述问题，还可以更深层次地跟踪到当前设备产品加工信息、产量情况，设备不间断运行了多少小时等更多信息。设备云眼 APP 实时监控截图如图 2-60 所示。

（2）生产订单实时监测

应用智车间 APP 之前，客户没有执行专门的生产计划工作，订单来了临时安排，导致生产车间常常需要通过加班来满足订单交期。在实施运用智车间 APP 之后，企业能够对生产计划、销售计划、物料计划进行合理安排，交货答复准确率由之前的 65% 提升到 90%；计划频率维持在一周。计划定制更为及时、准确，对市场的反应更快。智车间 APP 订单、生产状况截图如图 2-61 所示。

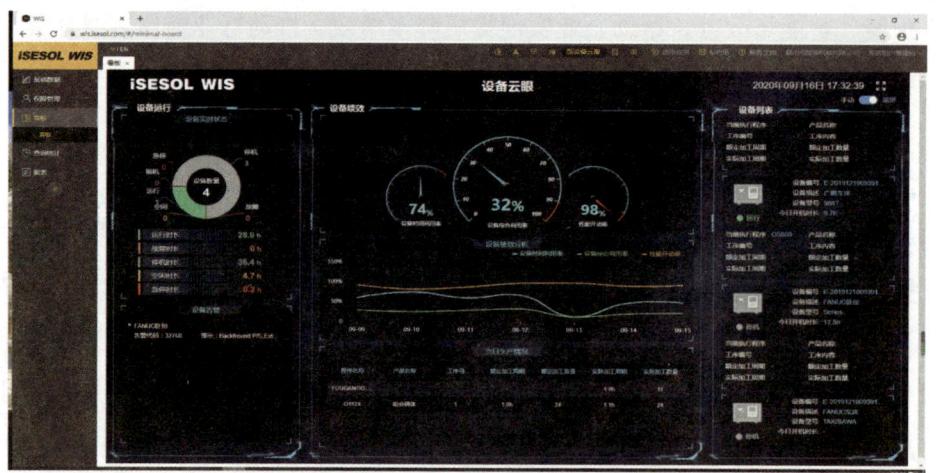

图2-60 设备云眼APP实时监控截图

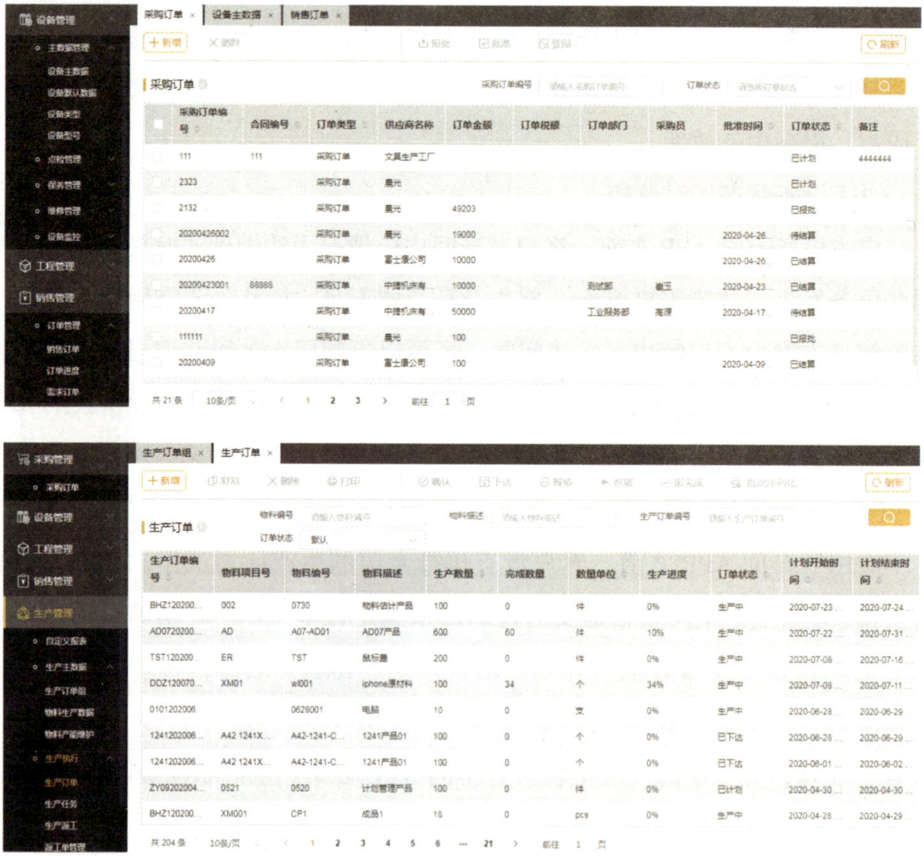

图2-61 智车间APP订单、生产状况截图

2. 生产效率提升

通过智能增效 APP 可以对机床设备加工程序工艺进行学习，云端大数据平台根据采集的数据进行工艺模型优化，下发优化策略，对设备加工参数进行动态调整；通过设备终端以及微信应用等程序查看干预的结果，可实现按不同的加工特点进行优化。

某汽车零部件制造企业车间内数控机床通过 iSESOL BOX 成功接入云平台，通过手机端可实时查看设备连接及运行状态。客户利用智能增效 APP 对机床设备加工程序工艺进行学习，下发优化策略，对设备加工参数进行动态调整；通过设备终端以及微信小程序查看干预的结果，可实现按不同的加工特点进行优化，平均加工效率提升超过 10%，并能通过手机端实时掌握每台设备的优化记录与效率提升比例。智能增效 APP 优化截图如图 2-62 所示。

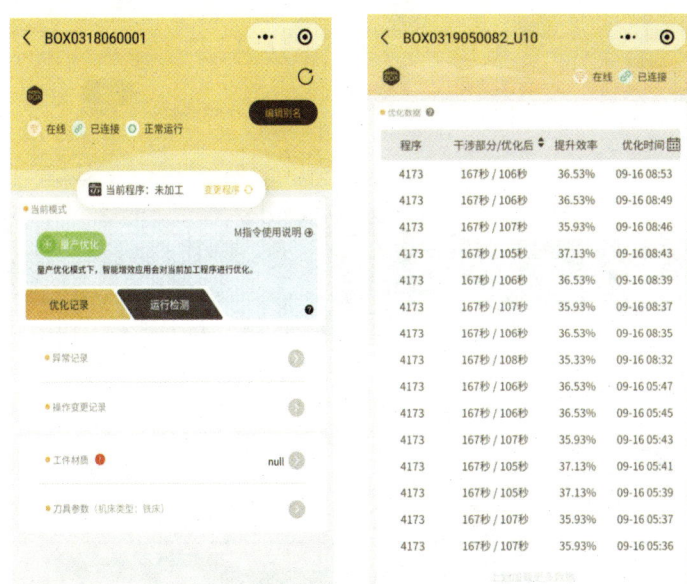

图2-62 智能增效APP优化截图

3. 设备健康管理

（1）机床预测性维护

机械加工企业通过应用机床体检 APP 实现设备运行状态数据预处理、典型人工智能方法库和模型库创建、数控机床远程运维智能化模型和方法、远程运维智能化管理，形成数控机床预防性维护、在线状态监测、机床健康度分析、机床维修、运行优化，显著提高机床使用寿命。

某装备制造企业通过部署机床体检APP，基于工业大数据分析及应用功能系统，对车间内设备运行状态数据进行分析和处理，为设备提供预防性维护、故障预警等服务，并通过设备状态实时推送，预警设备故障，减少了生产过程的不确定因素。机床体检APP云端报告如图2-63所示。

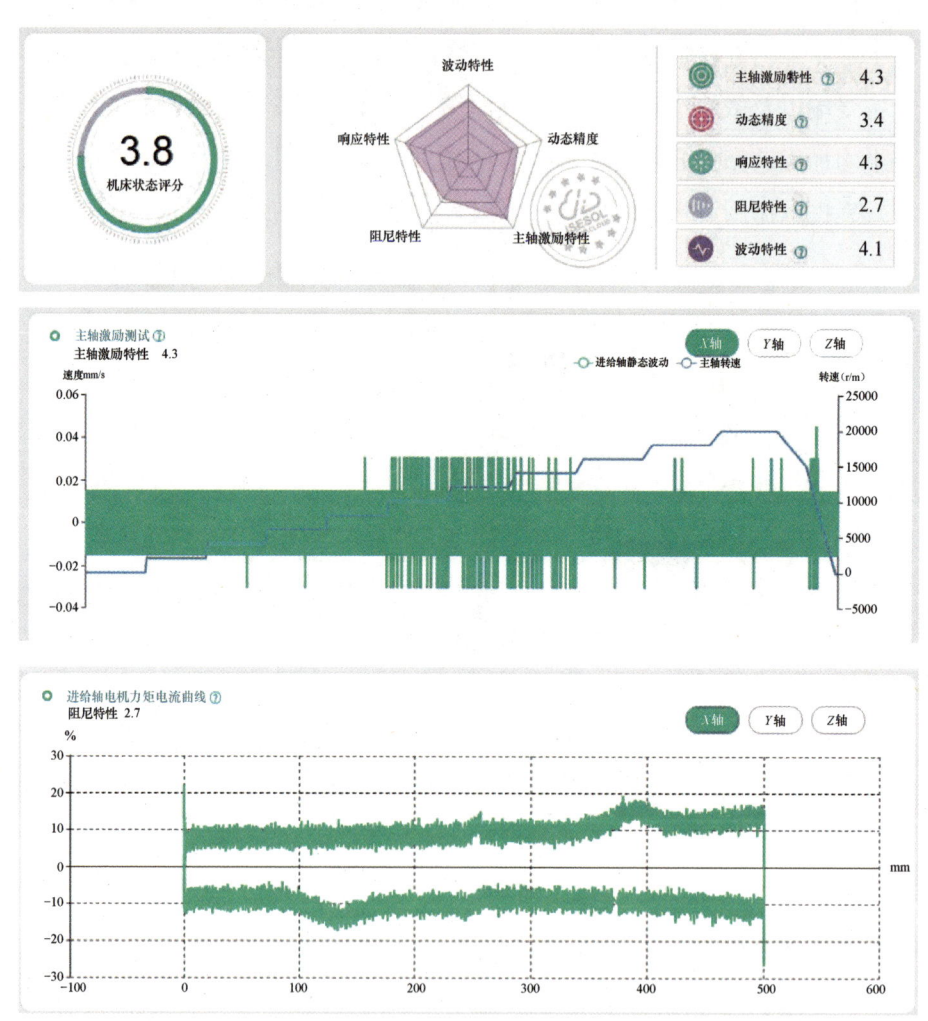

图2-63　机床体检APP云端报告

（2）刀具实时监控

客户通过应用刀具实时监控 APP，智能化地检测并采集每一把刀具在该次加工过程中的状态及磨损数据，程序每次运行完，每把刀具就会生成一个当前的刀具寿命值，将这些寿命值汇总起来，就形成了每把刀具在连续加工过程中的寿命变化情况趋势图，如图 2-64 所示，同时，实时记录加工次数。程序每次运行完，iSESOL BOX 会将该次数据形成特征值，并与阈值进行比较，判断是否报警。通过一次学习，每把刀具均可生成一条寿命极限值的预警线，当刀具的寿命值达到该预警线时，iSESOL BOX 会自动报警并使机床停止运转，增加了设备的使用寿命。

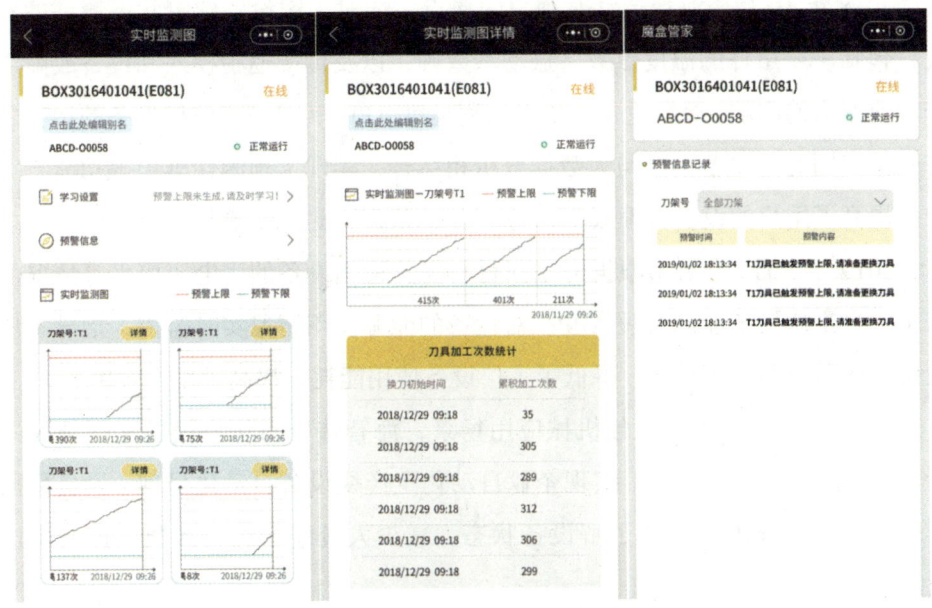

图2-64　刀具监控APP实时监测截图

2.6.2　海智造设备全周期精益化管理解决方案

一、应用解决方案包含工业互联网 APP 的重要时间节点

海智造设备全周期精益化管理解决方案整合了设备管理 APP、远程运维

APP、能源管理 APP 及预测性维护模块等，每个工业互联网 APP 中的各个业务功能点可以根据不同场景、不同需求进行组合，可以根据客户具体的需求进行定制化服务。通过对设备的物联，设备信息的管理，系统将实时进行数据采集和边缘计算，然后通过海尔 COSMOPlat 工业互联网平台数据上云，实现对所有数据的信息化管理，其重要应用时间节点如下。

2018 年 6 月，海智造针对用户的设备数据采集难、数据分析难等痛点，完成了青岛纺织机械厂的设备物联管理系统。该系统采用了海智造自主研发的设备管理 APP 及设备物联模块对纺织机械设备运行的实时数据进行采集和监控，实现纺机设备的智能化、数据可视化、故障报修等功能。

2018 年 10 月，海智造针对用户的痛点，如对关键设备健康状态测试的缺失，包括主要组件的温度参数、振动参数等，以及传统巡检模式和设备故障维修的成本高的问题，海智造自主研发远程运维 APP，实时采集监控设备的运行状态数据，同时将设备模型与大数据分析相结合，实现了预测性维护等功能，一方面提高了用户的设备管理效率，另一方面降低了设备故障率。

2019 年 3 月，海智造根据海尔新材料需要检测设备的用电、用水等情况的需求，自主研发了能源管理 APP，对设备的能源使用情况实时监控，指导工厂设备生产运行及优化排产，降低了工厂设备使用能耗，提高了生产效率。

2019 年 6 月，依据海佳机械应用场景，海智造针对用户设备实际情况进行数据采集、汇聚及呈现，实现企业自动化生产线设备自动化呈现，设备数据实时呈现，工作人员快速了解设备状态，减少人员现场巡视次数，提升生产效率。

二、应用成效

海智造平台是基于 COSMOPlat 工业互联网的机械行业子平台，主要服务的对象是机械行业及相关企业，在机械行业里海智造平台有针对机械的产品、服务、解决方案、赋能案例，并且在纺织行业已经取得初步成效，如图 2-65所示。

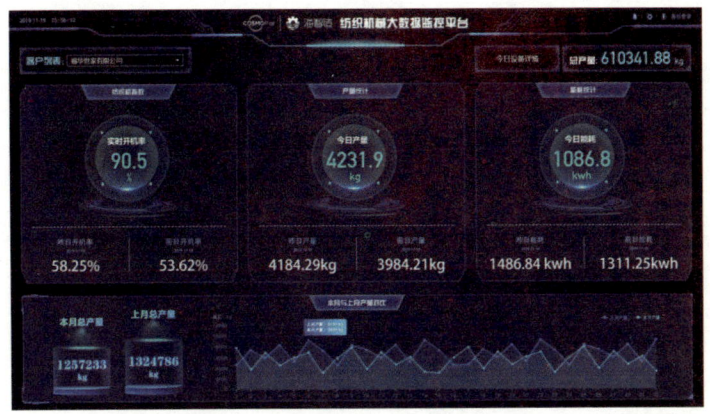

图2-65　纺织机械大数据监控平台

第一，对于纺织设备的使用方来说，统计产量十分耗时、耗力，每50台设备需要1个人进行统计，该纺织机使用方共有200台设备，应用了设备全周期精益化管理解决方案后，可以节约4个人力，每个人力按照6万元/年成本计算，每年人力成本可以节省24万元。

第二，对于纺织设备的制造方来说，由于客户对维修的质量和效率要求都很高，售后服务费每年要花费300万元，应用了该解决方案后，每年服务费可以降低32%，每年可以节约96万元。对于纺织设备的使用方来说，设备一天的宕机成本在32万元左右。在传统情况下，每年一个客户可能会发生一次大约3天的宕机，累计损失达到96万元，现在宕机时间从每次的3天缩短为1天，直接损失可以降低64万元。

第三，对于纺织设备的使用方来说，可以在平台的备件商城里面，以低成本直接在线购买原厂原装配件，有效提升了设备的使用寿命。同时对于纺织设备制造商来说，市场备件的销量可以提升48%，直接经济收益480万元。总的体现为：从体验迭代方面，设备制造方的服务化得到了很大的延伸，设备的维保费用节省了11万元/（万锭·年），设备使用方的设备效率比传统企业提高了12%；从增值分享方面来说，纺织厂产能提升了64万元/年，纺织厂的备件销量提升了480万元/年；从平台来说，目前生态客户已经有103家，设备连接数 991 台，数据量已经达到百亿级。

平台赋能前后对比如图 2-66 所示。

图2-66　平台赋能前后对比

三、创新性经验

海智造设备全周期精益化管理解决方案基于 COSMOPlat 平台开发，在技术先进性和业务模式上都有较大创新性突破，具体如下。

1. 基于设备全周期精益化管理解决方案中的 IoT 及远程运维的工业网关进行数据安全采集

利用工业加密芯片及软件加密相结合的技术来交付一个网关设备，完成数据窗口录入、预处理、自动数据采集等功能；结合网关独特的国密加密芯片穿透技术及网关采集应用数据的交互式接口（USB、串口）技术，提高网络传输的速度。网关本身不存取数据，也不直接安装操作系统，更不收取数据再转存；而是直接结合前端和网关系统的虚拟化交付技术，再使用网关采集、转送、压缩技术，实现数据即时交付及采集，提高应用性能，使数据采集更加安全可靠。在虚拟化前置技术的基础上，我们将充分研究工业物联网设备计算、存储与传感采集上的特点，有针对性地设计安全高效的数据安全协议与方案。基于标识认证与硬件设备指纹等技术，实现终端到云服务平台的密钥协商，降低设备口令破解的风险，实现终端设备认证与安全高效的数据采集与传输，如图 2-67 所示。

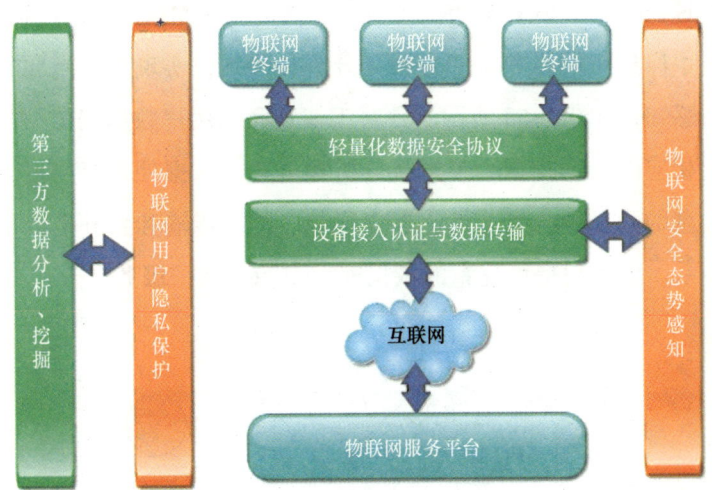

图2-67　数据采集与传输

2. 基于设备全周期精益化管理解决方案的多维度安全边界管理

工业云平台能力边界、安全边界和服务边界通过虚拟化交付直接覆盖生产制造现场，引入容器技术，通过 K8S 对云平台进行全方位安全监控，大大减少了后台的运维工作，缩短了运维开发时间。

3. 设备全周期精益化管理解决方案实现多源异构的物联网数据融合能力

针对工业设备种类的多样性以及其产生数据的异构性，设计可扩展的初级融合、中级融合和高级融合方案，围绕工业数据的生命周期进行多层次的智能融合。在初级融合阶段，利用 Kalman 滤波降噪、缺失值填充等数据预处理和数据清洗技术对原始多源数据进行初步处理，提高原始数据的质量；在中级融合阶段，采用冗余数据发现和删除技术，降低数据的体量；在高级融合阶段，使用实体链接、离群点检测、数据聚集、数据降维、属性选择、粗糙集等技术和理论对数据进行深度处理，以提高数据的准确性、一致性和可用性。

4.基于深度学习的工业互联网安全的态势感知及网关采集服务

通过定时、分类采集工业互联网网络数据，基于 MLP 模型、自相似模型等统计学分析手段进行网络数据的自动化分析和预判，实现物联网服务平台安全态势的主动感知，如图 2-68 所示。针对工业互联网用户数据安全与隐私保护的特点，设计相应的数据挖掘、唯密文分析和第三方数据外包等协议，保护平台用户敏感信息的隐私性与安全性。建立终端、网络传输和服务平台三者之间统一的安全体系，为用户提供完整的数据安全与隐私保护服务。

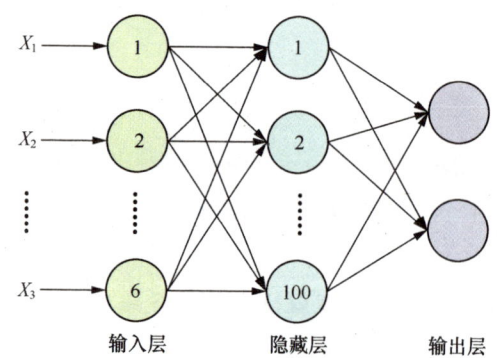

图2-68　基于MLP的工业互联网安全态势感知结构

四、典型经验案例

案例一：纺织机械远程运维系统

该案例是针对纺织行业的某纺织设备的使用商和制造商。

对于纺织设备的使用商来说，设备的一些突发故障会影响到整个生产的进度，而且设备出了问题，只能事后维修，维修周期较长。设备的宕机成本高，并且当设备过了维保期时，设备的某个零件损坏，设备的使用方不能够有效地购买到设备原配件，使用其他零件可能会存在不匹配，影响设备的使用效率。此外，设备使用方对设备会进行定期的点检和巡检，这些检查的记录还是采用纸质化的形式，既不便于管理查看，又不便于保存和数据分析，如图2-69所示。这些事项都是目前设备使用方从购买设备，到使用设备，再到管理设备所面临的现状，也是迫切想要得到解决的问题。

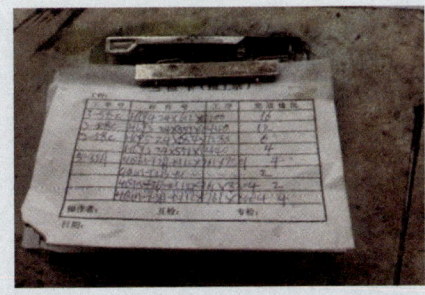

图2-69　事后维修、维修时间长、纸质巡检

　　针对某纺织厂目前设备使用方在设备管理和设备维修方面存在的一系列问题，我们为其提供了设备管理和远程运维的服务。以前，用户不能够实时查看到设备的运行情况，现在用户可以通过设备管理界面实时查看到设备的运行状态（开机时长、实时能耗、实时产量、统计报表等），故障情况等，如图2-70所示。这样自动化地直接对产量和能耗进行统计，省时又省力。

图2-70　设备监控平台

某纺织厂设备遇到故障时，通过远程运维来获取维修人员的在线帮助，问题可以及时得到解决，减少了等待时间，降低了生产的损失，提高了设备的使用效率。在设备运行某部位零件突发损坏时，通过APP在线商城可以低价便捷地购买到设备的原厂配件，有效提升了设备的使用寿命。在纺织厂日常的维护工作中，需要对设备进行点检和巡检，过去，点检和巡检都是纸质记录，现在所有的点检和巡检记录全部通过系统记录，所有信息方便查询和管理，一目了然。在日常工作中，设备管理APP也会定时、定期推送保养提醒，还会根据以往设备的故障信息通过大数据分析来提前预测故障行为，起到提前预警的目的，从而降低了设备故障的频率。

通过一定的实践和应用，APP带来的效果也非常可观。以前该纺织厂在进行产量统计时每50台设备需要1个人，200台设备就需要4个人，现在系统自动进行产量统计，一年可以节省4个人力，每个人力成本按照6万元/年计算，每年光产量统计这部分的人力成本可节省24万元。以前设备一天的宕机成本在32万元左右，传统情况下，每年一个客户可能会发生一次大约3天的宕机，累计损失达到96万元，有了提前预警功能后，宕机时间从每次的3天缩短为1天，直接损失可以降低64万元/次。

对于纺织设备的制造商来说，设备出厂后设备使用方和设备生产方没有交互，并不清楚设备具体的使用情况和故障情况，客户反馈少。同样，设备制造商的售后服务成本较高，设备制造商每次都需要跑到现场维修设备，这样也会增加维修的周期，致使用户的设备非计划宕机时间长，用户不能得到很好的服务体验；另外在维保期外，备品、备件不能及时处理，没有合适的渠道，造成库存积压、成本浪费，如图2-71所示。这些事项都是目前设备制造方迫切想要解决的一些问题。

图2-71 产品迭代无数据、服务费用高、保外备件流失

　　针对某纺织机设备制造企业在设备管理和售后服务方面存在的一系列问题,我们通过远程运维APP为其提供了远程运维的服务。该纺织机制造商在售出设备后,通过我们的设备管理界面可以看到所有售出设备使用方的具体分布位置,能够得到精准的用户画像,也能获取到设备当前的使用情况,如故障次数、故障原因等。该纺织机制造商在获取了设备售出后的使用情况数据之后,可以利用数据分析发现设备的一些问题,有利于后期设备研发过程中的优化处理。当该纺织设备制造商接收到用户设备的维修请求时,它们可以立即进行在线处理,不用长途跋涉到现场去,大大降低了它们的售后服务成本和维修周期。它们可以在线远程运维,在线上进行软件更新、设备固件的维护和升级等。在用户购买设备后,该纺织设备制造商可以给对应的客户设定点检、巡检和保养的定时提醒推送,以提供优质的售后服务。该纺织设备的制造商还将与自己设备相关的备品、备件挂在APP的备件商城,客户在保外时期,也可以以较低的价格买到设备原装的配件,从而实现备品、备件的零库存。

该纺织机制造商原先的售后服务费约 300 万元 / 年，现在每年服务费可以降低 32%，每年可以节约 96 万元；原先的备品、备件会存在库存积压的情况，现在备件的销量可以提升 48%，直接经济收益为 480 万元。

案例二：青岛海佳机械数字化管理系统

青岛海佳机械有限公司（以下简称"海佳"）是织机行业协会会长单位，是中国喷水织机行业龙头企业，是集研发、制造、销售、国际贸易、服务为一体的喷水织机生产制造企业。近几年，海佳被认定为高新技术企业，青岛市企业技术中心，青岛市创新型企业，青岛市专、精、特、新示范企业等，"海佳"牌喷水、喷气织机被青岛市评为青岛市著名品牌。

海佳的产品销往江苏、山东、河北、陕西、河南、浙江、安徽、福建、广东、四川、湖北等地区，同时出口到印度、埃及、土耳其、叙利亚、越南、尼泊尔、印度尼西亚、巴基斯坦、阿根廷、朝鲜、韩国等国家。

近年来海佳正在逐步进行智能制造的升级改造，并且正在新建智能工厂，作为青岛纺机行业的标杆企业，引领着青岛传统纺机厂转型升级的方向。

为了促进纺织机械行业的智能化改造，以机床智慧云控物联网技术为工具，海尔 COSMOPlat 海智造平台承接数字化车间管理系统的落地。以信息网络技术加速创新与渗透融合为突出特征的新技术革命，不断加速全球经济数字化转型步伐，云动能已经成为企业、产业、经济、社会转型升级的重要力量。

海佳机械数字化管理系统主要做了以下几点。

第一部分：数字化车间管理系统

实施路径：首先从车间机床设备的数字化监控管理开始，如图 2-72 所示。海尔会考虑到设备与系统之间的数据通信，保证后期整个工厂信息化系统的正常运行，同时也保证在全厂板块打通之前，每个单独板块的正常运行。

图2-72　信息监控

成效：对全厂逐步进行深度调研，将需要改造且可以改造的板块进行设计改造，保证改造后的生产线能够将市场销售数据、生产数据、设备故障预警数据、采购数据、仓储数据等全公司数据接入系统中，确保后期信息化系统能够顺利地监控、调用、管理设备。

第二部分：企业信息化改造

实施路径：在逐步完成数字化车间管理系统的基础上，实现企业信息化软件，例如企业资源计划（ERP）、制造执行系统（MES）、产品生命周期管理（PLM）、仓储管理系统（WMS）、商业智能（BI）等一系列信息化管理系统的逐步建设，如图2-73所示。

成效：通过一系列信息化软件管理系统的引进，可以将销售、研发、生产、采购、仓储、财务数据进行整合对接，打通公司产业链所有环节的信息。

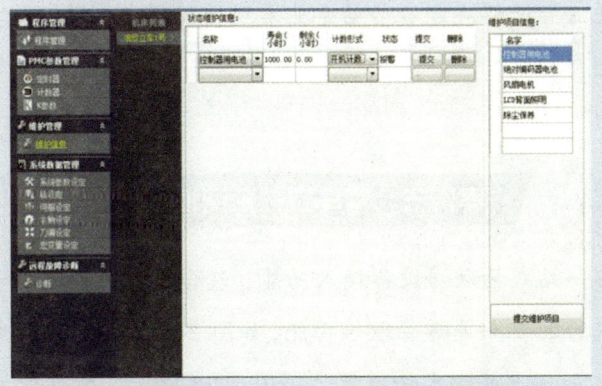

图2-73　程序管理

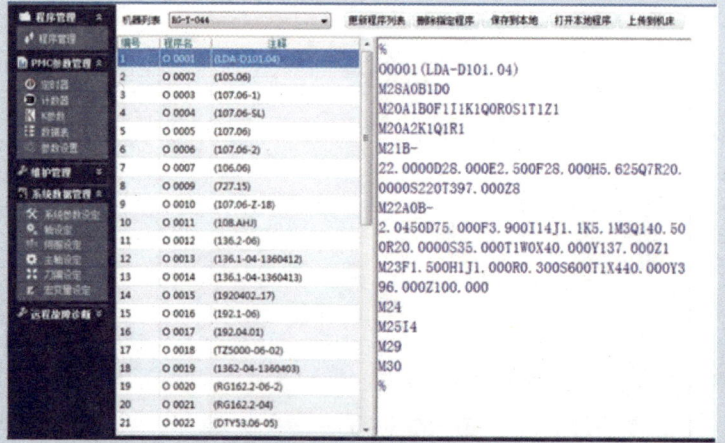

图2-73　程序管理（续）

第三部分：大规模定制阶段实施路径

在完成以上所有改造的中后期，海尔协助企业开发自己的大规模定制平台。当客户在平台下单后，系统根据订单自动备料，自动排产系统（APS）进行自动排产，对生产过程实施产品品质全线监测，合格品经过自动包装线包装后通过智能仓储系统进入智能仓库，系统自动配货装车将其发给客户。

成效：在大规模定制阶段，实际已经实现了从产品销售到设计研发，再到原材料生产采购、产品生产、品质控制，最后到仓库发货全生态链的打通，进一步完成企业生态圈的建设。

最终依托海智造解决方案帮助企业实现大规模定制的目标，同时建立起企业的生态圈。

案例三：青岛宝井预测性维护

平台具备一站式物联网设备接入功能，包含了设备的创建和管理、设备身份和接入平台的安全策略管理等功能，如图2-74所示，同时支持从所属设备模型批量添加测点并绑定传感器，如图2-75所示。所有数据的采集通过标准的 MQTT 协议进入平台,且支持私有协议的解析和数据预处理等操作。

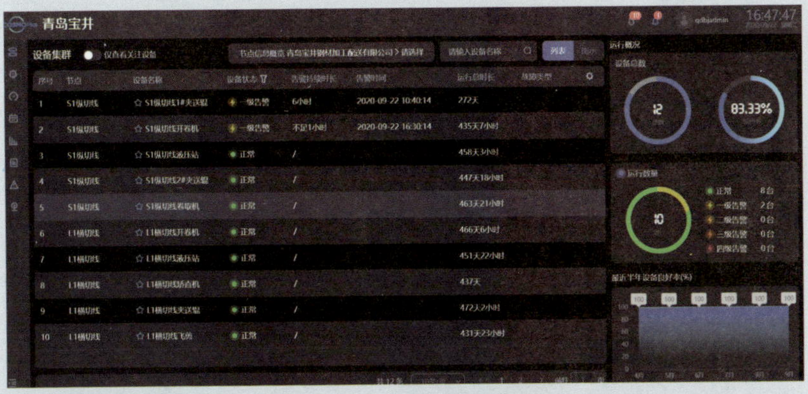

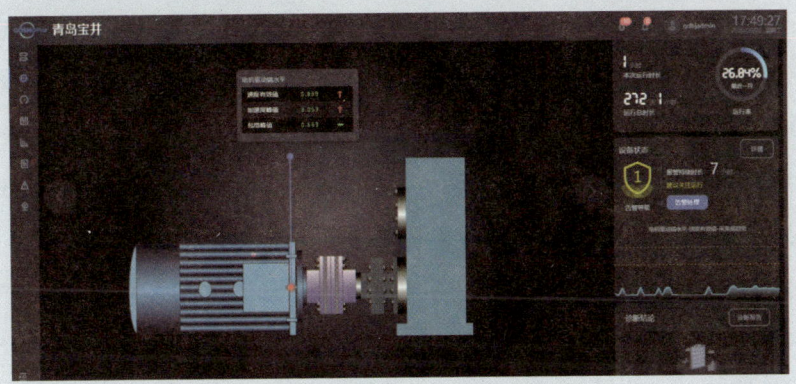

图2-74　设备及身份管理

图2-75　测点及传感器关系管理

1.设备管理功能

平台支持对被监测设备(泵、齿轮箱、风机等)及监测设备(传感器、网关等)的管理,包含设备数字模型(设备的数字化标准描述)管理、设备数字双胞胎(设备影子)管理、设备所属的层级关系管理等。基于数字化的模型和数字双胞胎技术,我们可以迅速构建现实世界物理设备的数字镜像,实时掌握设备运行状态,并根据需要和客户授权状况等对设备(监测设备和被监测设备)进行管理和控制。模型预览视图如图 2-76 所示。

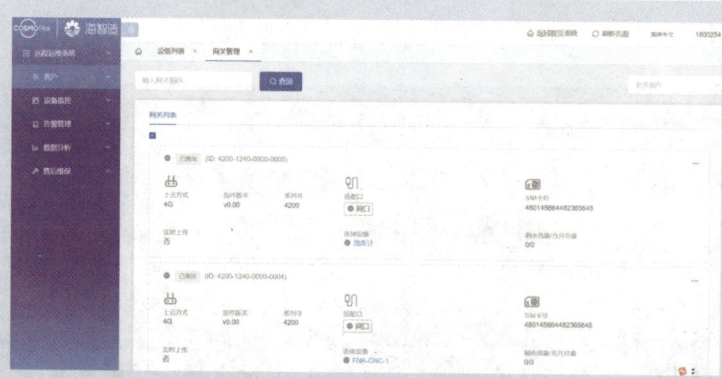

图2-76 模型预览视图

2. 智能预警功能

平台主要提供基于专家系统和机器学习建模两种预警模式，支持 ISO 固定阈值预警、自适应阈值预警、趋势预警、多变量残差预警及启停机预警，能有效地对被监测设备和监测设备的运行异常进行实时监测，并基于大数据流计算技术建立了实时异常监测引擎，对于大批量设备状态数据的异常监测延迟可控制在 5 s 内。异常记录支持常见的短信、微信、邮件等告警方式，并支持将告警持久化存储或推送到消息引擎，有助于系统间集成和二次应用开发。

告警规则配置界面预览如图 2-77 所示，基于多变量状态估计（MSET，Multivarite State Estimation Technique）的多变量残差分析如图 2-78 所示。

图2-77 告警规则配置界面预览

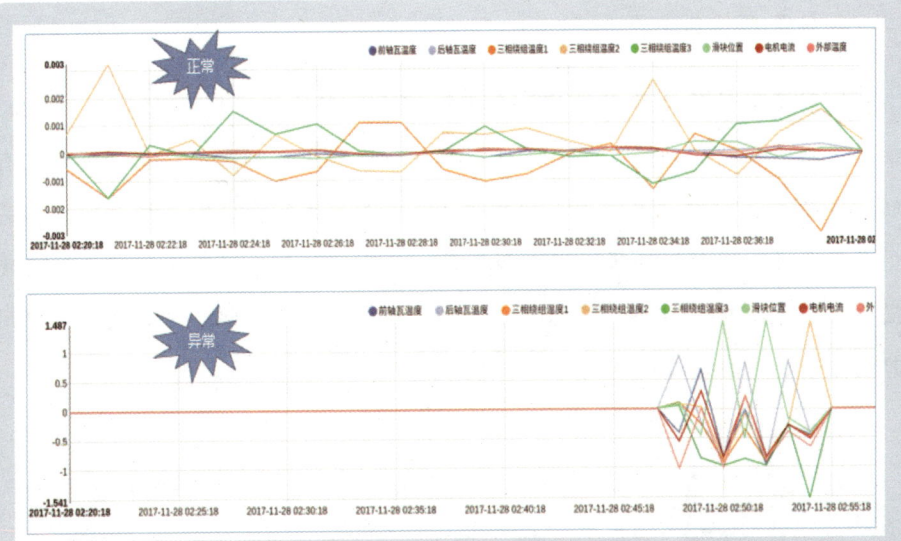

图2-78　基于MSET的多变量残差分析

3. 智能诊断功能

平台提供基于专家系统和机器学习模型两种设备的故障诊断模式，并且支持告警和诊断的关联式触发，在大数据技术的驱动下，实现快速高效的故障诊断流程。用户可以基于自动化的故障诊断结果进行进一步确认，直至得出最终结果。平台可以积累原始故障样本库，实现更加精确的故障诊断。诊断知识库管理预览如图 2-79 所示。

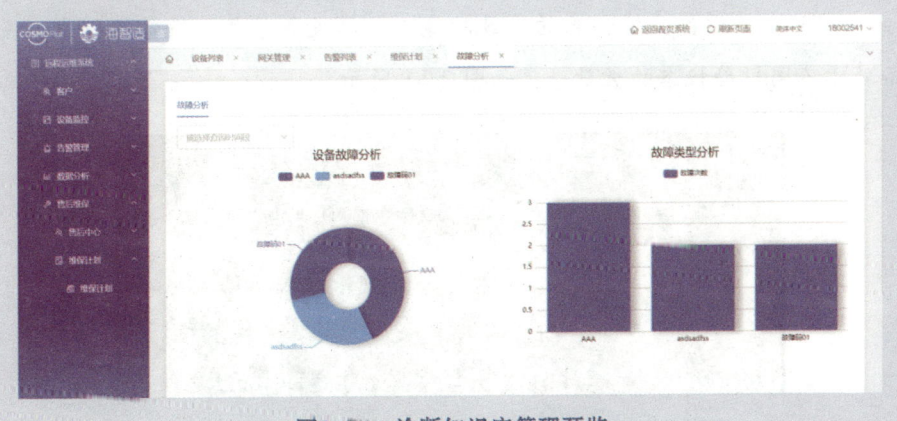

图2-79　诊断知识库管理预览

4. 轴承库信息设置

机器参数计算及维护控件包含了机械主要部件特征频率的查询、添加、编辑、删除和计算功能，这些特征频率会给诊断工程师带来分析的便利，有助于快速确认故障。根据用户的权限设定，轴承库信息设置包括对轴承相关信息的查询、添加、编辑、删除和计算，以及对轴承库厂商的管理。该模块显示当前系统中的轴承厂商信息，包括厂商名称、厂商编号等信息，分配用户的权限，包括增加、删除、修改功能，如图2-80所示。

图2-80　信息库设置

5. 设备概览统计功能

系统支持所有设备关键信息的集中展示功能，包括设备名称、设备形貌缩略图、报警状态、报警状态持续时长、设备连续运行时长、设备故障原因等；同时支持设备关键信息的统计功能，包括设备总数、设备运行率、设备处于不同报警状态的数量等，如图2-81所示。

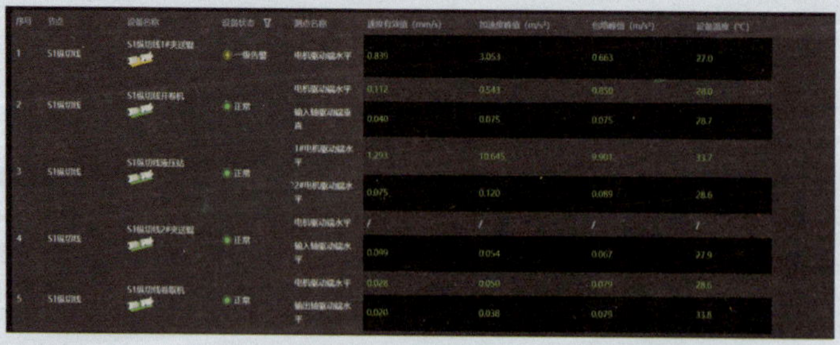

图2-81　设备概览统计

6.设备信息集中展示功能

系统支持设备各类信息在同一页面查看，包括设备名称、设备形貌图、测点信息、振动参数、工况参数、静态参数、运行信息、诊断结论、设备履历等，如图 2-82 所示。

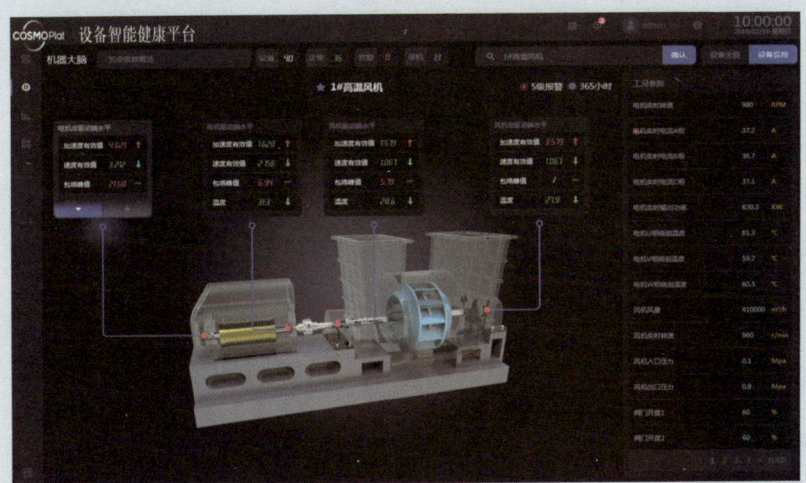

图2-82　设备信息集中展示

7.人工图谱诊断分析

系统支持以图谱形式呈现设备数据信息，辅助诊断人员进行设备故障诊断，包括波形 - 频谱图、趋势图、瀑布图、倒谱图等，如图 2-83 所示。

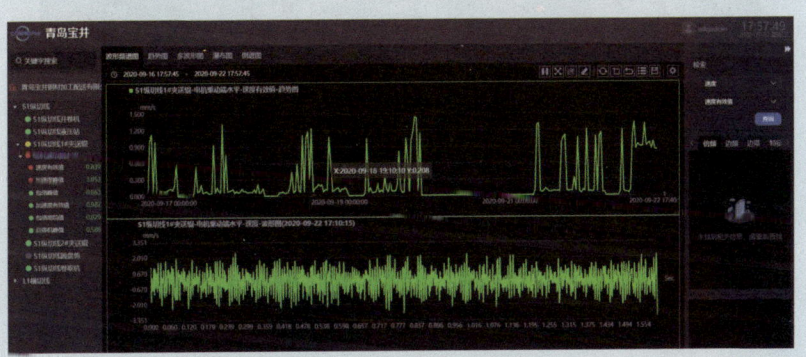

图2-83　设备图谱分析

8. 数据报表功能

系统支持数据报表功能，可按月将设备名称、位号、运行状态、报警状态、诊断结论等信息进行自动汇总，生成报告，并支持将数据导出为 Excel 文档，如图 2-84 所示。

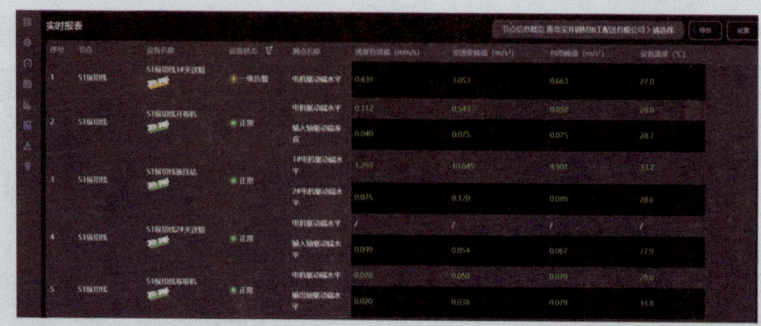

图2-84　数据报表

9. 服务报告管理

系统支持服务报告和诊断报告的管理功能，可以对月度运行报告和诊断分析报告进行上传、在线查看、下载等操作，方便用户对报告的管理，如图 2-85 所示。

图2-85　服务报告和诊断报告管理

10. 设备履历

系统支持设备履历功能，可以对设备的维护信息进行添加、编辑、修改、并按时间轴显示。设备维护信息包括保养记录和维护记录等，如图2-86所示。

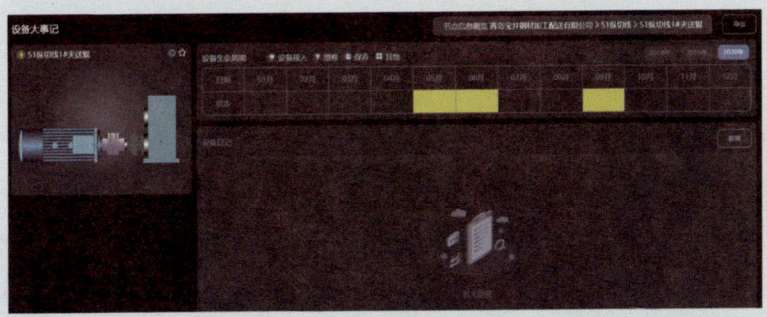

图2-86　设备履历

11. 手机端应用

系统支持基于微信小程序的移动端应用，可以跨手机平台实现数据的设备信息查看、统计查看、报警提醒等功能。在企业专网中，需要向互联网开放出口，专门用于手机端应用上的信息展示，如图2-87所示。

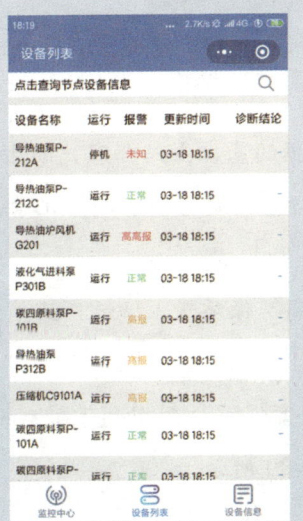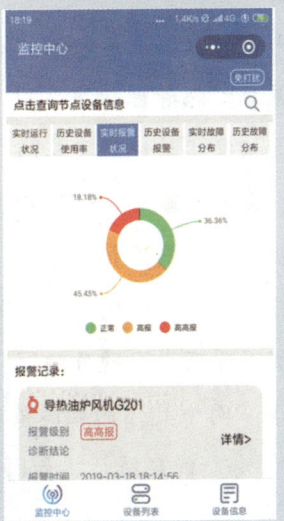

图2-87　手机端应用

案例四：海尔新材料能源管理系统

该平台帮助生产制造企业合理计划和使用电、水、气等能源，在保障正常生产或扩大生产的同时，降低单位产品的能源消耗。

平台成熟产品包含能源数据采集、能源状态监视、能源计划调度、能源管理优化四大部分；基于 COSMOPlat 云端服务能力，部署灵活、投入少、易实施；支持微信小程序、手机 APP 等实时查看，相关人员随时随地掌握企业用能状态。

最后结合能源成本控制中心数据分析等特色辅助手段，优化了生产工艺的能源利用，降低了产品生产的单位能源成本，提高了企业在行业的核心竞争力。

本案例中客户的痛点如下。

（1）设备、生产线自动化程度较高，但缺少设备状态监控。

（2）通电设备空置、浪费电能。

（3）不同工艺耗电量不同，缺少优化比较。

（4）缺少电能监测，也就无法利用峰谷电价、每日电能需求等降低费用。

相应的解决方案如下。

（1）将采集的数据进行归纳、分析和整理，结合生产计划和检修计划的数据，实现基础能源管理功能。

（2）在数据采集系统所采集的数据的基础上结合客户的生产计划、生产设备等数据，分析处理后实现实时显示、统计分析、趋势记录，做好能源标准建立、数据查询、能源预测等。

（3）最终实现能源管理优化，提高环保质量，降低产品单位能耗，达到节能降耗和能源管理水平的目的。

下面列举了两个具体的故障处理案例，分别用到了能耗趋势分析（如图 2-88 所示）和总能耗统计（如图 2-89 所示）。

图2-88　能耗趋势分析

- 状态：产量为零时仍然有能耗产生。
- 原因排查建议：是否存在忘记停机现象。

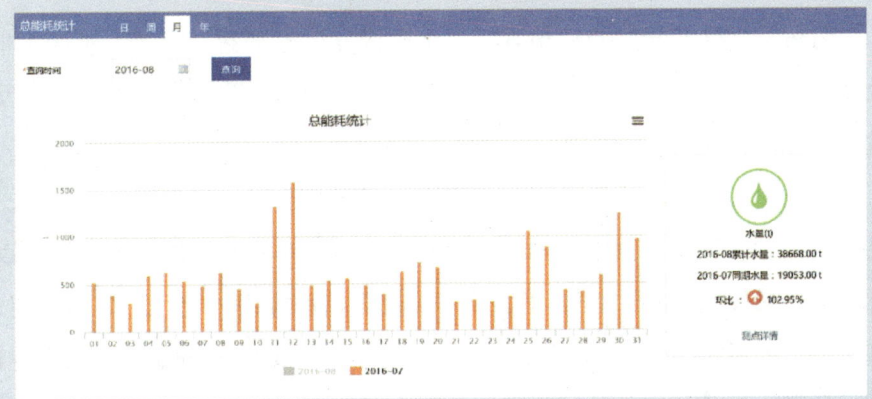

图2-89　总能耗统计

- 状态：用水量持续异常。
- 原因排查建议：主管道是否存在泄漏。

航空、航天器及设备制造业

2.7.1 世冠科技数字孪生技术落地应用平台GCSpace工业互联网APP解决方案

一、项目背景

国内仿真软件起步较晚，仿真工具多被国外厂商垄断，国产工业软件非常稀缺，经过工程应用实践考验的更少，这已经成为制约我国高端工业装备发展的技术短板。

针对中国工业仿真软件主要依赖德国西门子、法国达索等国外供应商，价格高昂且关键功能对中国封锁的现状，北京世冠金洋科技发展有限公司（以下简称"世冠科技"）凭借二十年的技术积累和丰富的应用经验，在数字孪生技术及基于模型的系统工程（MBSE）思想的指引下，于2014年开始自主研发建模、仿真、测试一体化仿真软件，致力于为国内工业用户提供一款比肩国际先进技术水平的国产化工业仿真软件。

自2015年GCSpace 1.0版本推出以来，经过持续的功能更新优化和迭代，目前已经发展到5.0版本。平台成功解决了市面上多种软件开发的模型间接口的兼容性，以及仿真系统接口规范数字化的问题，实现了数字孪生技术的落地应用；在运维阶段，支持产品的基于功能和性能模型为核心的数字孪生体的构建，并通过虚实融合，提供产品的动态实时性能、效能评估，实现建模标准内置、模板化建模及多源异构模型集成内容，通过自动化、批量化的全虚拟仿真与半实物仿真测试及同一平台内的一体化联合验证，实现产品研发在虚拟空间内快速多次迭代，以保证在实际物理空间中一次成功。在不进行代码级更改的前提下，可便捷

实现数学模型状态 / 半实物状态的一键式切换，以满足不同阶段的测试需求。

二、技术架构

世冠科技 GCSpace 软件平台架构主要包括可视化系统建模工具（SA）、GC-Space 仿真与实验环境、自动化测试工具（TM）、体系仿真功能（GCTiXi）、半实物仿真试验功能等五大功能模块，具体产品架构及各模块功能特点如下。

1. 技术架构组成

GCSpace 软件的系统架构包括应用层、业务逻辑层、数据处理层、仿真层和半实物层五大部分，如图 2-90 所示。其中，应用层包含交互、三维显示、结果、报表等 GUI 功能；业务逻辑层主要包含装备组织仿真所需要的基础业务组件，如时空关系分析、作战单元模板、系统建模和 FMU 导入与封装等；数据处理层主要用于仿真实时数据采集和管理及分布式仿真控制；仿真层包含多个仿真引擎，每个仿真引擎运行在独立的实时 Linux 操作系统上，仿真引擎之间通过反射内存板卡进行实时通信，对于实时性要求较低的情况，采用 Tcp 方式通信；半实物层支持各种模拟量、数字量和 I/O 通信，模拟硬件信号的输入和输出。

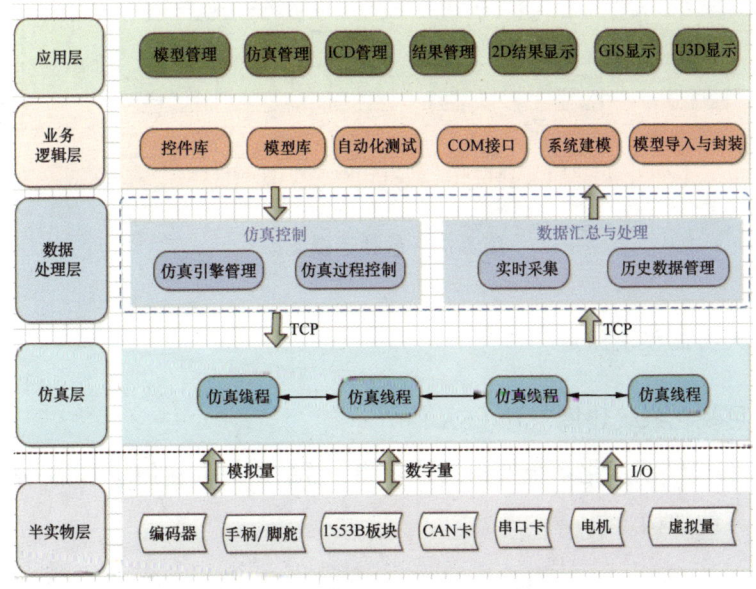

图2-90　GCSpace平台技术架构

通用组件采用分层复用的架构方式，分为基础架构层、算法层和 FMU 层，数据通信层和业务逻辑层，每层包括不同的组件，每个组件由独立动态库实现，从而实现不同粒度和层级的软件复用。软件逻辑架构如图 2-91 所示。

此外，系统采用微服务架构，分为体系仿真服务、系统建模服务、U3D 显示服务、仿真引擎服务。微服务间采用 Thrift 和 UDP 通信，服务可以独立部署。不同仿真引擎间采用反射内存和 TCP 两种数据通信方式，仿真引擎之间采用光纤连接，满足不同系统对仿真实时性的要求，支持分布式实时仿真。

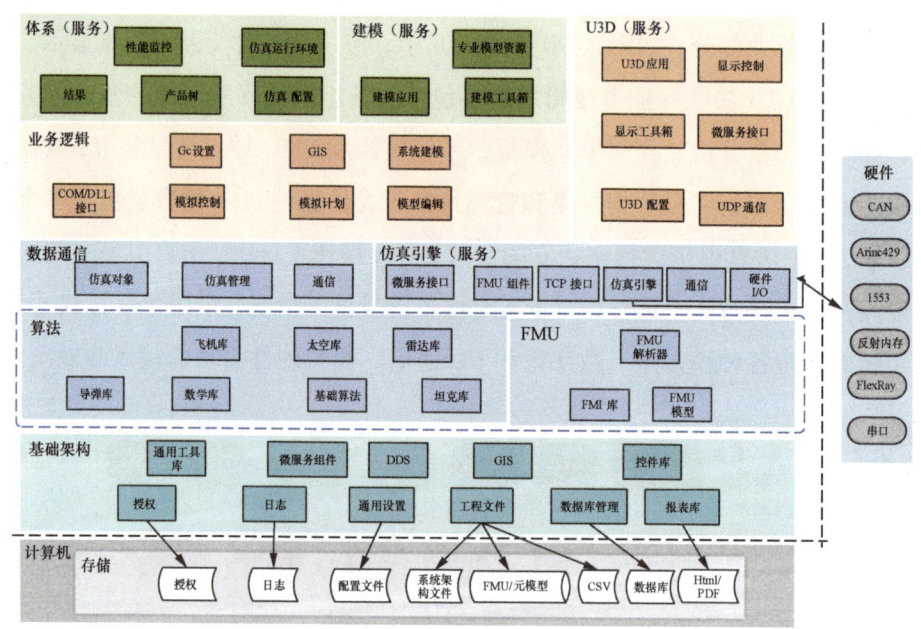

图2-91　软件逻辑架构

2.五大功能模块组成

（1）可视化系统建模工具（SA）

① 能够提供图形化系统架构设计功能，帮助用户创建用于 GCSpace 仿真平台的复杂系统架构。

② 内含多个航空航天标准库，允许用户创建能够复用的"元模型"库，使复杂系统仿真工程的创建和管理更加简单。

③ 基于 FMI 通用接口协议，支持多源异构模型的集成。

④ 提供了故障注入技术，涵盖了常见的基础故障，允许工程师对系统进行故障分析。

（2）GCSpace 仿真与试验环境

① 支持全数字虚拟仿真、飞行模拟器、半物理仿真 3 种模式的计算分析，支持 3 种仿真模式在同一平台的无缝切换。

② 可实现不同仿真软件模型间的协同仿真，支持符合 TCP 接口协议程序的联合仿真。

③ 支持多种结果显示形式，如二维地图、数据图表、仪表盘、三维视景、VR 交互场景等形式，显示系统变量变化情况。

④ 能够自动分析模型计算量和硬件资源占用情况，进行多线程分配，提高仿真速度。

（3）自动化测试工具（TM）

① 允许用户通过批量修改测试用例对 GCSpace 仿真工程进行自动化测试。

② 可调用多个仿真引擎高效地执行仿真计算。

③ 自动汇总参数化的仿真数据、图表，生成分析报告。

④ 可对系统性能进行针对性测试，提高测试覆盖率，减少人工投入。

（4）体系仿真功能（GCTiXi）

① 实现卫星、飞机、车辆、导弹、雷达传感器等多领域装备的协同体系内仿真的环境系统构建。

② 时空关系分析功能，包含体系内可见性和覆盖性分析功能。

③ 三维 GIS 内涵全高清影像和地形数据，可使用连续的地面可量测影像库作为新的数据源。

④ 二维 GIS 的投影、标签名称、数据源显示，并可由用户自行选择。

⑤ 针对环境和对象提供多场景数据库构建与分析，即场景构建与可视化定制。

（5）半实物仿真试验功能

① 支持同一平台内从全虚拟仿真测试到半物理仿真测试的便捷切换。

② 支持上位机和仿真机通过网线进行通信，用以实现下载模型和数据回传。

③ 提供可与常见模拟器、飞控计算机等工控机相连接的接口，包括数字量输入 / 输出接口、模拟量输入 / 输出接口、RS-422 接口、1553B 接口等，满足客户的定制化系统仿真需求。

④ 故障注入层面软件均可设置，软件层面设置信号级故障，硬件层面通过下位机断线盒或信号调理器制造故障。

三、解决方案应用情况

GCSpace 仿真平台目前主要应用于航天领域，已在某数字卫星系统仿真、大型空间机械臂等国家级重点项目中得到成功应用。同时，基于 GCSpace 平台技术而开发的其他行业版本，在航空、兵器、船舶、工程机械等领域也得到成功的应用推广，典型应用案例如下。

案例　某大型空间机械臂虚拟集成测试验证项目

（1）案例背景

空间机械臂是集机械、视觉、动力学、电子和控制等学科为一体的高端航天装备。由于空间微重力环境，空间机械臂的设计与传统的地面机械臂存在很大不同，传统机械臂的设计经验很难直接应用到空间机械臂的设计上，在地面模拟三维空间零重力环境并开展系统级全物理验证存在很大困难。

为满足其多学科、多系统高度集成的要求，系统仿真技术是解决该问题的最佳途径。通过开发高精度的多学科系统仿真模型，可在计算机中构建一个与真实空间机械臂具有相同功能特性的"数字双胞胎"，以支持机械臂研制虚拟测试任务。

（2）案例描述

在某航天工程中，空间机械臂尺度大、负载范围大，本身无法克服地面重力运动，在地面上无法模拟在轨工作环境，尤其是重力环境，使得机械臂无法通过实际产品的三维测试，存在"无法测"和"测不全"的困局。因此，机械臂在轨任务只能基于模型开展虚拟测试及验证。完整系统模型3D视图如图2-92所示。

在本项目中，通过开发机械臂系统的虚拟集成模型，包括机械结构、执行机构、传感器和控制软件等，对机械臂的系统属性进行深入的测试和验证，并对工况覆盖率和代码覆盖率进行评估，以实现100%覆盖的测试目标。

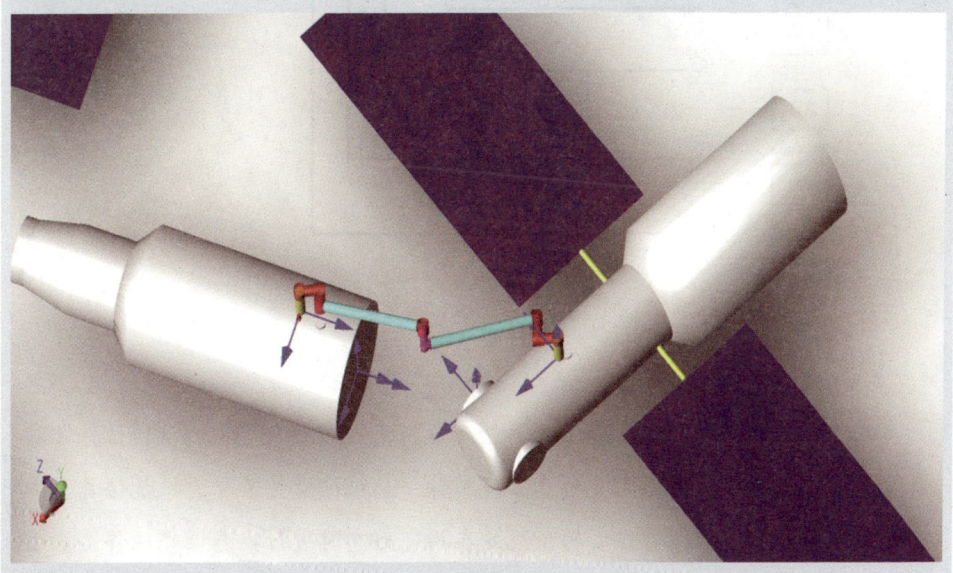

图2-92　完整系统模型3D视图

路径规划仿真模型如图2-93所示。

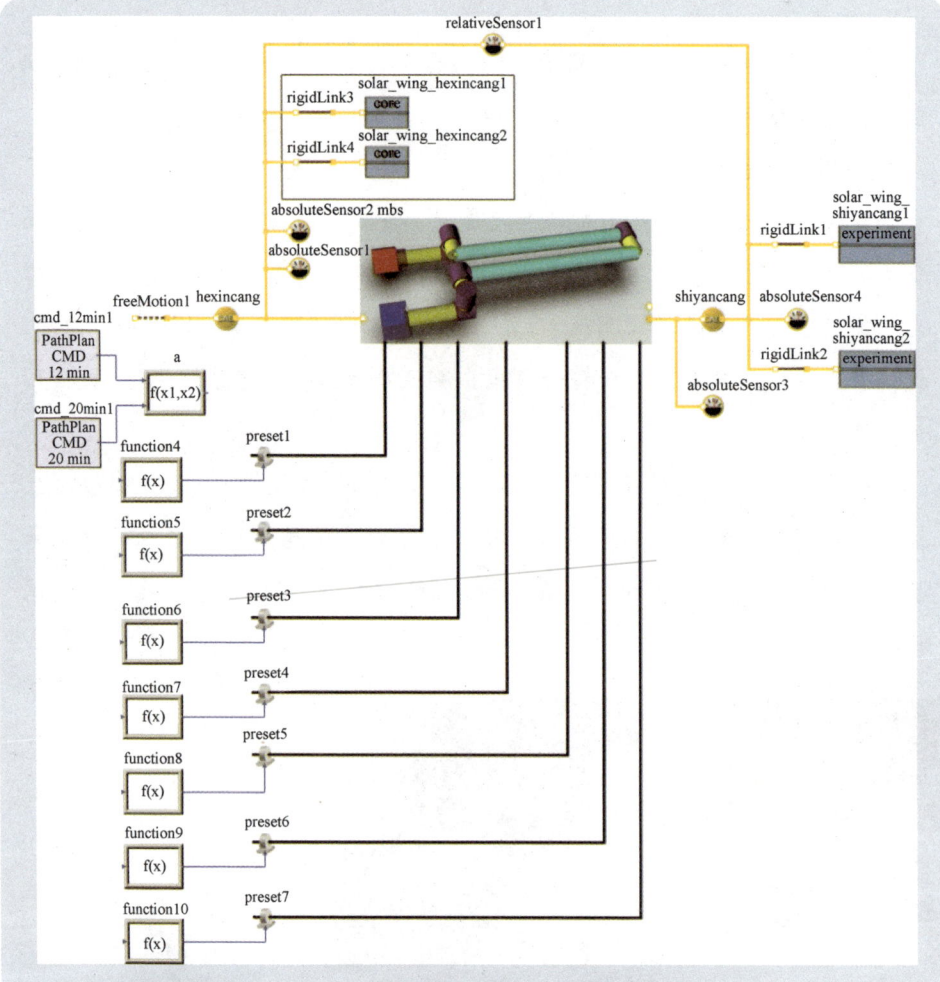

图2-93　路径规划仿真模型

（3）实践效果

基于本项目开发的机械臂系统高精度虚拟集成模型及虚拟测试验证，辅助总体部门完成了相关的研究及仿真分析工作，如机械臂关节受力批量仿真，由试验舱、核心舱、机械臂组成的系统处在指定姿态时进行姿态调整操作，基于仿真的手段分析机械臂各关节受力情况。

为了测试系统的安全性和稳定性，进行了大覆盖率的测试，生成数千个测试用例，考虑了不同质量和摩擦力的情况，为项目研究和分析决策提供了支持。

2.7.2 适用于商业航天的固体火箭发动机数字化总体快速论证APP解决方案

一、项目背景

航天产业是湖北省重点发展的新兴战略支撑产业,武汉因其具备完整的制造业链条和完备的产业体系优势,经国家发展和改革委员会批复《湖北武汉国家航天产业基地实施方案》,成为继上海、西安后的第三个国家级航天产业基地。

湖北航天技术研究院总体设计所(中国航天科工集团第九总体设计部,简称九部)多年来一直承担着国家重点型号运载火箭的研制任务,也是国内商业航天领域的先行者。设计所研发的快舟十一号运载火箭是我国第一型采用固体动力、不依托固定塔架发射的运载火箭,填补了国内固体运载火箭的空白,实现了小卫星的快速、机动、灵活发射,并创造了中国航天发射最快纪录,形成了中国急需的空间快速响应能力。

快舟十一号运载火箭如图2-94所示。

三级固体发动机　　二级固体发动机　　一级固体发动机

图2-94　快舟十一号运载火箭(国内最大)

"一代动力，一代航天"，固体发动机为火箭提供动力，是快舟固体运载火箭的核心，也是航天复杂系统的典型代表，其性能决定着火箭的运载能力。运载火箭的研制首要解决动力问题。固体发动机存在以下特点。

（1）商业航天要求固体发动机可靠性高达99.9%以上。但由于固体发动机工作环境严酷（燃温高达3000℃、内压高达15 MPa、出口燃气达超声速），研发技术难度大，且试验子样仅有个位数，一旦出现问题将带来天价的试错成本，急需全面、专业的数据库支撑。

（2）商业航天要求固体发动机方案优且周期短，但由于固体发动机涉及多个学科（燃烧、力学、热传导、流体、高分子材料、复合材料等），计算量极大，且由于其各分系统之间耦合度高导致需要数十轮的迭代，入行门槛高，急需高效优化设计能力的支持。

（3）固体发动机专业性强，多学科耦合的同时，数据传递缺乏统一标准，导致现有的通用软件难以满足要求，需要专业的协同平台的统筹支撑。

固体火箭发动机如图2-95所示。

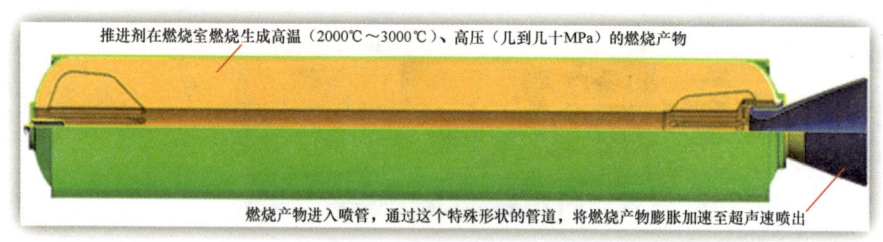

推进剂在燃烧室燃烧生成高温（2000℃～3000℃）、高压（几到几十MPa）的燃烧产物

燃烧产物进入喷管，通过这个特殊形状的管道，将燃烧产物膨胀加速至超声速喷出

图2-95　固体火箭发动机

美国开发了ROCSTAR软件，该基础软件内嵌了大量固体发动机设计流程、方法和参数，保证了美国在固体发动机技术上的绝对优势。该软件对中国封锁，而国内并无相关软件，已严重制约了固体发动机的技术进步。

二、技术架构

1. 实现思路

固体发动机的工作过程是一个复杂的、强耦合的物理、化学过程，涉及大量的学科和科学问题。总结三大痛点如下。

（1）研发过程中所涉及的工程计算、三维建模、方案优化、报告生成等工业技术知识和方法在设计效率、结果准确性、流程规范性等方面已经无法满足现在高质量、短周期论证的要求。

（2）研发过程中存在很多设计任务，任务与任务之间的逻辑关系不清晰、关联性弱，缺乏统一的数据接口，设计过程中的数据查询效率非常低，难以满足快速论证迭代的要求。

（3）以往形成的经验知识重用率低，没有充分利用成熟发动机的成果，难以满足快速实现最优论证的要求。

因此，有必要开展固体发动机数字化快速论证 APP 的建设，具备知识库和多学科优化功能，将固体发动机的设计效率提升 50% 以上。

2. 技术架构

适用于商业航天的固体火箭发动机数字化快速总体论证 APP（以下简称 APP）是湖北航天技术研究院总体设计所和北京索为系统技术股份有限公司基于索为 SYS-WARE 工程中间件平台联合开发的工业互联网 APP，它由总体指标分解及选型、发动机快速建模及计算、设计方案优化和指标下发四大核心功能组成，如图 2-96 所示。

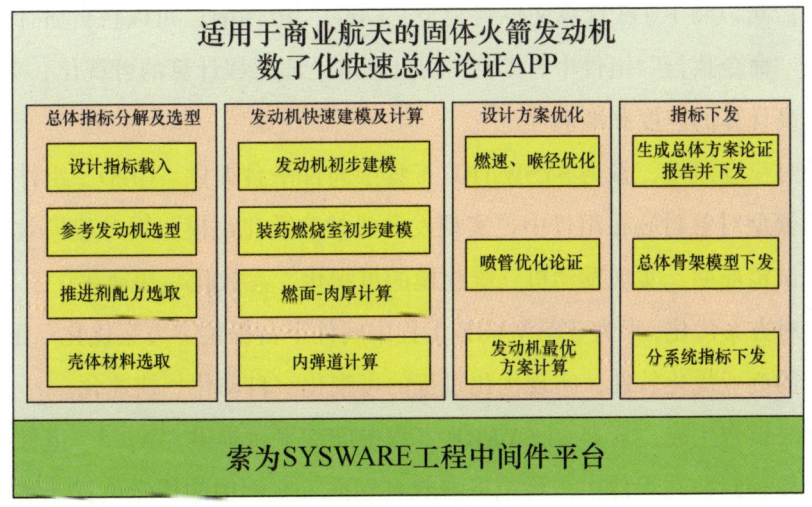

图2-96　APP技术架构

3. 关键技术

（1）工业技术封装技术

在发动机总体论证过程中，涉及工程计算、三维建模、方案优化、报告生成等环节，通过索为 SYSWARE 工程中间件平台提供的工业技术封装技术，设计人员可以通过平台提供的各种组件，无须编程就可以把设计过程中的计算、建模、仿真分析、生成报告等各项专业技术封装成可以数字化、可视化、可重复执行的 APP，保证设计效率和设计准确性，封装组件如图 2-97 所示。

图2-97　封装组件

针对工程计算，索为 SYSWARE 工程中间件平台根据不同的计算类型提供不同的计算组件进行计算封装，例如，可以将手算的公式封装到"公式编辑器"组件中；可以将 Excel 计算文件封装至"Excel"组件中；可以将自研计算程序封装至"命令执行"组件中；实现发动机总体论证工程计算的可视化、数字化，大幅提高计算的速度和准确性。

针对三维建模，索为 SYSWARE 工程中间件平台提供"CreO"组件，将参数化的模型对象封装在组件中，实现发动机的参数化建模，提升建模效率，缩短建模试错周期，实现发动机三维建模的可视化、参数化、快速化。

针对方案优化，索为 SYSWARE 工程中间件平台提供"方案优化"组件，集成主流的商业优化软件，实现优化过程的可视化、自动化、快速化。

针对报告生成，索为 SYSWARE 工程中间件平台提供"Word"组件，将方案报告模板封装在组件中，将论证参数自动嵌入文档中的指定位置，实现了报告生成的自动化、快速化。

（2）工业互联网 APP 建模技术

在发动机总体论证过程中，涉及工程计算、三维建模、仿真分析等不同工业技术和知识方法，且相互之间存在逻辑关联。通过索为 SYSWARE 工程中间件平台提供的工业互联网 APP 建模技术，建立不同的专业技术模型、并通过技术流程有序组合技术模型形成完整的发动机总体论证过程，实现整个设计过程的数字化、快速化。流程建模如图 2-98 所示。

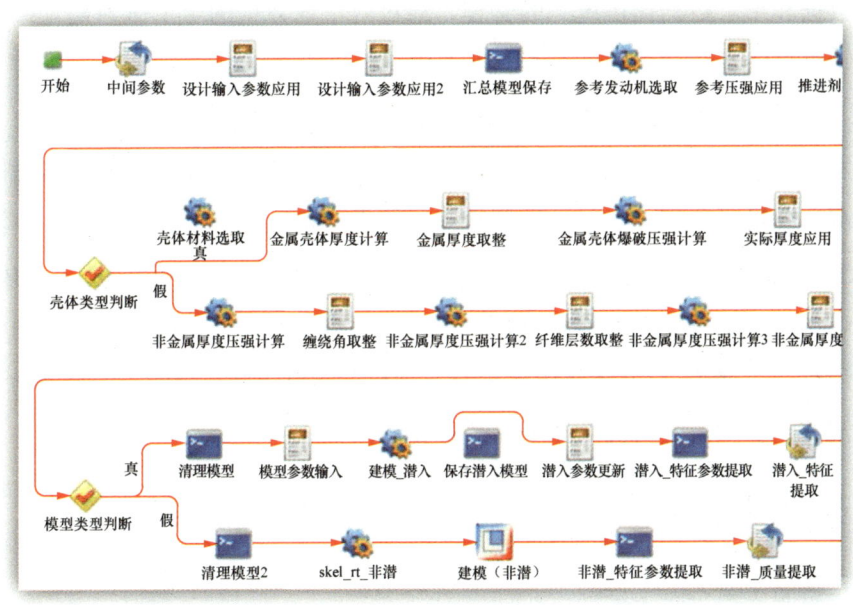

图2-98　流程建模

（3）工业互联网 APP 数据管理技术

发动机总体论证过程的输入和输出都包含大量的技术数据，基于索为 SYSWARE 工程中间件平台提供的工业互联网 APP 数据管理技术，对发动机总体论证技术数据进行统一管理，建立具有统一输入/输出数据端口的工业互联网 APP 及标准技术数据库，保证各 APP 之间的数据交互，实现了设计环节之间的数据规范流转，减轻了总体论证数据传递给分系统及转化处理的工作量，克服了传统设计中需要人工处理的、低效率的数据转换问题。

（4）固体火箭发动机多学科计算、建模、仿真技术

固体火箭发动机总体论证过程中涉及多学科的计算、建模、仿真技术。

这里主要包括发动机壳体厚度计算、发动机安全系数计算、发动机总体快速建模、装药建模、燃面 – 肉厚仿真计算、燃速及推力系数因子优化计算、内弹道计算、喷管关键参数计算、喷管优化计算等。

（5）固体火箭发动机工程大数据中心技术

固体火箭发动机总体论证过程需要大数据进行辅助决策支持。该 APP 建立了工程大数据中心，在 APP 运行过程中，工程大数据中心可以为论证输入数据、过程数据和结果数据提供统一的管理，通过对论证数据的全生命周期管控，实现发动机总体论证过程的可追溯、可迭代、可重用。

（6）固体火箭发动机知识自动化技术

发动机总体论证过程应用了知识自动化技术。基于固体火箭发动机总体论证过程，建设了知识库、基础资源库（包括发动机数据库、材料数据库、零部件库等），将散落的数据、文档和模型进行统一的规范化存储和管理，在 APP 运行过程中可以根据关键字搜索进行快速查找，同时知识库还可以根据关键字和内容进行智能推送；APP 还将固体火箭发动机的设计方法、经验、标准进行了封装和沉淀，实现了发动机设计工程经验数字化。

三、解决方案应用情况

1. 应用案例

该 APP 已经成功应用于"快舟"系列运载火箭发动机的总体论证。最近，由中国航天科工集团第九总体设计部抓总研制的快舟一号甲固体运载火箭成功将微厘空间一号试验卫星送入预定轨道。航天科工集团已经成功发射了"快舟一号"和"快舟二号"两颗对地观测卫星，开创了我国用固体运载火箭成功发射卫星的先河，实现了中国航天科工集团公司在商业航天领域的领先地位。

2. 应用案例典型功能介绍与评估

案例中应用的 APP 主要包括以下功能模块。

（1）总体指标设计输入功能模块。

（2）推进剂配方选取功能模块。

（3）壳体材料选取功能模块。

（4）发动机初步建模功能模块。

（5）装药设计功能模块。

（6）内弹道计算功能模块。

（7）压强方案优化功能模块。

（8）喷管优化功能模块。

（9）设计结果分析功能模块。

（10）分系统参数下发功能模块。

图 2-99 ~ 图 2-101 是应用过程中 APP 的部分截图。

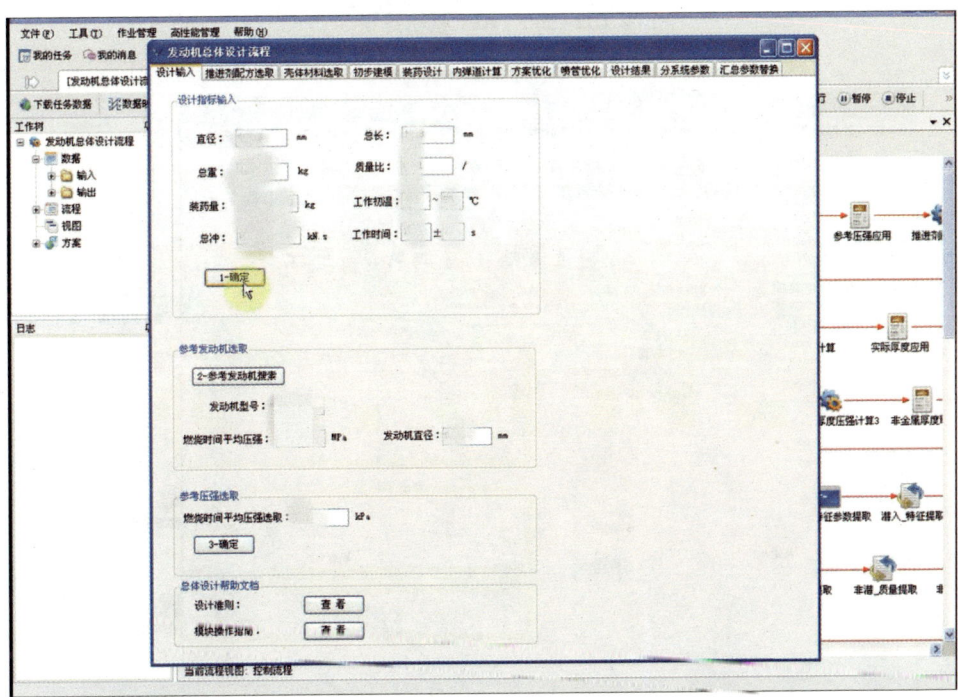

图2-99　APP交互执行

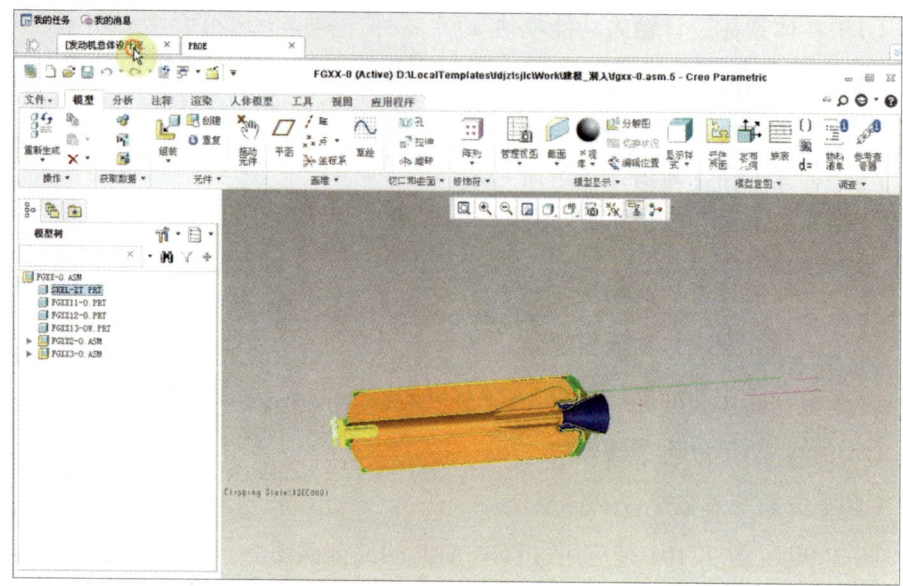

图2-100　APP驱动建模

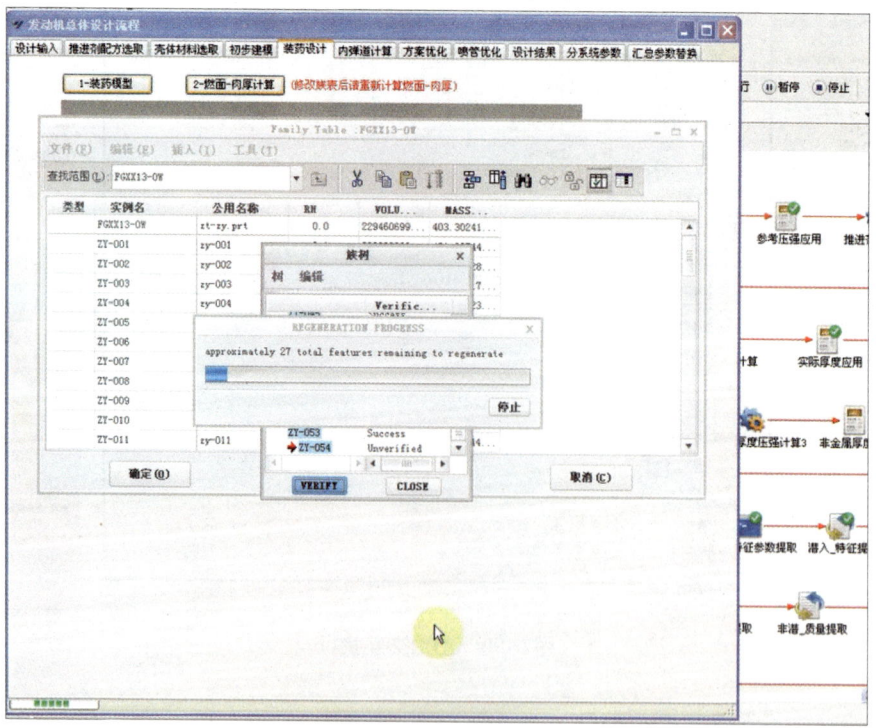

图2-101　燃面推移仿真

在应用过程中，该 APP 各项功能运行良好，性能优异；设计结果与发动机实际的设计结果一致，满足固体火箭发动机总体论证的要求。

3. 案例典型应用界面介绍

（1）总体指标分解

如图 2-102 所示，该 APP 接收总体指标参数后显示在界面上，进而设计师根据指标参数进行发动机数据库数据检索，并将检索的数据加载到页面上，同时可以查看绑定的设计准则和操作指南来辅助设计，实现了指标分解的可视化及数据查询的智能化。

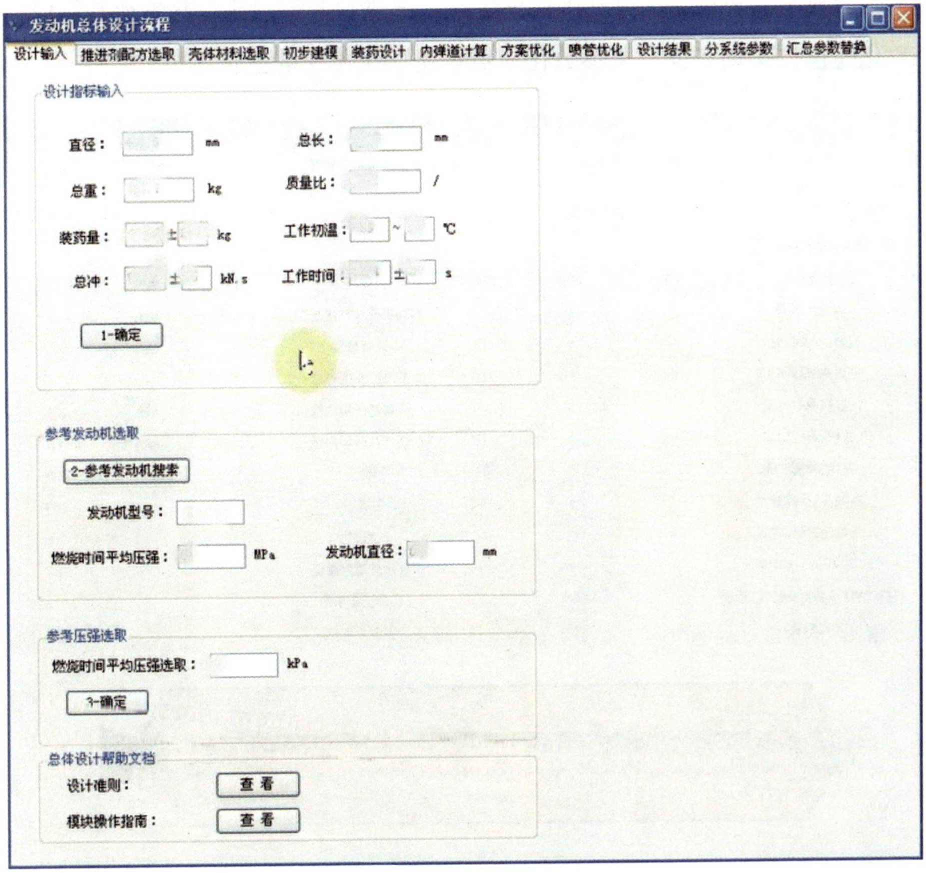

图2-102　发动机设计输入

① 设计指标输入。在"设计指标输入"内显示总体指标参数，单击"确定"后，加载指标参数；

② 参考发动机选取。单击"参考发动机搜索"，将数据库中的发动机历史方案数据加载到界面上；

③ 参考压强选取。根据加载的燃烧时间平均压强，手动填写"燃烧时间平均压强选取"，并单击"确定"保存；

④ 总体设计帮助文档。单击"查看"，即可打开指定的帮助文档进行查看。

（2）发动机初步建模

如图 2-103 所示，该 APP 将发动机参数化模型封装在 CreO 组件中，并将关键参数显示在界面上，设计师根据实际情况进行参数设定，并驱动 CreO 进行参数化建模，实现了发动机参数化、可视化、快速化的三维建模。

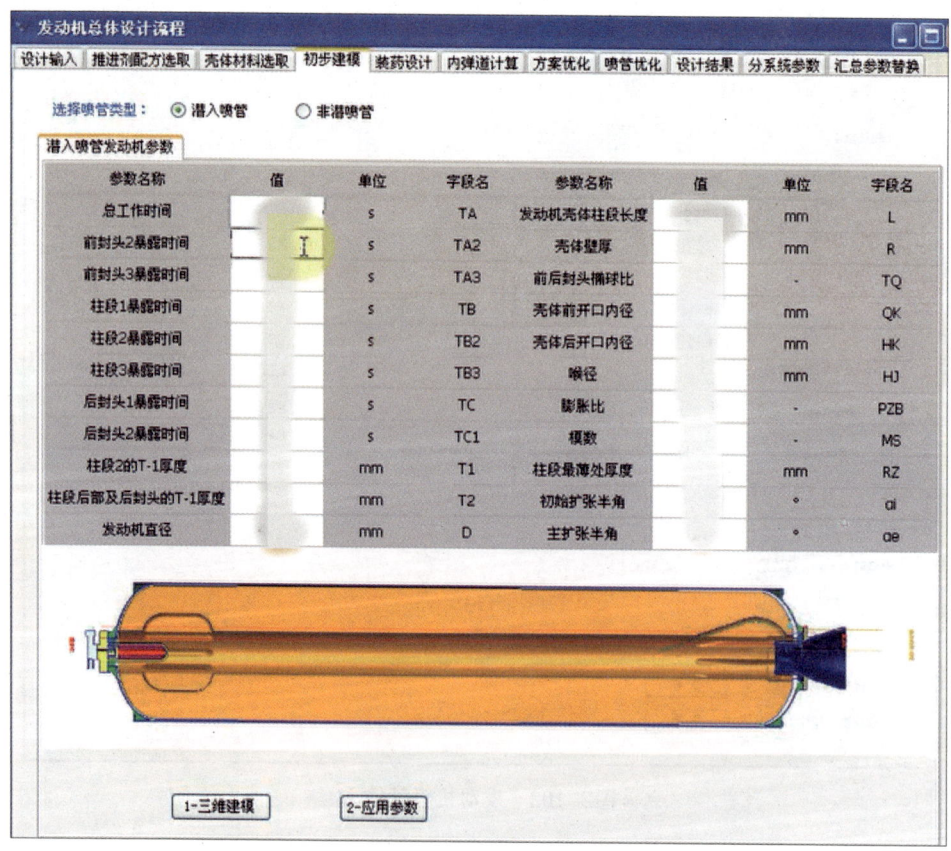

图2-103　发动机初步建模

① 选择喷管类型。勾选指定的喷管类型。

② 发动机初步建模。填写发动机参数，单击"1- 三维建模"按钮，驱动 CreO 进行三维建模，单击"2- 应用参数"按钮，提取模型关键参数。

（3）内弹道计算

如图 2-104 所示，APP 将内弹道计算自研程序封装至组件中，将计算的输入、输出参数全部显示在界面上，让设计师根据计算的结果重新快速调整输入参数，实现了可视化快速迭代、准确计算的论证要求。

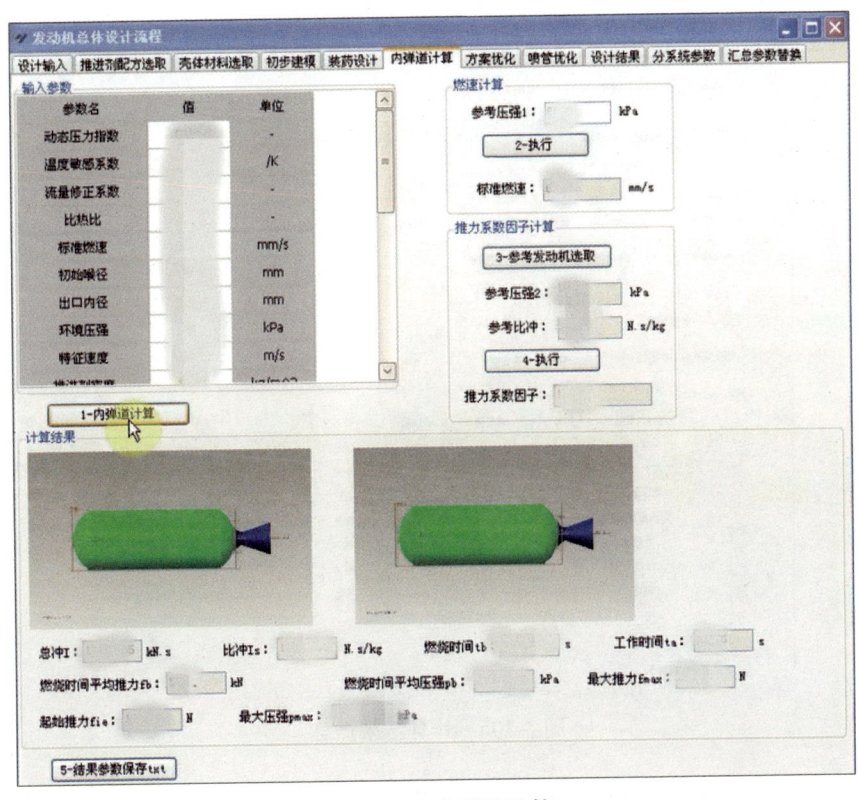

图2-104　内弹道计算

① 燃速计算。设定参考压强，单击"2- 执行"按钮，驱动 Isight 进行燃速优化计算；

② 推力系数因子计算。单击"3- 参考发动机选取"按钮，加载指定的发动机压强，单击"4- 执行"按钮，驱动 Isight 进行推力系数因子优化计算；

③ 内弹道计算。输入参数，单击"1- 内弹道计算"按钮，进行内弹道计算；

④ 保存计算结果。单击"5- 结果参数保存"按钮，对计算结果进行存储。

（4）报告输出及指标下发

如图 2-105 和图 2-106 所示，APP 将发动机总体方案论证的结果参数全部展示在界面上，并与总体指标进行对比，满足要求后，驱动 Word 生成方案设计报告，驱动 CreO 生成总体骨架模型，然后将指标参数和骨架下发至分系统。

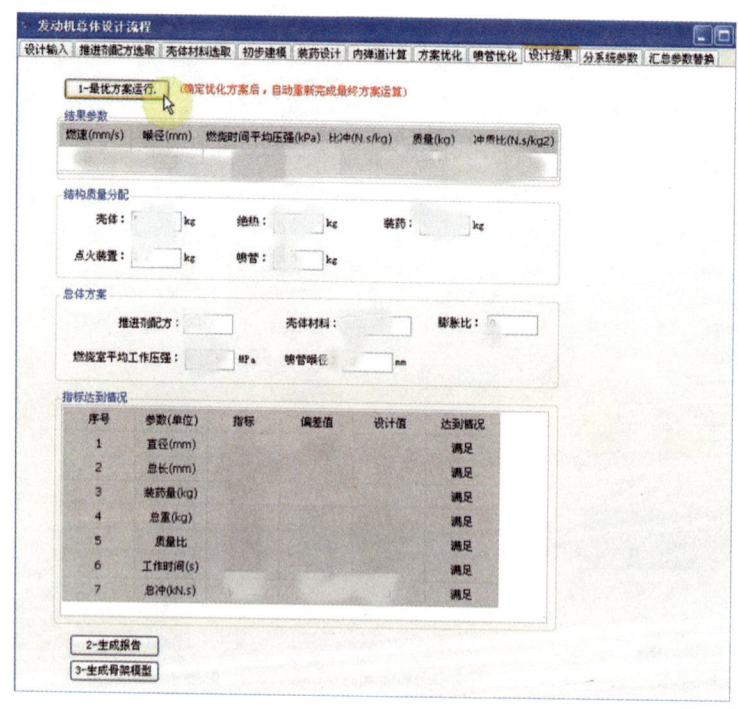

图2-105　计算结果汇总

① 计算最优方案。单击"1- 最优方案运行"按钮，计算出最优方案数据并与指标参数进行对比，显示是否满足要求。

② 生成方案报告。单击"2- 生成报告"按钮，驱动 Word 自动生成方案报告，将方案参数自动写进报告中。

③ 生成骨架模型。单击"3- 生成骨架模型"按钮，根据最优方案，驱动

CreO 生成骨架模型。

④ 分系统参数下发。单击"确定"按钮，将发动机总体论证参数下发到分系统。

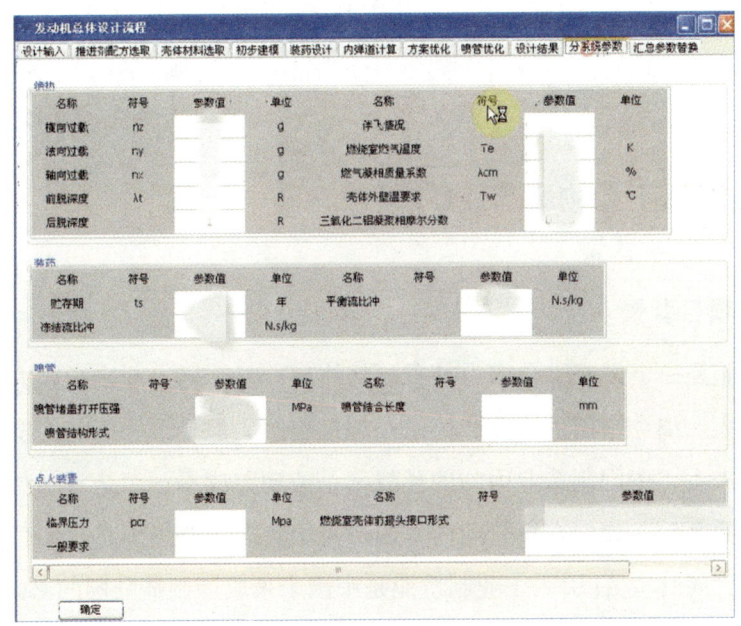

图2-106　分系统参数下发

4. 应用效果

该 APP 大幅减少了重复劳动，极大地提高了设计人员的工作效率。应用该 APP，1 个人就能完全承担固体火箭发动机总体论证任务，论证成本和周期从以前的 5 人 7 天缩短到了 1 人 2 天，同时论证精确度大幅提升。

该 APP 通用性强，可应用于航天领域的固体火箭发动机总体论证，有助于提升我国商业航天的整体设计研发能力，可以创造较好的社会效益。与此同时，该 APP 已在湖北航天技术研究院总体设计所部署应用。

制冷、空调设备制造业

小波Plus工业物联节能APP解决方案

一、项目背景

制造业是一个国家综合国力最重要的体现，一个国家制造业强大，治理能力就会强大。如今中国的工业产值已经超过美国，但是按照著名经济学家许小年的观点来看，中国制造业面临的挑战不是劳动力成本，而是基础材料、产品技术的全面落后。如何在短时间内从制造大国走向制造强国是我们目前努力的战略方向，同时将 AI 引入工业制造业是中国未来成为制造强国的必经之路。

工业领域引入 AI 控制，能够帮助制造企业在不改造现有设备的基础上节约能耗，同时实现生产的精准控制。能耗的降低将有效降低生产成本，提升企业价格优势，创造利润；精准控制能帮助企业改善原有的工艺，使生产质量和良品率得到提升。这种模式如果在工业领域广泛使用，必将提升社会整体工业制造水平。

传统空调的控制方式是通过 PID 控制器（比例 – 积分 – 微分控制器），基于反馈的概念以减少不确定性。这一技术由于用途广泛、使用灵活，因此，近几十年在行业中大范围使用。然而，当外界环境剧烈变化或者在新设备投产的情况下，传统空调的控制方式无法及时通过反馈完成控制调整，这会造成一定时长的失控。在精度上，设备控制过程中的反馈模拟也会造成控制区间很难缩减。

针对以上问题，上海微企信息技术有限公司（以下简称"微企信息"）通过机器学习算法实现恒温、恒湿工业空调系统的控制方式创新，在降低系统使用能耗的同时，实现了比传统控制方式更优的精度控制，提升了生产质量。

早年的中国工业企业因人力、原材料等相对廉价，并不太重视成本控制，生产过程中存在极大浪费。近年随着人口红利的消失，国家基础设施投入增速的放缓，企业对降低成本、提升效率的需求变得异常旺盛。目前，大多数工业制造企业不具备数据采集到数据治理及 AI 分析的全流程覆盖，但是此部分内容又是急需的。工业制造企业通过引入小波 Plus 工业物联节能平台，能够快速通过物联结合 AI 服务，达到节约能耗，提高控制精度，优化生产过程，提升企业竞争力的效果。

二、技术架构

小波 Plus 平台是领先的数据智能平台，由小波物联、小波数据、小波 AI、小波看板 4 个部分组成，可独立使用。平台打通连接层、平台层、应用层，从物联网、大数据、人工智能到可视化展示，提供端到端的一站式平台及产品，帮助企业实现真正的数字化，智能化的转型升级（如图 2-107 所示）。

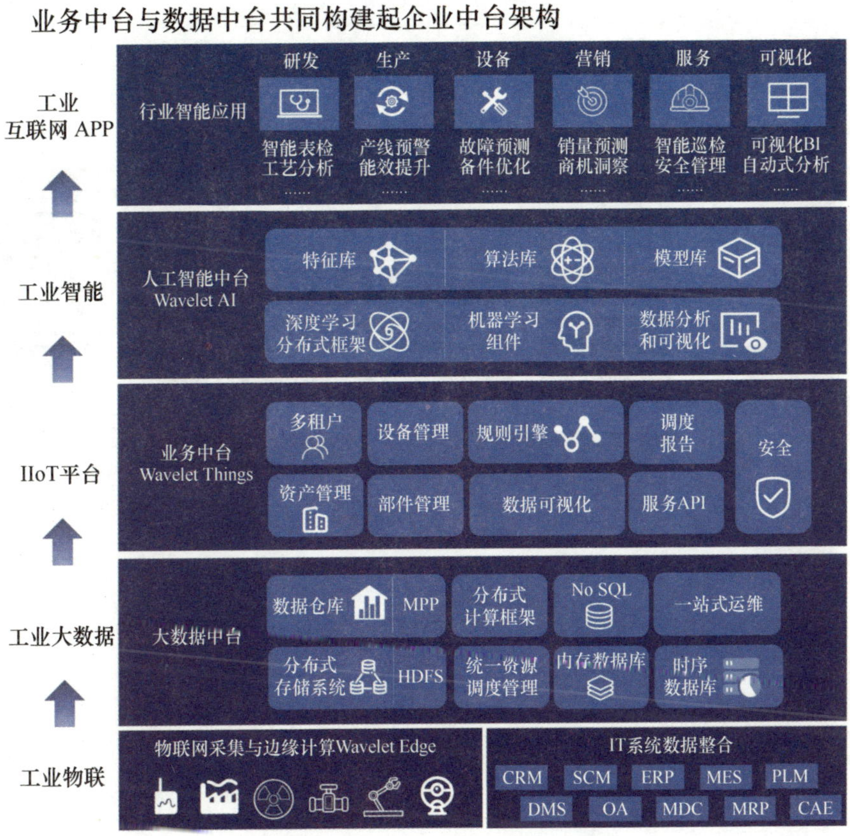

业务中台与数据中台共同构建起企业中台架构

图2-107　小波Plus平台技术架构

传统工业智能物联平台基本上由物联、数据、业务、应用几个层次组成，小波 Plus 平台在此基础上丰富了工业智能中台，并在此基础上实现行业智能创新应用的开发。从图 2-3 可见在工业智能物联领域，各个层次的小波 Plus 平台都有对应的工具助力其高效快速产出成果。

1. 小波物联

小波物联是面向工业领域打造的专业物联网平台，提供了从工业设备、传感器接入工业应用服务的端到端的解决方案，提供设备管理、实时监控设备场景、无缝连接企业业务系统，实现物联网复杂应用的快速搭建、管理和扩展。平台包括设备接入、设备管理、故障告警、规则引擎、数据可视化等功能，如图 2-108 所示。

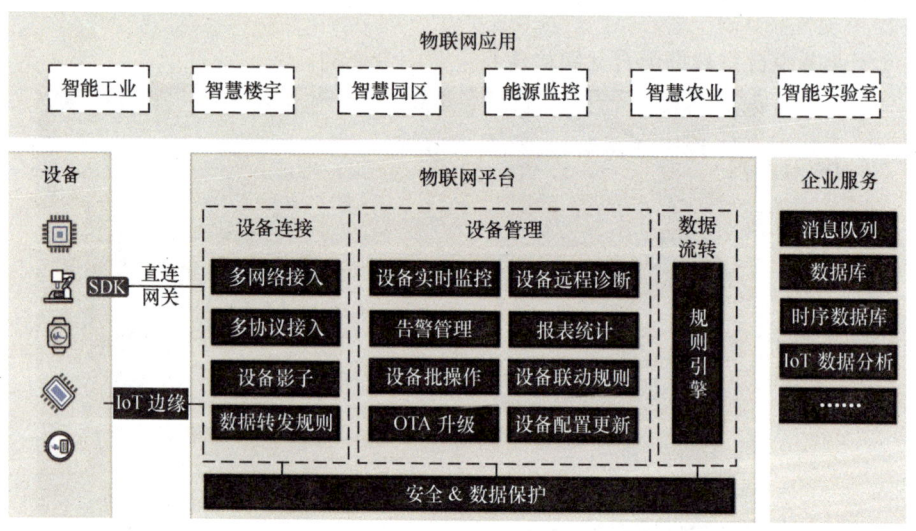

图2-108　小波物联平台

小波物联包括以下功能。

（1）平台支持海量设备接入，设备端与平台通过网关进行安全稳定的双向通信。

（2）网关支持 2G/4G/Wi-Fi/NB-IoT 等无线和有线接入方案。

（3）支持 Modbus、OPC-UA、MQTT 和 HTTP 等多种协议接入，满足长短连接需求。

（4）设备管理可以了解设备状态，方便实时监测设备数据。

（5）提供设备数据存储能力。

在物联网中，数据量巨大，业务规则多种多样，可以通过规则的设置让其变得简单和友好以适应业务规则的多样和变化。规则引擎提供数据流转和场景联动的功能，通过拖拽的方式，即可简单配置定义规则，将设备数据流转到其他设备，实现设备联动；可以自定义逻辑并将数据转发到外部系统或触发警报。

智能边缘设备，以容器化、模块化的方式，赋能无处不在的边缘计算节点，具有数据通信、本地计算和 AI 推断、云端配置同步等能力；WT- 小波物联云端管理套件提供海量边缘管理能力，并且对接不同应用生产生态，提供强大的应用集成、测试、管理和分发的能力。

设备端：开发者使用设备接入 SDK，将非标设备转换成"标准物"模型，就近接入边缘计算节点，从而实现设备的管理和控制。

边缘计算端：设备连接到边缘计算节点后，边缘计算节点可以实现设备数据的采集、流转、存储、分析和上报，同时边缘计算节点提供规则引擎、函数计算引擎，方便场景编排和业务扩展。

云端：设备数据上传至云端后，可以结合小波物联工具功能，如大数据、AI 学习、可视化 BI 工具等，通过标准 API，实现更多功能和应用。

2. 小波数据

小波数据是企业级大数据分析平台，可以帮助企业快速建立一个统一的数据和计算平台，快速支持企业内部 / 外部数据的采集与集成，实现海量数据的存储和深度分析与挖掘，完成多来源数据整合、交互式规则定义与 ETL（Extract Transform Load）引擎设计，支撑企业数据中台快速建设。

3. 小波 AI

小波 AI 是提供在云端的机器学习模型训练场，可以降低企业应用 AI 技术的成本和门槛，是统一的企业级 AI 应用平台。用户可以快速完成从特征工程、模型训练到模型上线的机器学习全生命周期开发工作，助力企业 AI 业务创新和变革，如图 2-109 所示。

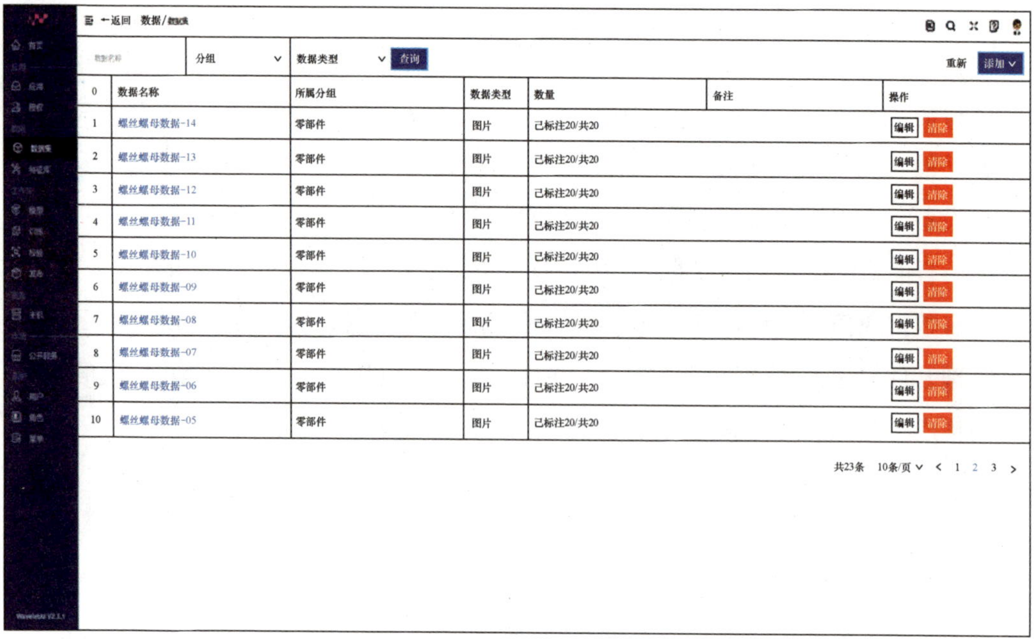

图2-109　小波AI训练平台

4. 小波看板

小波看板是大数据可视化展示平台，也是数据可视化分析平台，专注于企业级数据分析领域，提供企业级自助探索式可视化分析与数据大屏服务。单展示模块能实现百万级数据展示，快速提供数据整合服务，如图 2-110 所示。

小波看板使用交互式的可视化设计器，可以轻松创作仪表盘，自动适配各类大小屏幕；无缝获取物联网流式数据，支持多种数据源（时序数据库、MQTT消息流等），减少大量的数据清洗和变形工作；将仪表盘嵌入至第三方业务系统，解锁更强大的交互体验。仅需下面四步就可以快速实现工业数据互联。

（1）处理数据源。

（2）选取组件与绑定数据源。

（3）在线预览和发布。

（4）组件嵌入应用。

图2-110　小波看板平台

三、解决方案应用情况

在工业领域中，恒温、恒湿新风空调是最常见的设备，它可用来控制温度、湿度、精度及洁净度范围，使系统在任意室内或待定空间内处于一种平衡的状态。例如，在制造工厂里的涂装工艺生产线车间，虽然能耗高，污染严重，但由于需要长时间保持恒温、恒湿的环境，这些设备要长时间不间断运转，属于能源消耗大户，这种情况下对于空调设备的控制难度远超日常楼宇空调的控制难度。

针对温度、湿度 AI 控制的要求，小波物联传感设备将直接采集新风空调运转过程中的温湿指标及各种相关参数，同时建立数学模型，通过 AI 算法将其完整关联，并在空调运转过程中根据室外环境变化，及时调节设备开关，将生产环境温湿度保持在最优设置区间。

生产一辆车所需能耗的 20% 消耗在空调上。传统方式下涂装生产线的空调是通过 PID 进行控制的，需要向喷涂室输出恒温、恒湿的空气，否则就会造成喷涂质量问题。传统 PID 控制有两个缺点：控制不稳定；能耗高。为了解决用户的痛点，我们根据空调的机理，建立了一套对应的物理模型，并在各个切面安装一系列传感器，通过深度学习的方式，完成精确的实时控制，从而达到稳态节能的效果。将物联网与 AI 技术相结合，通过对数据的洞察将不可见变为可见，也在很多方面改变了设计者对产品本身的认识。

工业智能物联节能平台小波 Plus 由小波物联、小波数据、小波 AI、小波看板四大模块组成。小波物联边缘设备硬件直接接入工业设备完成数据采集；小波物联规则设置引擎按照不同规则流入不同模块；数据流入小波数据平台完成数据二次分析；小波 AI 训练模型完成精准控制；小波看板完成数据的可视化，为战略决策提供依据。

以一家汽车零部件制造企业的涂装部门来计算，24 小时持续不停机生产，除一年检修过程中有少许的停歇时间，会有 3 ~ 4 台工业空调，3 ~ 4 条生产线。以实际一年检修 12 次、各类假期 15 天计算，整体空调的工作时间是（365–12–15）× 24 × 4，将近 32448 小时。根据实际数据估算，每节约 10% 能耗能为该企业节约数十万元费用。随着模型的优化和使用场景的扩大，整体节能水平可以达到 17%，这是一笔非常可观的费用。目前我们可达到冬季节能 9% 左右的水准，随着算法的优化最终可达到 25%。

工业恒温、恒湿新风空调 AI 节能前景广阔，可在化妆品、医疗卫生、生物制药、食品、电子（光电）、精密注塑、精密机械制造、印制电路板（PCB）生产、表面处理、精密检测、涂布生产等行业平行复制。随着行业广度的拓展，它将为国家节能减排、产业升级做出贡献，助力国家从制造大国向制造强国迈出坚实的一步。

肥料制造业

钾肥生产设备在线检测系统APP解决方案

一、项目背景

青海盐湖元通钾肥有限公司（以下简称"元通公司"）通过多年的挖潜扩能改造及设备升级，目前已拥有年产 60 万吨氯化钾及 20 万吨大颗粒氯化钾产品的生产能力。元通公司在以往的设备运行维护中，均依照设备生命周期例行保养，设备不出故障不维护，且所有动设备及电气设备无任何在线监测，预防性维护更无从谈起，在生产过程中主要依靠人工定期巡检，不但人工劳动强度大，而且维护成本高。此外，大量依靠人力的巡检过程，因个体知识水平和经验存在差异，巡检具有相当大的局限性，同时存在安全隐患。

在动设备管理中，涉及最广的就是机泵设备。机泵设备不仅本身价值很高，其维护费用还占据备件和检修费用的很大部分，由于没有实时监测，对设备的运行状况没有预判，因此每年设备维修费用高。同时在设备管理工作中，设备运行、故障处理、预防维护、检维修、备件管理等工作未建立标准体系。

元通公司在建厂初期，仅生产车间 3 条生产线正常使用的智能 MCC（电机控制中心）柜的数量在 210 面以上，变频、软启、电机保护器等设备的电流、频率、电压已在自动化控制系统中进行采集维护，但电机保护器所承载动设备的堵转、抱死状态无法获取，无法最大化为生产线连续运行提供技术支撑。

经过近一年对设备的在线检测及设备管理系统的建设投入，通过智能传感器及设备在线检测系统 APP，对重要机泵设备加装 NB-IoT 温振传感器，采集设备运行电流、电压、功率消耗等数据；通过采集电机保护器的电机堵转信号，实现了各类设备在线状态监测与点检、设备状态的自动监测、自动报警和智能辅助诊断，最大限度保障了生产线的连续性运转，在不依赖人员素质和积极性的情况下保证设备的高效运行，极大地提升了企业的设备管理水平。

二、技术架构

建立以设备诊断工程为核心的设备认知管理系统，为设备管理提供一站式服务，包括在线监测数据、规范化点检子系统、规范润滑保养、建立一套完善的健康评价体系、完善设备档案管理以及与 PLC 系统集成。

利用 IoT 技术实现设备监管一体化，以设备检维修自动化、智能化为突破点，将设备全生命周期、全过程管理和设备状态监测管理、设备采购、备品备件的各种工作要素、设备状态监测管理的组织体系、设备运行、检修报警提示、故障处理、检维修、故障知识库等管理工作纳入一个优化的管理体系中，加强日常工作中的信息交流，实现全公司范围内的设备物资信息共享，对设备的相关检修过程进行跟踪，保证设备的正常运行，提高设备的利用率及完好率，保证设备的本质安全，为元通公司管理体系的持续改善提供基础和动力。

钾肥生产设备在线检测系统 APP 融合物联网技术、人工智能技术及大数据技术，将在线监测与人工巡检有机结合，实现传动设备运行数据的实时监测及电气设备的远程操作，方便了企业的资产设备管理，提高了工作效率。系统具有较强的安全性和稳定性。

微服务架构会将固有的单个业务系统拆分为多个可以独立开发、设计、运行和运维的小应用。这些小应用之间通过服务完成交互和集成。每个小应用从前端 Web UI 到控制层、逻辑层、数据库访问、数据库，都是完全独立的。

每个 APP 除了完成自身的业务功能外,重点还需要消费外部其他应用服务,同时也将自身的能力朝外部发布为服务,并且每个小应用都是独立运行、有独立的数据库,大大提高了对并发量的支持。

系统体系架构、技术组件协助框架、基于 TnPM(全面规范化生产维护)的三闭环体系核心流程分别如图 2-111 ~ 图 2-113 所示。

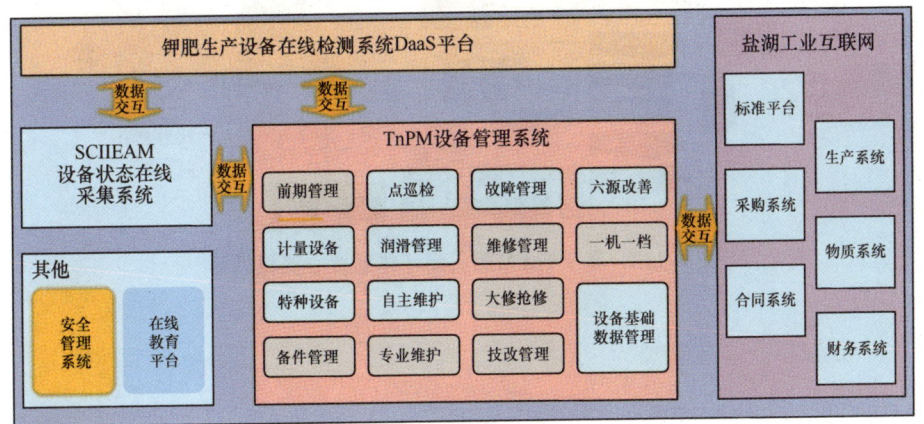

图2-111　系统体系架构

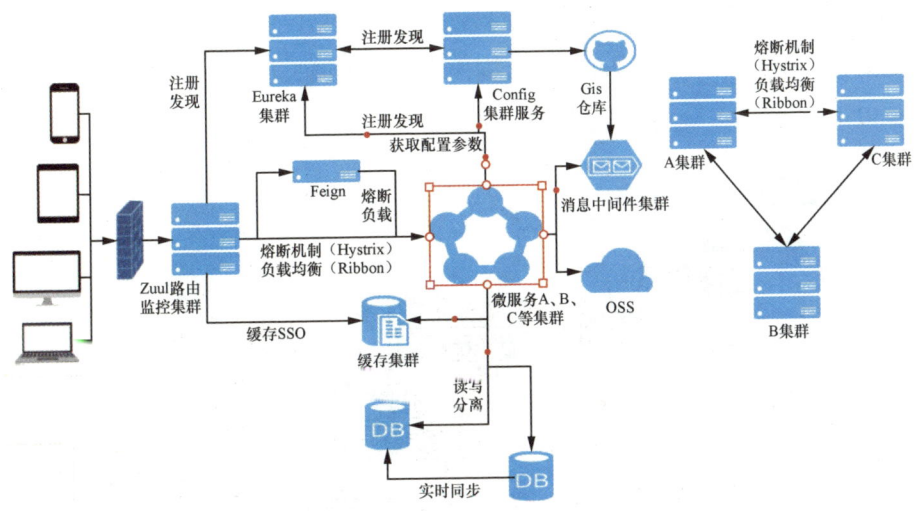

图2-112　技术组件协助框架

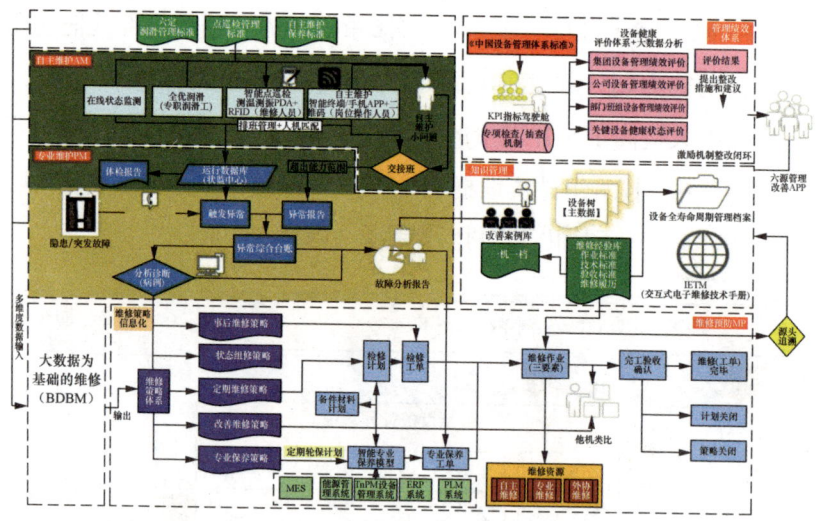

图2-113　基于TnPM的三闭环体系核心流程思路

1.设备基础信息管理

建立完整的设备台账信息。具备设备卡片功能,单独显示设备详细信息。可按照车间、生产线来进行设备分组管理，并通过设备树结构等形式展示（如图 2-114 所示），也可单独筛选台账。设备台账可批量导入，且批量导入时可分局部更新和全面更新。局部更新只更新相应信息，全面更新将对所有数据进行更新，且在更新时将未含在更新范围内的设备标识为状态待定设备。台账基础数据以设备为核心，通过产品数据的延伸，关联到各部分的信息维护。

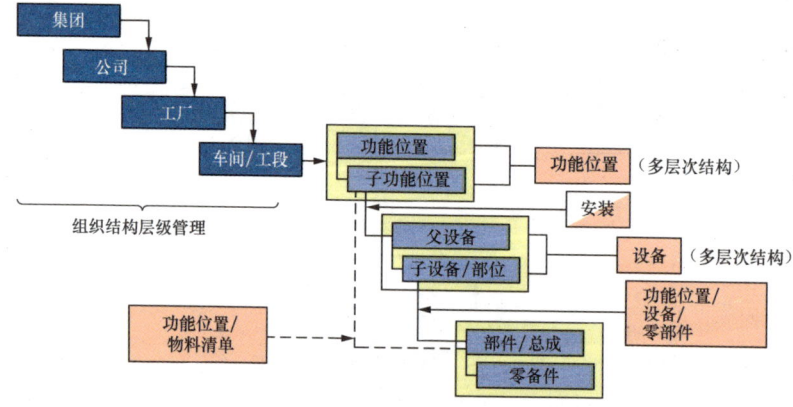

图2-114　设备树数据架构

一机一档架构如图 2-115 所示。

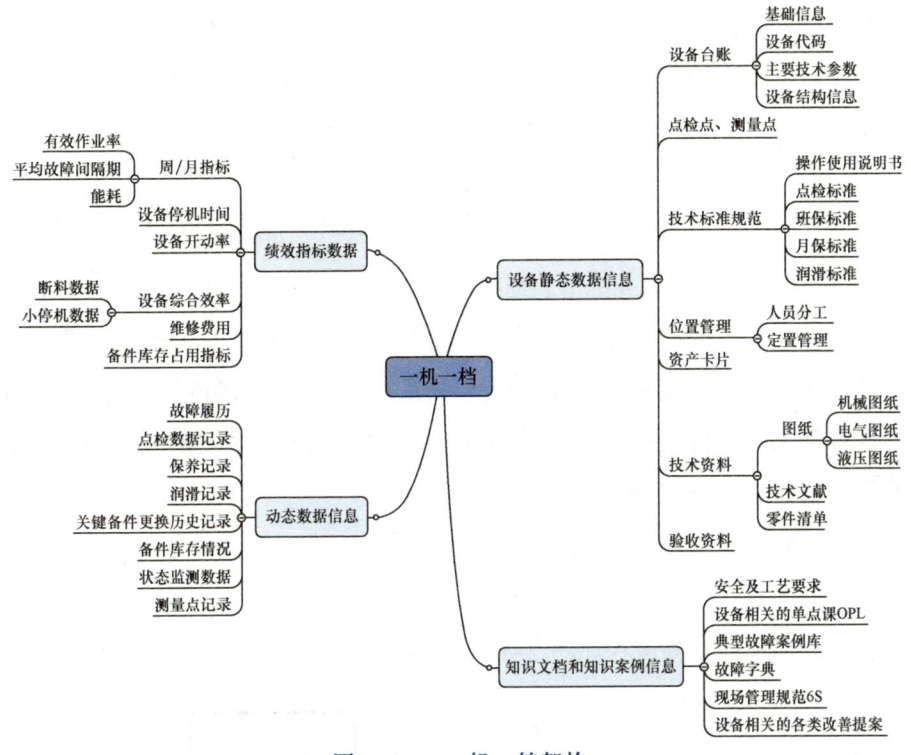

图2-115　一机一档架构

2. 6H 管理

本模块提供六源（污染源、故障源、缺陷源、危险源、浪费源、清扫困难源）管理的标准指引及登记、审核、执行、改善等方面的功能，以工单的形式实现对六源的管控工作，并且可以统计分析六源工作的情况、员工参与率等。提倡全员参与，并可自定义激励机制，鼓励全体员工积极发掘处理车间各处的安全隐患，从设备运行作业中存在的安全隐患的源头进行排查，并登记、解决。

3. 自主维护

提供对设备自主维护的管理，规范自主维护的业务流程，保障自主维护计划的落实及工作实施。通过工单下发、执行、抽查、统计等方式，跟踪自主维护工作的执行情况，进而确保对设备的管理、维护保养工作的落实。

模块提供自主维护标准的定义和编辑功能，制订标准维护计划，并自动生成工单到维护人员。维护人员通过手机 APP 进行保养计划执行的记录及上传，并形成统计报表和绩效指标情况，为自主维护工作提供规范化管理。

4.故障事故管理

具备完整的可设定调整的故障维修流程，包括设备故障报修、报修信息处理、维修完成、维修验收等环节，各环节均设定定时提醒功能，监控故障处理进程。维修负责人可根据故障报修的重要、紧急程度编排计划，并能够到期提醒。

具备故障维修处理进程的跟踪功能，具备方便简洁的故障维修工单录入界面。

具备常见故障处理作业指导书制订、导入、查询功能，预留三维虚拟维修作业指导书制订与查询功能。

故障维修根据报修情况自动列入对应设备的维修历史中，且可从维修历史中快速查询维修具体工单等信息。

故障管理现场业务流程如图 2-116 所示。

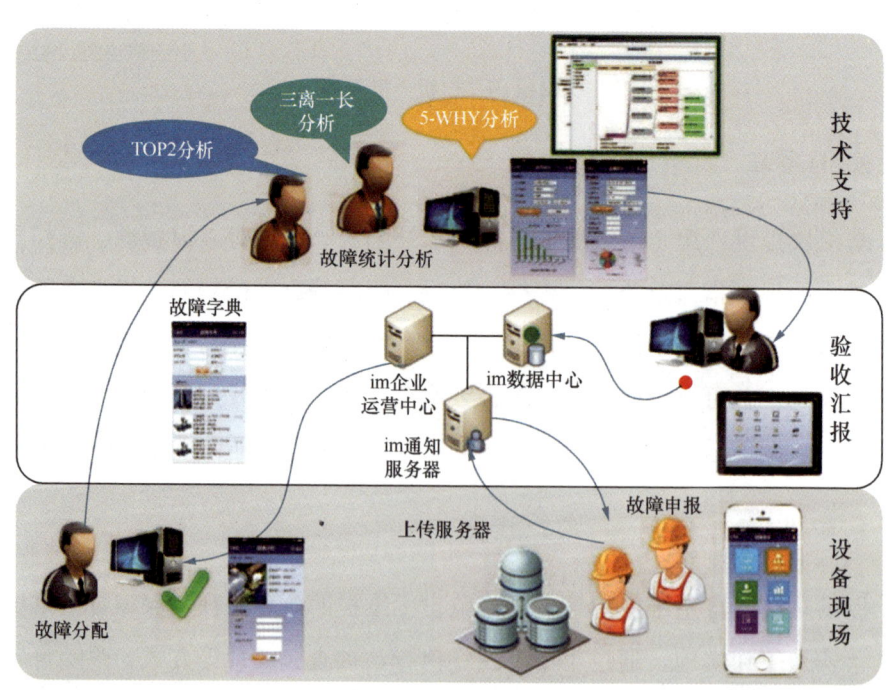

图2-116　故障管理现场业务流程

5. 保养维修管理

建立定期月度保养标准和设备智能保养模型，从产品产量、质量、点检隐患、故障停机等多角度进行数据输入及评测、设备健康状态评测，科学输出最需要保养的机台，支持自定义维保内容及维保机台，支持进行技术验收和产量、质量、现场评价验收。

同时，在保养维修的基础上，对公司的设备进行技术改造、停产检修等项目的管理时，还提供对设备的安装调试、维修改进、年度大修、更新改造工作的管理，记录项目名称、开始时间、结束时间、预算费用、实际费用、反馈记录等项目相关信息。

6. 润滑管理

明确润滑管理要求，建立润滑管理标准，定期提示，定质、定期更换，健全设备润滑资料档案，做好信息处理工作。

7. 备件管理

设备运行维护的效率、质量、成本直接影响着企业的竞争能力和效益。建立与设备运行维护、技术支撑相配套的备品、备件管理体系，是设备高质量、高可靠、高效率、低成本运行的基本保证，也是缩短故障处理时限、提高企业生产效率的必然要求。

独特的设备与备件互相关联的设计。维修人员不但可以知道每种备件适用于哪些设备，还可以随时查询每台设备在仓库里适用备件的当前库存数量，为维修、维保工作提供技术支持。

系统根据设定的安全库存标准值，能自动对出入库数量进行提醒。系统根据领料记录，能自动记录领料人员名单并汇总形成报表，系统记录配件的入库时间、库存时间、申请人、供应商等详细信息。

本系统通过物资系统接口，整合设备管理流程，全面涵盖运行维护部门备件管理的各个流程环节，包括备品、备件的订购、入库、出库、库存信息查询，以及领用部门的统计分析，全面体现了对备品、备件实行统一管理的思想。本系统将解决对备件分散管理的弊端，提高备品、备件的利用率，减少企业资金的占用，降低生产成本，提高公司整体的市场竞争力。

8.设备管理绩效考核

可在系统中设定设备管理 KPI 指标、设备管理目标，系统统计分析 KPI 指标及管理目标计划执行完成情况。

可在系统中指定设备管理年度计划、月度改善计划等设备工作计划，并进行工作提醒，完成情况跟踪统计，以及计划滞后、提前等异常情况的跟踪。

9.智能化维护策略

智能化维护策略是通过参数采集、数据分析和挖掘等技术，运用长期监测如机器振动、温度、压差等设备运行状态数据，再结合日常点检、维护、维修管理的设备记录数据，经由数据梳理和大数据分析来智能预测需要采取相应措施的时机，并输出 6W3H（一种问题的解决方案与思路）的维护检修任务包。运用这种智能维修策略，可预判机器可能发生的故障及隐患点，提前实施维护保养措施，避免不必要的故障产生和意外停产，以达到提高设备综合使用效率的目的，进而使企业真正达到降本增效的效果。

三、解决方案应用情况

元通公司钾肥生产设备在线检测系统 APP 已于 2019 年 11 月上线运行，该 APP 的应用有力地促进了元通公司向高端、智能、绿色、可持续的方向发展。资产设备与运维管理系统作为数字化工厂的重要辅助系统，依据 TnPM 管理体系标准，实现了设备全生命周期管理，维修体系从预防性维修向状态检修的转变，降低了维修成本。通过为准入设备供应商提供设备全生命周期运行数据，缩短物资供应周期的同时，有效降低了维修人员与设备厂家的沟通成本，明显提高了工作效率。

利用 IoT 技术实现设备监管一体化，以设备检维修自动化、智能化为突破点，将设备全生命周期、全过程管理和设备状态监测管理、设备采购、备品备件的各种工作要素、设备状态监测管理的组织体系、设备运行、检修报警提示、故障处理、检维修、故障知识库等管理工作纳入一个优化的管理体系中，加强日常工作中的信息交流，实现全公司范围内的设备物资信息共享，对设备的相关检修过程进行跟踪，保证设备的正常运行，提高设备的利用率及完好率，保证设备的本质安全，为公司管理体系的持续改善提供基础和动力。

通过 APP 的上线运行，实现了设备管理与物资采购系统的数据交互，使设备管理、维修管理、物资管理及财务管理等系统有机结合，使物资采购与设备管理、生产经营成本、使用成本等有效挂钩，为物资采购部门提供物资的能耗、产出及后续物资所需要耗费的成本等综合数据，针对公司主要生产设备从购置计划、到货、使用、保养、维护到报废整个生命周期各个阶段的有关信息进行收集、整理、分析，从而选择优秀供应商及降低综合采购成本，避免出现采购成本低而后期维护成本高，导致物资采购综合成本上升，影响生产连续性运行，经济效益、生产效率下降等现象。

钾肥生产设备在线检测系统 APP 作为元通公司数字化工厂项目的重要组成部分，以 TnPM 体系为管理基础，避免了线下复杂而耗时的实施过程。系统采用模块化功能定义，以简单明了的操作理念，融入视觉学，使电钳等人员更加舒适，操作更加简便。

项目总体设计对设备管理工作提出了明确的要求，包括但不限于设备台账，重要参数监控，对重要设备的健康预测与管理，标准运行参数的曲线趋势图，二维码在 TnPM 中的应用，记录点检时间、人员，点检前后的照片上传，相关制度和规定的查询和展示等功能。将设备管理过程中的各项工作，如标准体系、设备运行、故障处理、预防维护、检维修、备件管理等纳入一个优化的管理平台中，实现了全公司范围内的信息共享，保证设备正常运行的同时，提高了设备的利用率和完好率，最大化保证了设备的本质安全。

2.10

模具制造业

模具物联网资产管理解决方案

一、项目背景

海尔数字科技（上海）有限公司模具物联大数据管理平台（PC 端和移动端），如图 2-117 所示，以物联网为切入点，结合海尔集团多年的模具制造管理经验，面向模具及生产制造行业提供模具物联网资产管理定制化大数据解决方案。

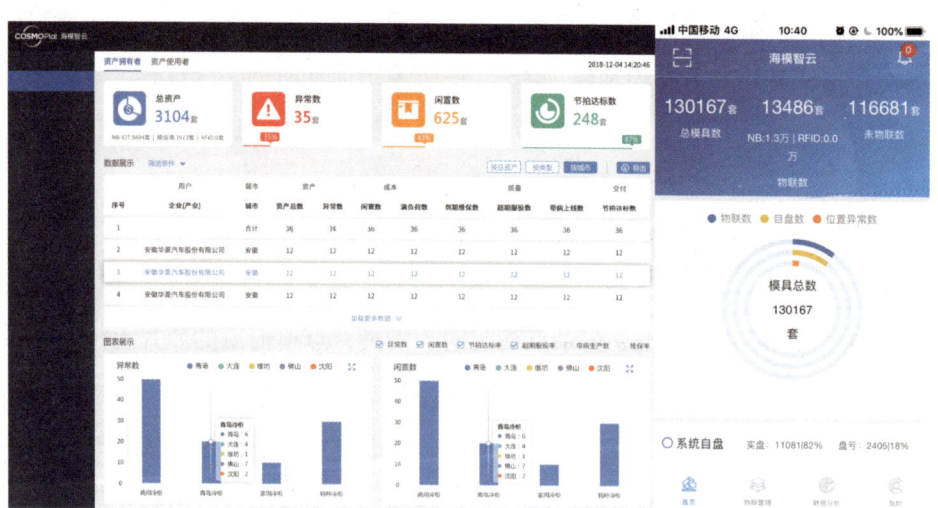

图2-117　大数据管理平台（PC端和移动端）

模具物联网资产管理解决方案依托 NB-IoT 和 RFID 技术，研发生产了全国第一个集定位、数据采集、人机交互为一体的模具智能传感器。实现了（终）端——云（平台）的直接连接，无须再配套安装路由器、光纤猫等设备，无须建基站，成本低、容量大、覆盖广、安全性高、功耗低。模具智能传感器标签附着二维码，扫描二维码可获得该传感器的信息，关联模具可获得模具的信息。在模具上安装模具智能传感器，采集模具模次、成型周期、异常停机时间、地理位置信息。通过物联＋互联的模式，达到模具状态可视、实时定位、效率可控。通过大数据的整合分析，实现资产受控、效率达标、订单保障、质量提升、成本降低、绩效评价等。

海模智云物联 APP，可实现供应商设置工厂标准位置，模具设备的添加，模具与物联网的绑定、解绑、审核，模具保养，模具调拨，模具报废等功能，可用 APP 扫描模具智能传感器上的二维码，获取该套模具的履历信息。模具验收—调拨—生产—维保—报废，互联＋物联，信息精准高效，实现模具全生命周期管理可视。利用物联及互联相关数据，在资产管理、提升质量、降低成本、提高效率等方面进行大数据分析，通过 APP 可随时查看分析结果，帮助用户产生价值、建立产能模型、关联订单信息、分析预测出可用模具资源及完成订单所需时间，辅助生产决策。

COSMOPlat 模具物联大数据管理平台如图 2-118 所示。

图2-118　COSMOPlat模具物联大数据管理平台

模具号称"工业之母"，是现代工业的核心，是衡量一个国家制造业水平的重要标志之一。同时，模具又属于昂贵的公司资产，影响着产品的交付，因此，模具的管理十分重要。

对生产企业来说，模具数量庞大，种类繁多。而针对模具的管理又缺乏有效的管理手段，只能陷入人海战术，效率低，信息不精准，而且成本高。对模具盘点数据、模具实际位置、维保预警、生产状况、闲置情况、是否损坏丢失和模具状态等无清晰的了解和有效的管理。模具行业及使用模具的生产制造行业，有行业通用的管理需求，同时也要根据各自企业的业务模式，采用个性化的管理方案。现阶段大部分生产企业所面临的模具管理的现状和挑战有以下几点。

（1）严重依赖人工，效率低。模具品类多，而且使用、存放较为分散，传统的模具管理多为人工清点，人工成本高、效率低，而且需要使用时也要花较长时间来寻找模具。

（2）过程数据冗杂、缺失，无法支撑决策。企业的精细化模具管理必须要基于模具使用过程中对数据的深入挖掘、分析，从而不断减少浪费、优化管理，而传统模具的过程记录一般都用纸质单据留存，很难用系统对历史数据进行分析、挖掘。

（3）传统方案弊端明显，可用性差。传统条码、RFID 的方案存在易损坏、读取受环境干扰严重、金属信号屏蔽严重的问题，读取成功率低，如图 2-119 所示。

图2-119　模具品类多、数量多，传统条码易损坏

二、典型经验案例

企业传统的模具生产管理模式为，企业出钱寻找模具商购买模具，模具商设计生产模具，将模具调拨至打件商，打件商负责模具的保管、使用、保养，模具若需维修，需调拨至模具商家维修。

基于当前的业务管理模式，模具使用者对模具的保养不及时，故障率居高不下，模具出现故障需调拨至模具商家，耽误生产工期；模具维修工人没有图纸，或观看图纸需要去设计师的计算机上查看，非常不方便，影响模具维修的进度和效果；模具盘点须模具使用者亲自执行，上报数据给企业，耗费大量人工，且数据准确性无法验证，模具实际位置无法判定，资产管理较混乱；模具调拨、保养、维修等记录采用纸质存档，不方便随时查看，且无法支持数据分析，单套模具的全生命周期记录无法直观展现；模具报废机制仅根据工人经验判定，无数据辅助参考，无法保障资产得到充分利用或保障打件产品的质量；对模具商生产的模具无从考核，没有对模具报废时的使用模次和故障率进行分析，不能帮助公司挑选出更优质的供应商或选择出更优质的工艺生产模具；对模具的在产、闲置情况不了解，对公司资产利用情况没有直观认识。

使用模具物联网资产管理解决方案之后，企业对于数量庞大的模具可实现科学、规范化、信息化管理，如图 2-120 所示。

大数据平台
数据下钻到每套模具，模具的基本信息、地理位置、产量等信息一目了然

价值分析
以物联网、大数据为最佳体验，模具全流程可视

图2-120　模具物联网资产管理解决方案的优势

移动办公

智能生成产能报表，支持PC和手机
多端操作，随时随地监控模具生产

精准盘点

实现模具资产信息的云化管理。无须
现场校对，且数据永久保存至云端

图2-120　模具物联网资产管理解决方案的优势（续）

（1）模具维保。通过物联采集的已使用模次，设置到达模次预警，通知用户保养模具，可在移动端上传保养记录。监控按时维保，公司相关工作人员可看到模具保养情况，对供应商进行评价，降低模具故障率，提高打件良品率，模具维保截图如图 2-121 所示。

图2-121　模具维保

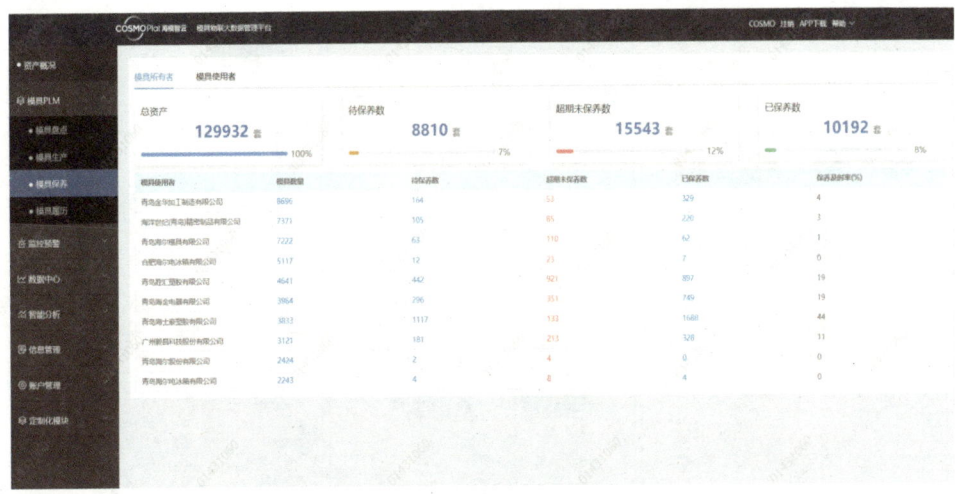

图2-121　模具维保（续）

（2）模具信息查看。模具智能传感器上附着二维码，关联传感器唯一标识，与模具绑定，用手机扫描二维码可查看该模具的基础信息、状态信息和记录信息，查看模具的图纸，维修工人不再因为没有图纸而导致维修工作无从下手、工期慢，大大提高了模具维修的效率和效果，如图 2-122 所示。

图2-122　模具信息查看

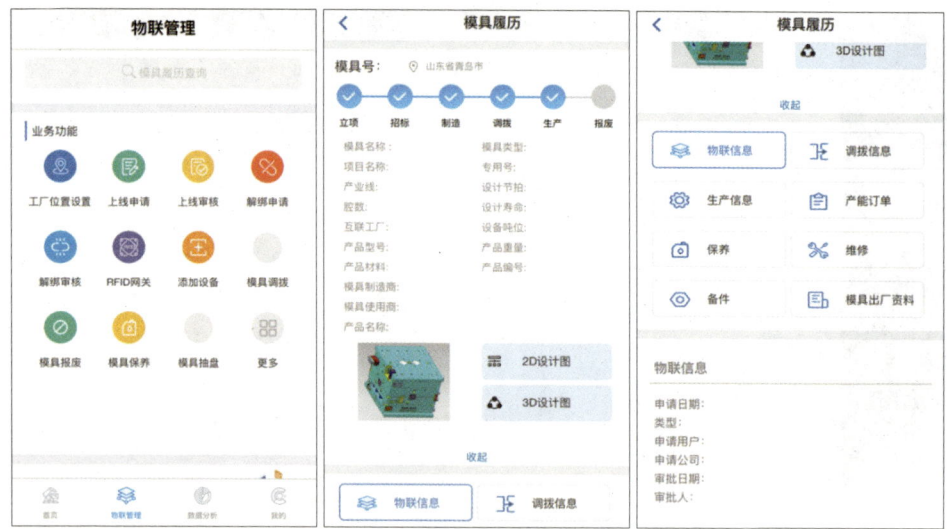

图2-122　模具信息查看（续）

（3）资产盘点。通过模具上的传感器上传定位，自动与模具台账校对，可实现工厂区域盘点，生成盘盈、盘亏清单明细，一目了然，对盘盈、盘亏差异模具追踪位置，并及时调整。大大解放了人工，实现了对资产的透明管理，如图2-123所示。

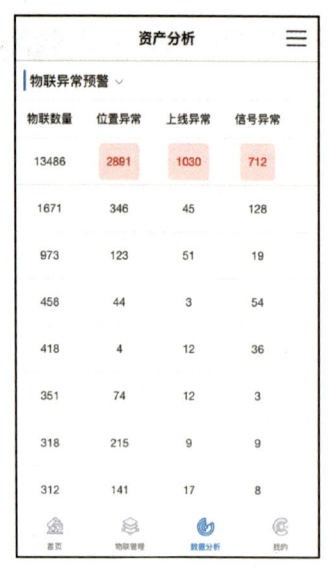

图2-123　资产盘点

（4）资产剩余价值估算。将物联网采集的已使用模次与设计寿命模次对比，了解现有资产的剩余价值及资产价值使用分布情况，可为备模及费用预算提供决策辅助。

（5）模具调拨。关联模具验收及订单，实现调拨智能提示，线上下发调拨单，通过物联定位，监控模具位置及调拨进度，全流程可视。物流、信息流合一，触发调拨自动接收完成，提升了效率，如图2-124所示。

图2-124　模具调拨与地理位置监控

（6）停机监控。通过物联数据监控模具异常停机时间，监控模具状况。

（7）报废寿命。物联获得模具使用模次，分析已报废模具的使用模次和设计寿命数据及模具履历记录，如图2-125所示，预测合理的备份模具时间，降低成本；根据对不同模具商及不同工艺制造的同一类型或同一模具的故障率和寿命的分析，选出优秀的模具厂商，采购更优质的模具；寻找更合适的维保方式，提升模具寿命，降低成本。

（8）闲置情况。通过物联数据监控模具生产和闲置情况，如图2-126所示，了解模具状态，合理安排订单排产。物联采集模具实际节拍，与标准节拍校核，关注节拍异常的模具。

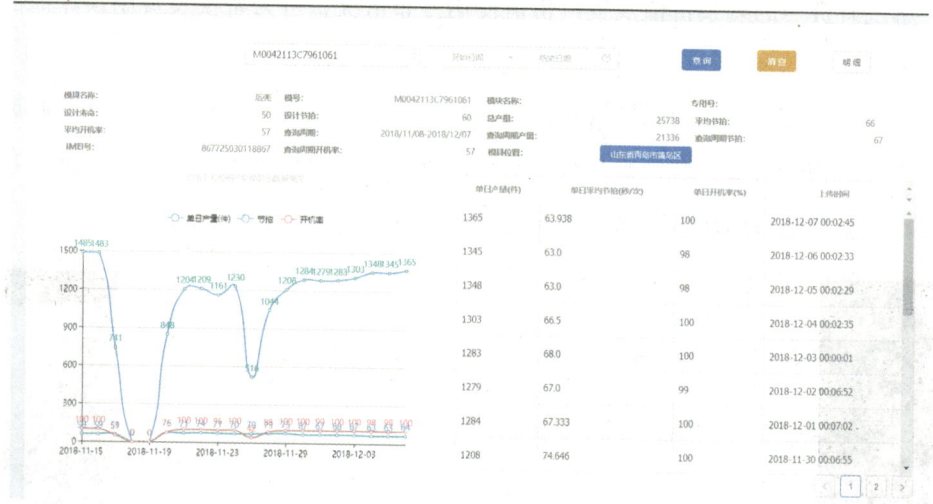

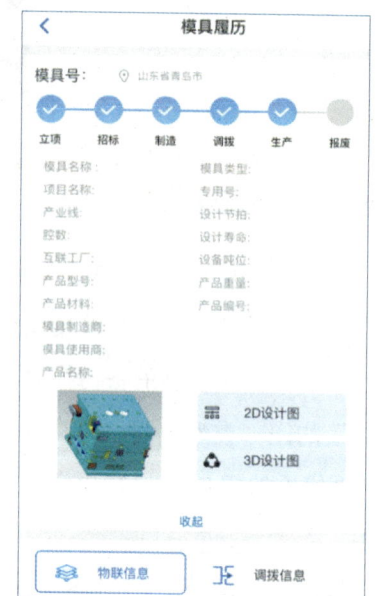

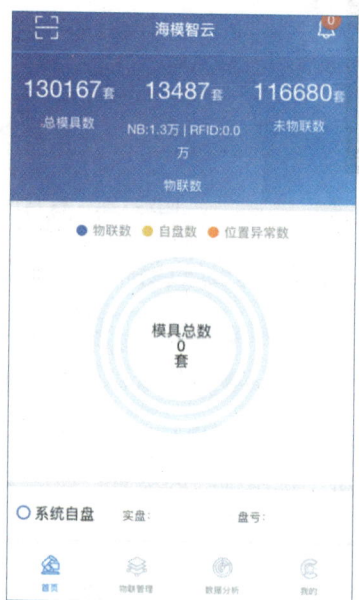

图2-125　数据下钻到每套模具，模具基本信息一目了然

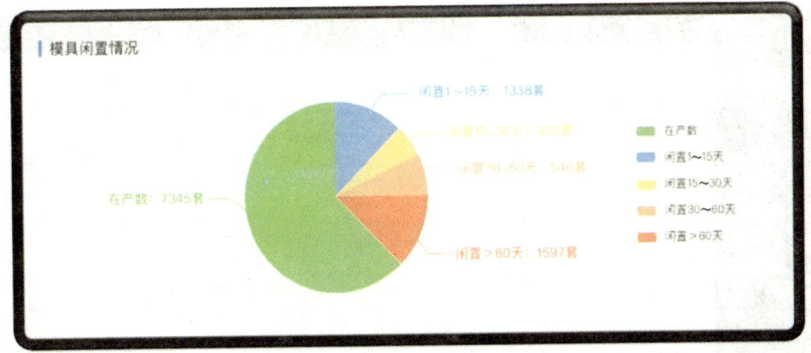

图2-126　模具闲置情况分析

（9）产能提升空间。校核实际生产节拍和标准节拍，分析出产能还可提升的空间，如图 2-127 所示。

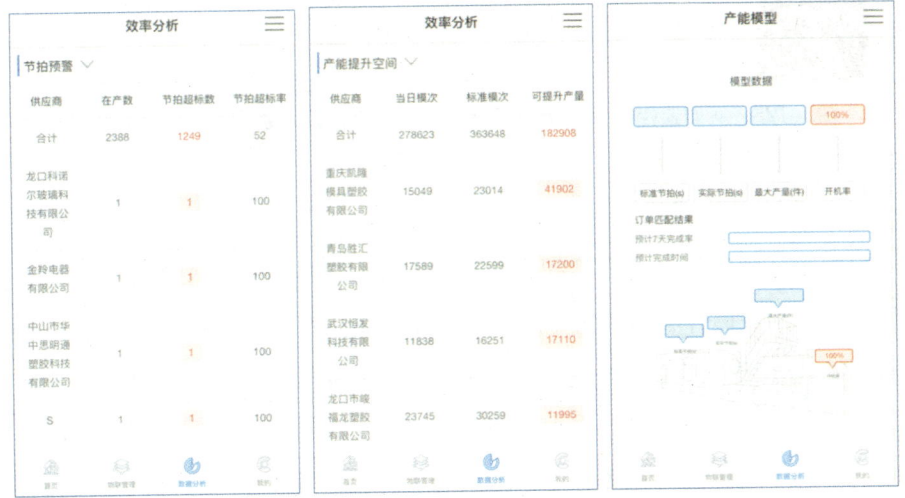

图2-127　生产效率分析及产能模型建立

（10）了解订单产能信息。通过模具号、产品号和订单的关联，根据订单信息，分析预测出可用模具资源及完成订单所需时间，辅助订单生产决策，如图 2-128 所示。

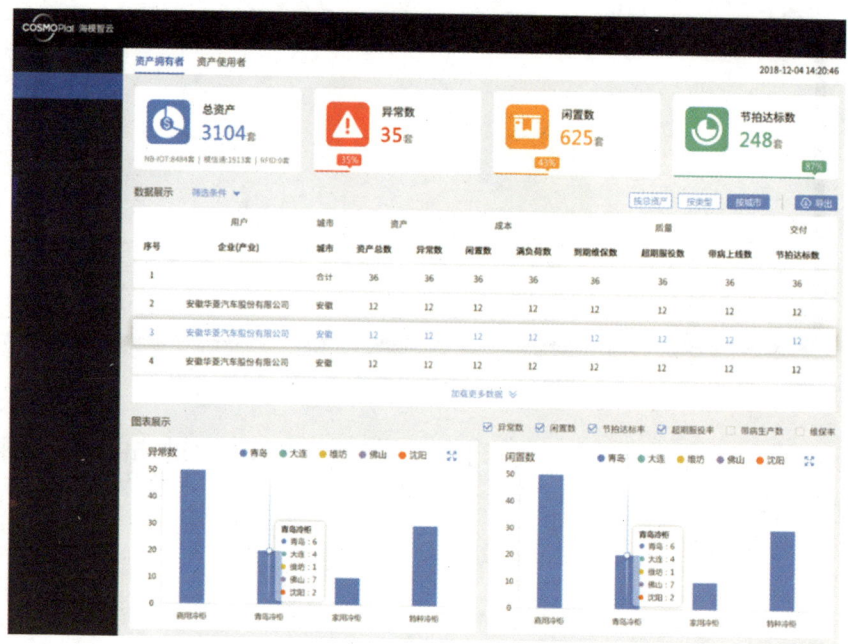

图2-128　实时监控模具资产全国分布情况、模具异常数、闲置情况等数据

三、实践及效果

根据市场的反馈，对产品的制造环节及供应链的管控越来越重要，成为现在提升竞争力、提升利润率的突破口。尤其在降低库存，实现零库存的操作中，需要订单与产能的匹配及可视，可在生产环节直接管控进度，做到最大产能利用，最小资源浪费。在模具等大额资产的管理上，希望通过对资产的透明、高清晰的管理，实现最大资源利用，降低成本。目前关于生产车间的管理只有端的管理，无法做到高效、精准地搜集生产等数据，企业各系统数据未关联。

COSMOPlat 海模智云模具物联大数据管理平台通过工业互联网平台实现设备数据上云，将各系统数据进行关联整合，通过物联的数据和有效的线上管理方案，实现产能提高、质量提升、成本降低，并利用大数据分析，辅助决策，形成企业的生产数据资产，进行数字化转型。模具物联网资产管理定制化大数据解决方案的独特优势在于，连接了设备端（智能终端）—云端（物联数据上云）—应用平台（大数据服务企业），推动了模具行业的数字化、网络化、智能化转型。

在物联终端硬件上，结合模具高温、高震动、金属遮挡严重的使用环境，依托 NB-IoT 和 RFID 技术，如图 2-129 所示，研发生产了全国第一个集定位、数据采集、人机交互为一体的模具智能传感器，实现了 (终) 端——云 (平台) 的直接连接。智能终端功能如图 2-130 所示。

NB-IoT

大容量：比现有无线连接技术提升 50～100 倍的连接数

高覆盖：比现有蜂窝网络覆盖提升 20 dB

高安全：专用频谱，空口双向鉴权加密

低功率：借助 PSM 和 eDRX 提升设备续航能力

RFID

模具赋码：一物一码，严格依从 GS1 编码规则

在线模具盘点：实时了解模具在库、在途数量

实时位置查询：实现模具快速查找，提升人工效率

历史轨迹跟踪：了解模具使用情况、去向

图2-129　物联终端硬件

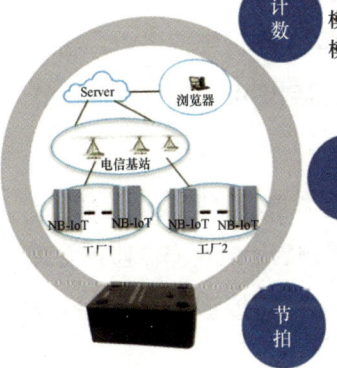

计数
模具状态可视，在线生产、在线未生产、闲置、离线、报废
模具寿命可视，自动预警，报废及时提醒
模具负荷可视，生产计划可调整，达到模具满负荷生产，减少模具浪费

定位
定位模具位置，自动位置变动信息，资产受控
资产自盘点，自动与模具台账校对，差异预警
调拨过程全流程可视，物流、信息流合一

节拍
模具效率可视，与设计效率校核，对差异进行关差分析
模具实际产能可视，订单保障度偏差小

图2-130　智能终端功能

在场景解决方案上，结合了海尔集团多年模具制造管理经验，再根据客户实际的业务需求，既可提供通用性平台方案，又可进行个性化管理方案输出。

在平台应用体验上，开发 PC 端和移动端，通过大数据的整合分析，从模具厂验收开始，到资产的管控，获得生产数据信息，再到引入大数据分析算法完成多个智能模型，实现计划排产、产能预测、订单生产跟踪，实现数字化模具资产管理，订单生产监控全流程线上统一可视管控，大数据辅助决策实现资产受控、效率达标、订单保障、质量提升、成本降低、绩效评价等。

模具物联网资产管理定制化大数据解决方案易实施，企业只需要在 COS-MOPlat 海模智云模具物联大数据管理平台上注册账号，批量添加自己公司的模具，并将安装在模具上的智能传感器 ID 编码与模具号绑定，就可以使用平台提供的解决方案，具体可以实现以下场景功能。

（1）在模具上安装模具智能传感器，采集模具模次、成型周期、异常停机时间、地理位置信息。模具智能传感器附着二维码，使用手机登录 COSMOPlat 海模智云平台 APP 扫描二维码即可获得该传感器的信息，关联模具可获得模具基础信息、物联定位、生产模次节拍、调拨维保记录、模具履历信息。

（2）通过物联 + 互联的模式，贯穿模具验收—盘点—调拨—生产—维保—报废全过程，实现模具资产全生命周期线上可视管理，并形成模具履历信息记录，可随时线上查看各记录信息数据。

（3）线上模具 2D\3D 图纸管理。将图纸上传至平台，可实现授权查看下载，安全保密，且方便工厂进行模具维修，提高了效率。在传统方法中，图纸均保存在工程师的计算机中，模具易损坏，工人很难得到图纸，进行精准维修，增加了维修工期。

（4）模具物联网资产管理定制化大数据解决方案通过物联数据监控分析，可进行模具位置异常监控、生产节拍预警、模具保养预警、模具寿命监控管理、模具调拨异常监控、模具智能传感器脱离预警、模具智能传感器低电量预警、信号异常预警等。

（5）依托物联大数据及智能算法，提供模具智能排产模型、产能预测模型、订单生产跟踪模型和模具寿命管理模型等，帮助企业管理模具的同时，监控管理生产情况。

（6）供应商绩效管理，通过对与模具相关的大数据进行分析，多维度考核管理供应商绩效，帮助筛选出优质供应商。

客户仅需购买模具智能传感器（一套模具配备一个），每年交一定的平台使用运维费用，就可以使用模具物联网资产管理定制化大数据解决方案。目前该方案已在家电、农机行业应用，并正在向其他行业复制。通过线上可视管理方案＋大数据的整合分析，结合相关数据，实现资产受控、效率达标、订单保障、质量提升、成本降低、供应商绩效评价等。

COSMOPlat模具物联网资产管理解决方案通过提供行业的差异化解决方案，帮助企业实现数字化转型，聚合行业资源，资源共享，提高企业资源利用率，降低企业运营成本，可为模具使用方降低成本18.2亿元，制造方降低成本7.8亿元。平台服务2万家企业，实现生态收入10.8亿元。

本方案可应用在模具所服务的汽车、家电、电子、医疗、农机、市政等行业，目前可适配85%的模具连接。针对行业痛点提供通用性服务，同时制订差异化解决方案，可跨行业、跨区域复制，成为模具行业具有影响力的物联网生态品牌。

通用类

2.11.1　工业装备数据智能采集与分析解决方案

一、项目背景

智能制造与工业互联网是世界制造业发展的趋势，制造装备数据采集与分析是智能制造的关键，也是工业互联网的基础。国家已经连续多年出台了多项政策支持中国制造的转型升级。在工信部推动的万企上云工程中，设备状态监控、设备智能调机、生产品质管控也是需要重点落实的项目点。另外，工业互联网也是 2020 年国家开展"新基建"建设的重要组成内容。

武汉恒力华振科技有限公司（以下简称"公司"或"恒力华振"）是武汉智能装备工业研究院的孵化企业，工业装备数据智能采集与分析解决方案的核心技术是在华中科技大学国家智能装备重点实验室团队十余年研究成果的基础上，结合实际进行科技成果转化和研发创新而来，技术处于国际一流水平。

这套解决方案，可提供易用、稳定、高性价比的软硬件服务，将打破制造业数据采集和分析难度大、成本高的现状。可解决如下痛点问题。

（1）工业装备数据多样、复杂，采集难。

（2）工程师不会数据分析，数据科学家没有工程经验，数据分析难。

（3）产品多样，工艺繁杂，数据分析产品难以复制。

针对公司业务的四大目标细分市场，可解决如下行业或企业痛点问题。

（1）用于装备联网管理，解决机器状态不透明、设备利用率未量化、生产实绩难及预期、设备运行成本不明朗的问题。

（2）用于精细化制造过程管控，解决单条产品线产品种类多、工艺变化快、大部分企业的生产过程信息难以追溯、生产过程高度依赖现场管理人员和工人素养的问题。

（3）用于故障预测与健康管理，解决设备及部件的失效导致产品质量下降，部件过度维护造成大量浪费，现场人员不了解故障原因、无法从根本上避免故障的问题。

（4）用于机加工质量在线监测，解决因刀具磨损、断刃或者选型错误、机床精度丢失等各种因素，造成代价不菲的工件报废或者机床停机，对生产正常运行造成严重影响的问题。

二、技术架构

恒力华振团队致力于为客户提供设备数字化与智能化整体解决方案，并为此提供一套方便企业使用，企业也用得起的工业装备数据采集、数据上云与数据分析系统解决方案。在设备端，提供标准化的数据采集产品和存储、分析、可视化平台，降低企业实施成本，并提供标准的接口，无缝对接各类云平台；在云端，提供工程师可用的数据分析与决策系统，满足企业多样化场景的需求。

依据此需求，本解决方案的技术路线图如图 2-131 所示。

（1）各类设备的数据采集。

（2）异构数据的清洗、对齐、传输与集成。

（3）数据的商业智能（BI）分析与可视化。

（4）数据的人工智能（AI）分析与决策。

在硬件方面，通过自主研发及选型组装，形成了一套全能型制造过程数据采集与处理系统，能够广泛适配各种主流控制系统及传感器，适配大部分工业设备的网络通信接口与协议，实现设备即插即用的数据传输网络环境，达到工厂装备互联、设备数据互通的目的。此硬件系统性价比高、运行稳定，能让更多的企业用得上，也用得起。数据采集器 DAS 系列产品样机如图 2-132 所示。

装备数据采集更全面 不限数控设备 》 数据集成更高效 毫秒无缝对接 》 BI应用更标准 复制短至1月 》 AI应用更便宜

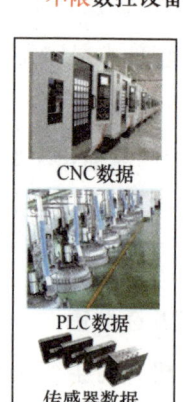

CNC数据

PLC数据

传感器数据

数据集成

数据清洗

Cloud

数据上云

工艺过程监控

设备智能运维

图2-131　技术路线

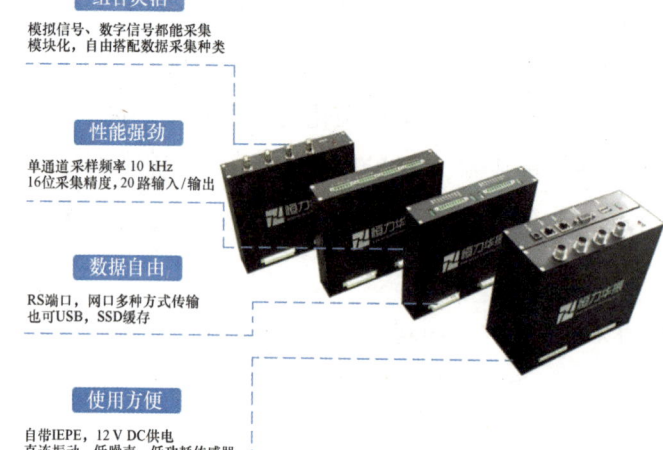

组合灵活

模拟信号、数字信号都能采集
模块化，自由搭配数据采集种类

性能强劲

单通道采样频率10 kHz
16位采集精度，20路输入/输出

数据自由

RS端口，网口多种方式传输
也可USB，SSD缓存

使用方便

自带IEPE，12 V DC供电
直连振动、低噪声、低功耗传感器

板卡功能说明：

数字板卡：
支持I/O信号输入与输出

电流/电压板卡：
支持输出±100 mA或±10 V量程
范围内的应力/应变、流量、压
力、扭矩、角度/脉冲、位移、功
率、电量、pH值、重量等物理量
传感器

IEPE板卡：
支持振动、噪声等IEPE供电模
式传感器

热电阻板卡：
各类温度传感器

图2-132　数据采集器DAS系列产品样机

　　在软件方面，公司团队在华中科技大学国家智能装备重点实验室科技成果的基础上，结合客户需求与工程应用实际情况，并结合数据管理和分析应用，经过多轮迭代研发，构建了装备数据采集、可视化与分析软件系统，系统提供数据存储与分析及可视化服务，既可以实现数据展示，如OEE、车间可视化管理、设备状态与信息、加工报警信息、产能等信息的实时统计，又可以通过工业大数据分析模型，实现设备的数据化与智能化，如质量预测、工艺优化、设备智能运维等应用。软件架构如图2-133所示。

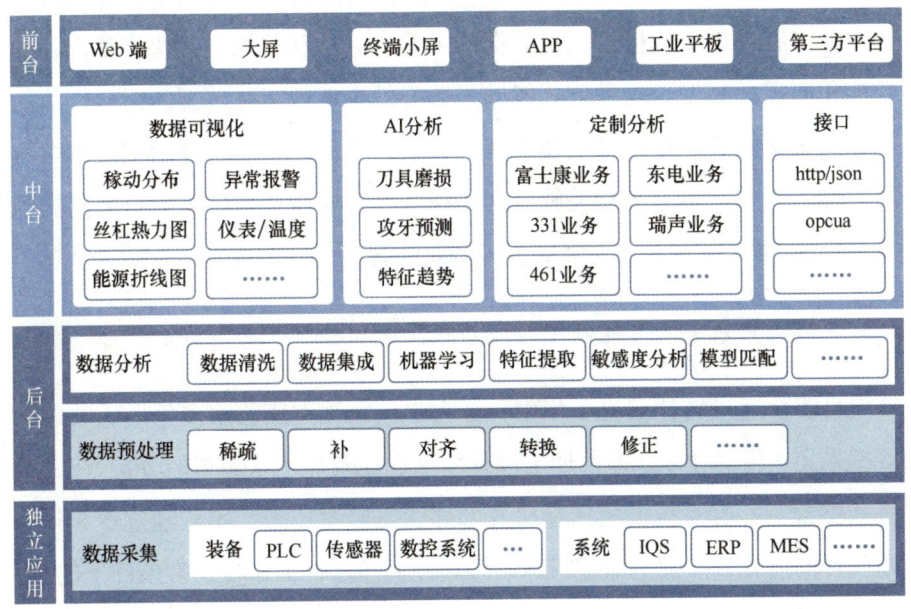

图2-133　软件架构

全能型数据采集与处理系统和数据采集、可视化与分析软件系统共同构成了工业装备数据智能采集与分析系统解决方案。

同时，基于上述技术路线与软硬件产品架构，针对智能制造装备数据采集与分析的难点，本解决方案形成的三大核心技术优势如下。

1. 支持多源异构数据采集，装备数据采集更全面

数据采集系统不仅能够采集低频数据，还能采集高频数据；不仅能采集模拟信号，还能采集数字信号；不仅能够采集设备信号，还能采集传感器信号；不仅能针对多种数据集中采集进行组合，还能针对少量数据分散采集进行拆分；同时，在不同工业应用场景下，采集系统还要支持在有线、无线（Wi-Fi）、4G等数据传送模块下切换。本系统适用于各种工厂的数据采集应用环境，应用广泛灵活。

2. 复制简便，性价比高

本方案采用标准化、模块化的算法、软件与硬件。通过简单的配置，就能让企业的工程师方便快捷地完成数据的采集、分析和挖掘，并快速建立各种设备智能化所需的模型。这种方式能够显著降低企业智能化转型的门槛，从而形成从数据采集到训练预测端到端的解决方案，降低制造业企业运用机器学习算法的门槛。而且，本方案相关软件产品在开发完成后，售价仅为目前同类国际产品售价的30%左右，大大降低中国企业的智能化转型成本。

3. 集成国内顶尖的智能制造算法专利，技术水平一流

项目团队通过转让获得了华中科技大学国家重点实验室多年形成的多项机床数据采集、传输技术、多种加工过程数据存储及加工状态智能分析方法专利，并将其整合为一套系统的机床整机及部件状态监测技术。团队经过近5年企业合作项目的演化，开发了监控机床、刀具、工件是否工作在正常条件下的技术，从而实现设备生产质量在线检测、设备故障预维护等智能化功能。行业首创建立强化学习算法，能够对时序数据分析引擎模型进行自动化调参与优化，实现边采集、边训练、边预测的应用模式，缩短智能化的实施时间。

三、解决方案应用情况

1. 应用场景

面向公司主要业务市场，本解决方案针对不同应用场景，可提供如下服务。

（1）装备联网管理。集协议、PLC、仪表、传感器的数据采集于一体，响应速度和采集频率最高可达毫秒级，能覆盖各品类新老设备；提供高效、稳定、准确的数据传输、存储与可视化服务，如提供生产管理、设备管理、生产产量监控、工单进度看板、过程数据追溯、质量管理等模块，实现对设备运行数据实时、自动化的分析和评价，帮助用户提高运营管理水平和效率。

（2）制造过程优化。本方案通过梳理工艺流程、采集工艺数据并进行统计分析，将所有产品的生产过程标准化，并将产品配方固化到控制系统中，可为用

户提供从控制系统升级到产线智能化的全套服务，帮助客户提高产品质量、提升效率、降低生产风险。

（3）故障预测与健康管理。本方案利用先进的传感器技术，获取系统运行状态信息，借助智能推理算法，实现对系统状态的分析与监控、诊断与预测评估，为智能化的运营服务、维修管理等提供决策支持。

（4）机加工质量在线监测：本方案通过分析机床主轴和丝杠的电流、振动、负载等数据，可发现微米级别机加工异常；实时监控刀具与丝杠的磨损及破损，并预测刀具剩余寿命，避免刀具、丝杠磨损或破损导致的严重质量和安全事故；适用于车削、铣削和钻削等切削条件比较稳定的应用场景。

2. 应用成效与效益

通过本方案相关产品在制造业企业的应用推广，稳定了生产制造质量，有效提升了生产效率，减少了对人的依赖，提高了节能降耗水平和用户运营管理水平。具体应用情况及产生的经济社会效益如下。

（1）解决方案已应用情况

相比传统的企业，本套解决方案针对的是装备的控制系统数据和传感的力、热、电等物理量模型，所以在早期不局限具体的行业，主要是流程加工行业。初期为定制化项目，主要针对产品加工要求高的机械加工企业，之后将根据设备的通用数据采集，扩展行业到钢铁制造业、汽车零配件制造业、半导体制造业、航空航天设备制造业、炼化行业等大型企业。中后期标准产品完成以后，项目团队将拓展到同行业的中小客户上云企业。

恒力华振团队的核心成员在历年与重点实验室合作企业的产、学、研过程中，已经与多家国内标杆企业进行工业数据采集与挖掘的项目合作，给对方留下了深刻的印象并建立了良好的项目合作关系。借助标杆客户建立的成功合作经验，在后续科技成果产业化过程中，能够在行业内快速形成模范化效应。

（2）经济效益

通过本套解决方案的市场推广与应用，恒力华振已经与国内 3C、化工、汽车、能源、航海、航空、机床、基建等领域的标杆企业建立了项目合作，通过在这些领域客户智能化升级项目中进行本套方案相关产品的应用推广，稳定了生产制造质量，有效提升了生产效率，减少了对人的依赖，提高了节能降耗水平。

根据实际应用及用户反馈，通过对离散装备联网管理，实现对设备运行数据的实时、自动化分析和评价，提高生产运营效率 15% 以上；通过精细化工制造过程优化，为客户降低了 20% 的不良率，提高生产效率 15%，降低成本 8%；通过装备预测性维护，提高设备维护效率 50%；通过机加工智能监测，提高刀具加工效率 20%。本套解决方案累计为客户节约成本 5000 万元 / 年，产生了良好的经济效益，并获得了客户的广泛认可和好评。

（3）社会效益

本套解决方案的不断完善、升级与应用推广实施，将加快我国智能制造发展，是抢占未来经济和科技发展制高点的战略选择，对于推动我国制造业供给侧结构性改革，打造我国制造业竞争新优势，实现制造强国具有重要意义。本套解决方案的研发与应用推进，可引进和培养一批智能制造的科技人才，完善高端产业人才结构，为社会提供一定数量的高科技就业岗位；本方案中软硬件产品的研发，实现了部分产品替代进口产品，打破了国外的技术封锁；该项目的实施应用可提高疫情期间企业的免疫力，助力复工复产，并有助于推动我国新基建战略有效落地。

2.11.2　基于工业互联网的智能人机交互管控APP解决方案

一、项目背景

1. 行业发展分析

工业互联网是新工业革命的关键支撑和智能制造的重要基石。工业互联网通过实现人、机、物的全面互联，促进制造资源的泛在连接、弹性供给和高效配置，推动制造业创新模式、生产方式、组织形式和商业范式的深刻变革，推动全球工业生态体系的重构迭代和全面升级。工业互联网 APP 是以"工业互联网平台 +APP"为核心的工业互联网生态体系的重要组成，是工业互联网应用体系的主要内容。

目前，全球工业互联网络发展处于探索与起步阶段，统一的工业云互联网平台、成熟的模式和统一的体系尚未形成。我国工业互联网市场态势开局良好，工业领域门类齐全、基础雄厚、规模庞大，在制造业数字化、信息化和智能化过程中积累了大量的数据资源；同时我国软件相关产业综合实力持续增强，在云计算、大数据、人工智能等前沿领域发展势头强劲，工业互联网 APP 发展正处于由点及面、规模突破的窗口期，相关企业正在积极探索发展工业互联网 APP。

2. 国家政策分析

2017 年 11 月，国务院印发了《关于深化"互联网 + 先进制造业"发展工业互联网的指导意见》，明确提出，到 2020 年，要培育 30 万个以上的工业互联网 APP，即工业应用程序，推动 30 万家企业应用工业互联网平台；到 2025 年，要形成 3 ~ 5 家具有国际竞争力的工业互联网平台，实现百万工业互联网 APP 培育及百万企业上云。

3. 市场背景分析

当前各工业互联网平台缺乏安全性设计规范和异常处理保障，缺乏适用于工业互联网领域的 APP，生产安全性得不到保障；当前的工业互联网 APP 并没有统一的平台、框架和标准，缺乏通用性。

针对以上问题，中用科技有限公司（以下简称"中用科技"）研发出基于工业互联网的智能人机交互管控 APP 解决方案，通过数据监控、安防预警可视化平台、语音调度应用、多终端设备接入、工业级 APP 五大建设模块，运用云计算、物联网、大数据等信息技术与制造技术，推动工业资源优化集成和高效配置，创新服务模式，实现预测性维修，加速数字化、网络化、智能化改造，有力推动工业转型升级和提质增效。

二、技术架构

基于工业互联网的智能人机交互管控 APP 解决方案，通过对门禁、人员疏散点名、厂区安防与工厂能源系统(变配电、真空、液氧、能耗)的统一接入，实现信息共享、大数据分析与深度学习；提供易于扩展的、分布式平台框架及冗余运行模式，支持大规模、海量数据的数据监控应用；提供开放的平台和数据结构，为各监控子系统的扩展提供接口；提供详尽的历史记录及灵活的报表定制工具，易于生成任意格式的报表;实现行业终端的适配接入，对采集到的数据进行报警、转发、存数据库等操作。该方案在打破目前仅对设备本身的数据监视模式，即在对环境、变配电、门禁、消防等监控的同时，实现 IT 设备与基础设施的一体化管理、协同联动，通过监控管理节点实现统一调度管理，带来管理效率的提升和运营成本的下降。该方案的功能模块和系统架构如图 2-134 和图 2-135 所示。

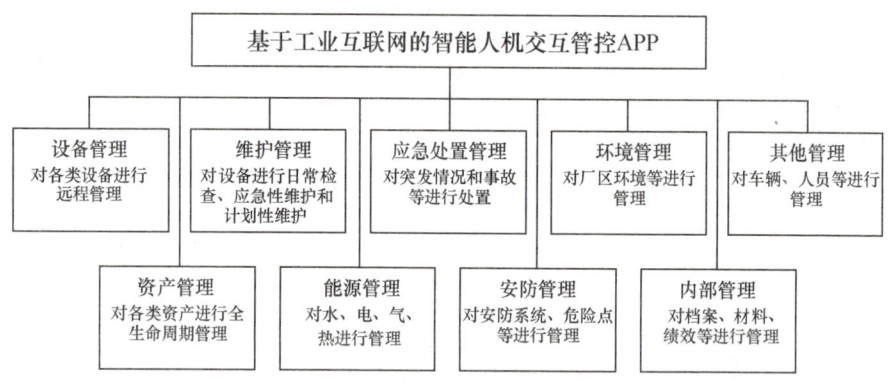

图2-134 功能模块

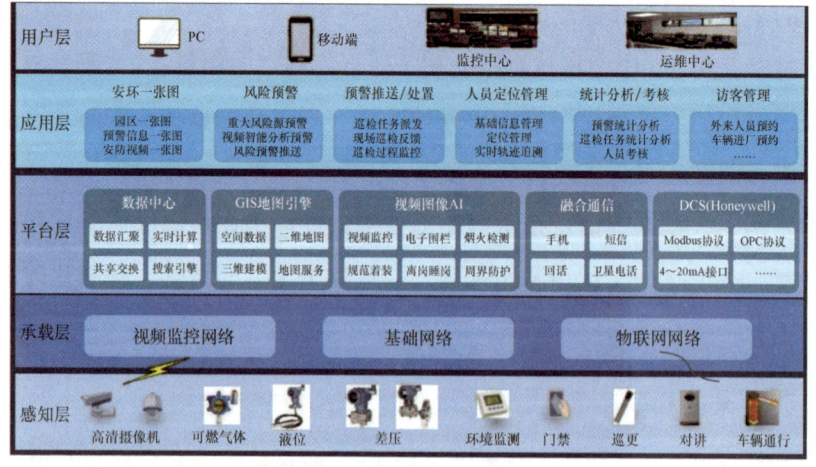

图2-135 系统架构

（1）大量节省管理人员。传统的仪表控制系统是通过工厂操作管理人员楼上、楼下来回奔走，对分布于工厂各处的设备进行开关和调节来实现的。采用智慧厂务 APP 后，就可以通过 APP 完成调节控制工作，也可以由后台自动控制调节各设备的参数及开关状态，做到真正的管理自动化，因此，可以减轻管理人员的劳动强度，减少管理人员的数量。

（2）延长设备使用寿命。设备在后台的统一管理下始终处于最佳运行状态，按照设备的运行状况打印维护和保养报告，提示管理人员对设备进行维护、保养，避免超前或延误维护、保养，相应延长了设备的使用寿命，减免了突发性设备损坏，也就等于节省了资金。

（3）提高操作管理人员与设备的整体安全水平。智慧厂务 APP 对不同子系统设备的运行状态进行实时监测，管理人员可及时发现设备故障、问题与意外，消灭故障于隐患之中，保证设备与人身的安全。一旦设备发生故障，APP 可以报告故障发生的部位及故障发生的原因，以便维护人员快速排除故障，恢复设备正常运行。

（4）及时直观信息反馈。智慧厂务 APP 可不断地、及时地提供有关设备运行状况的报表，集中收集、整理设备管理决策的依据，实现设备维护工作的自动化。报表包括设备历史数据、动态趋势、设备诊断等。用户要求的报表可以打印、存档。

（5）安全操作规范管理。根据管理人员的不同职务，给予不同的操作权力，分配不同等级的密码。在某管理人员表明身份密码后，后台便记录下使用人的姓名和时间等以便备查。

（6）语音调度。通过语音控制各个终端设备，方便快捷、操作简单、智能响应，效率高。在中央监控室，不必在成百上千的设备中找寻希望查看或控制的设备，再通过图形化界面控制；在巡检过程中，也可以直接通过语音查看或控制设备，免去在尺寸受限的手持终端上操作或联系中央监控室的烦琐过程。

（7）预测性维护。传统的机房巡检是人为检查。机组出现预警、故障被动响应。现通过云服务平台实时监测，实现预警故障的实时提醒，省去操作人员的往返奔波，防患于未然。系统实现远程机组启停、进出水控制、温度设定，必要时可安排专家现场指导，真正实现用户无忧运营。

三、解决方案应用情况

作为中用科技自主研发的成熟产品，基于工业互联网的人机交互管控平台目前已经广泛应用于制造业工厂、大型综合园区、超大型商业综合体等领域。随着工业互联网国家战略的明确，该产品的用户数量将会有爆发式的增长。

针对不同基础的用户，中用科技提供不同的解决方案。

1. 真爱集团有限公司（浙江）（以下简称"真爱集团"）智慧厂区建设项目

作为传统纺织业龙头企业的真爱集团，在规划其新建厂区建设项目中，把智慧厂区建设作为设计重点，通过采用工业互联技术，包括智能设备技术、互联网技术、自动化控制技术、数字化技术，精心设计、优化组合，使新建厂区同时满足可靠性、高效性、可扩展性和经济性的要求。厂区建设项目总投资 979 万元，总建设面积 264305.49 m^2，分两期建设，目前已完成一期建设。

厂区建设总体遵从以下原则。

（1）立足信息化应用，对厂区智能化整体规划。

（2）成熟性与先进性原则。

（3）标准化与开放性原则。

（4）安全性与保密性原则。

（5）"以人为本"的服务性原则。

（6）紧扣实际需求及项目自身特点，符合国家相关规范标准。

（7）创新性：结合真爱厂区主题，引入创新的理念，成为信息时尚的表率。

（8）生态性：注重节能减排、绿色环保，与厂区环境友好结合。

（9）特色化：强调真爱厂区的主题特色，能体现出与其他厂区的区别，树立真爱厂区形象。

具备上述特性，真爱集团新厂已经是一座运用国内外先进技术的智能化工厂，建成的智慧工厂具备如下特点。

（1）高效：将建筑的结构、系统、服务、管理4个基本要素进行优化组合，提供一个投资合理、安全、舒适、快捷的生产和办公环境，从而提高工作效率。

（2）节能：通过现代化科技监视、控制手段，大幅度降低楼宇设备系统的运行、维护、管理成本，达到有效延长及合理利用能源的目的。

（3）科学管理：建设厂区通信自动化和办公自动化系统，为服务、生产、办公的管理手段创造一个优越的环境，并为正常的生产提供优质环境。

（4）管理成本低：建立起集中监控、人机界面、信息共享基础上的综合管理模式，从而减少了维护管理人员，降低了运行成本，建设了一个先进、开放的平台。

目前建成的平台架构如图2-136所示。

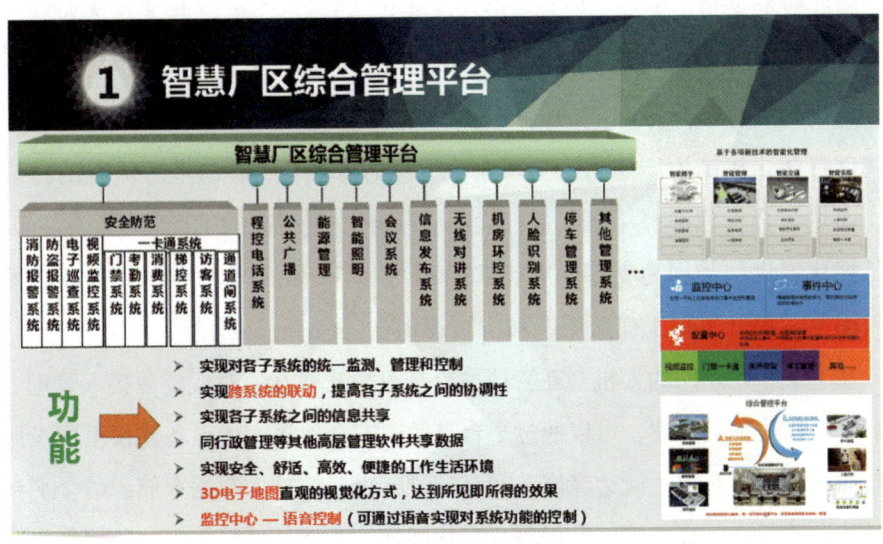

图2-136　平台架构

其中，消安一体化平台为国内首例应用案例，该平台以大安全为理念，为适应现代工厂安全的需求，将安防与消防系统相融合，实现两大系统深度集成与资源共享，构建消安一体化平台。

该平台针对火警信息提供以视频为中心的安防数据及智能疏散联动、安防消防地图融合等功能，实现了两大系统的深度集成，保证警情处理更精确、及时，从而更有效地指导部署，保障人民群众的生命财产安全。

该平台作为中用科技基于工业互联网的人机交互管控平台重要的子系统，不仅技术领先、市场应用场景广阔，还体现出了中用科技强大的研发实力。

2. 合肥晶合集成电路有限公司智慧厂区建设项目

作为新兴制造业代表的芯片代工企业，对厂区建设要求极高，整个工厂的各个系统要求集中整合，平台化管控，因此，中用科技应用工业互联网技术为合肥晶合集成电路有限公司量身定制一套综合管理平台。项目金额1666.54万元，分为一期和二期，涉及16个功能区域。目前实施的一期工程可划分成5类区域，分别为生产区、生产辅助区、办公区、仓储区、室外园区。"基于工业互联网的人机交互管控平台"是将厂区内特定的影响制程状态的设备模块监控起来，做好数据采集、保存、处理、分析，采用语音调度和AI控制技术对智慧工厂园区进行资源管理与安全管控。该项目的重点是实现生产组织中产品加工监控，实现与资源保障等部门的信息共享协同工作，保证设备利用率，合理配置和调度资源，提高生产能力，实现业务流程的可视化，促进业务流程的持续优化。通过综合管理平台+工厂监控设备，实现敏捷制造的生产管理目标，以信息可视化提供的数据为支撑，准确掌握各类生产资源的负荷状况，提高瓶颈资源利用率，提升工厂工作效率，减少资源浪费。

基于工业互联网的人机交互管控平台是万物互联互通时代资源接入管理、数据采集的有效解决方案，可以通过平台高效、安全地将海量设备连接至边缘计算及云端，并在核心层（或边缘层）和云端进行设备管理、数据存储，结合平台服务对数据进行进一步处理、分析与可视化展现，支持各种智能网关数据采集与存储，在数据传输协议/标准方面，支持容器方式对数据接入的服务进行扩展。

本次建设项目中，全系统实现了人机语音交互功能，管理层可以通过智能语音系统对设备实现语音控制、查询功能，系统具备自动语音播报能力，可以自动反馈重要数据和报警信息。语音能力的植入，实现了人工智能技术的应用，整个项目的品质得到巨大提升，同时后期管理效率的提升，人员成本投入的下降，也为企业带来了巨大收益。平台在用系统页面如图2-137所示。

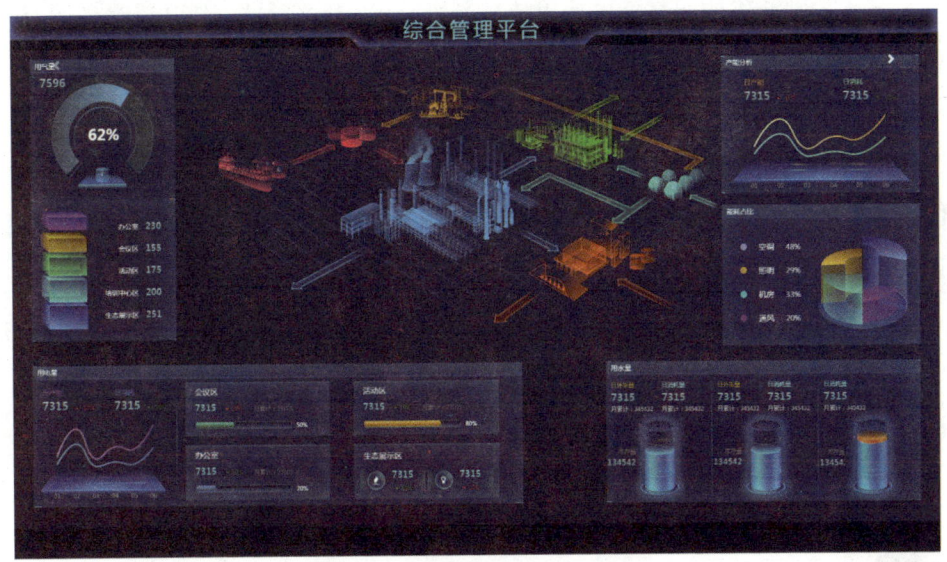

图2-137　平台在用系统页面

影响大数据所提供的智能化服务已广泛应用于公司生产制程的各大环节，如图2-138所示。目前主要涵盖以下环节：原料管控、智能制造、品质检验。

图2-138　实际应用

国家"十三五"规划明确提出生产单位能耗减低15%、二氧化碳排放降低

18%、用水量下降 23% 等目标，因此，在智能生产的同时，实现绿色生产一直是我们的宗旨。

本次实施系统能源管理模块包括直燃机系统、液氧系统、真空系统管理，能耗综合分析等功能，如图 2-139 所示。基于对制程工序节能增效、生产设备运转稳定、减少故障及提升良率的精细化管理和成本控制需要，针对高能耗产线工序和设备，通过平台进行能耗大数据分析，制订顶层节能规划，动态调整节能措施，精细控制局部节能，全面提升生产过程中的效能，实现设备安全稳定运转，生产成本精细管控。

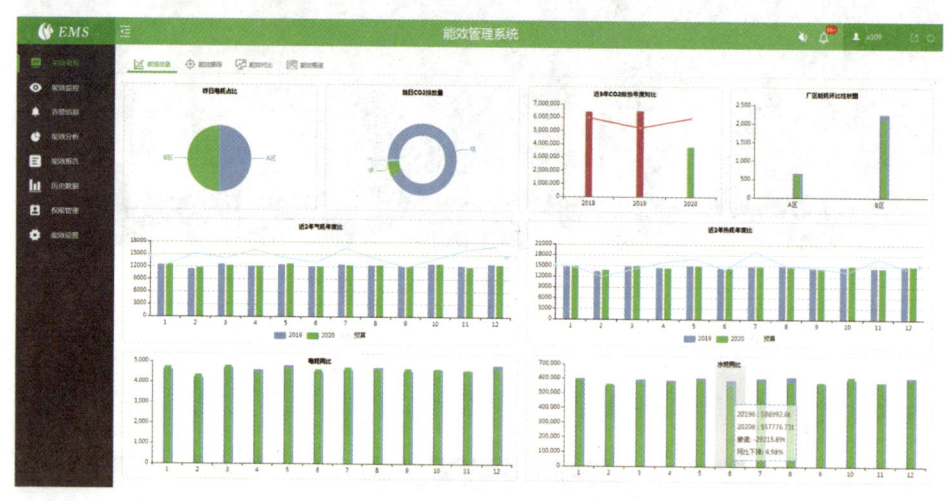

图2-139　能源管理模块

中用科技提供的综合管理平台产品，增强了合肥晶合集成电路有限公司的企业品牌形象，促进了业务全面发展，实现了与第三方平台的对接，积极承担了社会责任。该产品同时积累了设备、客户、服务过程数据，进行大数据分析，满足支持企业决策的需求。依托综合管理平台的推行和实践，合肥晶合集成电路有限公司的效率提升 30%，良率提升 10%，生产周期缩短 18%，成本降低 21%，库存周转天数缩短 26%，能耗降低 20%。该产品真正帮助企业提高了管理水平和生产效率，降低了运营成本。

合肥晶合集成电路有限公司已成为国内半导体行业智慧工厂建设的标杆，同时形成的标准和解决方案面向行业输出，同步提升我国半导体行业智慧工厂建设的竞争力。

2.11.3 COSMOPlat-IM智能制造解决方案

一、应用解决方案包含工业互联网 APP 的重要时间节点

COSMOPlat-IM 智能制造解决方案整合了 APS（计划排程系统）、MES（生产执行系统）、WMS（仓储管理系统）、SCADA（数据采集与监视控制系统）等模块，是现场生产执行层面的核心系统，是数字化工厂研发、供应链等数据链交汇的重要节点。它的核心在于解决流水线如何柔性、敏捷生产，实现个性化定制的问题，使现场生产和用户需求互联互通，实现用户需求驱动下的柔性生产，其重要应用时间节点如下。

2015 年 1 月，海尔完成搭建沈阳冰箱互联工厂，采用了 COSMOPlat-IM 智能制造解决方案中的 COSMOPlat-MES 和 COSMOPlat-WMS 等 APP，通过微服务架构，功能模块化、组件化，实现应用系统灵活配置、快速部署，支持工厂业务功能快速编排，无须专业 IT 人员即可完成业务功能的编排和优化，实现用户的数字化生产，让全球超千万用户都能参与到海尔冰箱的研发、生产、销售过程中，实现了产品生产周期减半，并快速满足用户个性化需求的目标，标志着 COSMOPlat-IM 智能制造解决方案的初步成型。

2015 年 3 月，为了满足不断升级的用户需求，COSMOPlat-IM 智能制造解决方案不断升级迭代，在海尔郑州空调互联工厂，COSMOPlat-MES、COSMO-Plat-WMS 及 COSMOPlat-SCADA 等系统的落地，结合信息化 RFID 身份证实现产品—机器人、机器人—机器人之间的智能交互，建成了全球首套批量高品质黑灯无人生产线，实现了柔性生产。

2015 年 4 月，在沈阳冰箱互联工厂和海尔郑州空调互联工厂积累的 COSMOPlat-IM 智能制造解决方案经验的基础上，为了进一步实现工厂机机互联、机物互联和人机互联，海尔佛山滚筒洗衣机互联工厂增加了对 IM 智能制造解决方案中的 MES 的模块扩展。通过 200 多个 RFID、4300 多个传感器与设

备的绑定，实现制造过程信息实时采集，全流程数据可追溯，设备智能调整加工参数柔性制造；基于MES，最大限度保证全球用户能够批量、个性化定制洗衣机。

2015年9月，海尔胶州空调互联工厂建设以用户为中心，用户订单驱动、精准高效的大规模定制工厂，相继完成了COSMOPlat-Procu、COSMOPlat-WMS等APP的开发，使用户订单系统能够直达生产制造，实现用户驱动生产；连接一流原材料供应商，有效控制并跟踪物流和成本管理全过程，为企业从大规模制造向大规模定制的转型奠定基础。

2016年10月，针对设备、生产产生的大量数据如何加以利用，为"智能制造"服务，海尔中央空调互联工厂在COSMOPlat-IM智能制造解决方案的基础上，通过迭代优化COSMOPlat-LIMS大数据分析平台，实现了数据采集自动化、实验管理标准化、业务操作移动化，从而打通了各实验室管理的信息壁垒，提供了大数据共享服务，提升了生产效率，库存周转率较建厂初期提升了300%。

伴随着海尔互联工厂的搭建，COSMOPlat-IM智能制造解决方案不断迭代升级，目前包括的主要功能如下。

（1）计划模块：满足用户定制、自动排产、实时全流程的运行。

（2）生产执行模块：支持生产中人、机、物、法、环互联，快速响应生产异常。

（3）物料模块：精准管理，实现信息实时同步到相关方，物料及时满足生产。

（4）质量模块：通过智能防呆防错、大数据智能预测功能，实现产品的高品质保证。

（5）设备模块：设备全生命周期智能管理，高效率下的零停机管理。

（6）人员模块：具备绩效人单合一匹配，多级KPI可视化管理的功能。

（7）成本管理：实现用户订单驱动下的制造成本动态监测和分析。

（8）能源管理：对生产能源消耗实施监测以及异常报警，以及机台的能源消耗控制。

二、应用成效

COSMOPlat-IM 智能制造解决方案,向外提供智能制造转型升级虚实融合的整体解决方案,形成引领全球的智能制造服务能力,已经在家电、化工、建陶等行业取得了显著成效。

(1)海尔的十大互联工厂(冰箱、洗衣机、家用空调、柜式空调、中央空调、热水器、FPA 电机以及模具等)通过实施 IM 智能制造解决方案,实现了用户可参与、可体验的透明工厂,同时工厂的效率提升 60% 以上,用户直接定制下单到工厂的订单占比在 10% 以上,客户定制订单占比在 57% 以上,提升了企业的盈利能力和现金流。

(2)从动力电池生产延伸至上下游全产业链助力化工行业企业转型升级,从锂电池切入向采矿、化工、材料、电机、整车等环节扩展,提供整体解决方案,实现了订单交付周期缩短为 7 天,用户满意度提升 95%,原材料库存降低 10%,制造成本降低 15%。

(3)赋能建陶行业,从中低端到中高端的转型,由传统制造向用户定制化转型,实现了企业数字化转型。SCADA 实现设备联网、智能控制、预防性维护,MES 提供智慧能源管理。陶土、电能、天然气实现集约采购、集中物流配送,降低成本。产品全生命周期质量可追溯,绿色环保。最终成本降低 7%~10%,产能提高 20% 以上,未来三年产值预计可达到 50 亿 ~ 100 亿元。

三、创新性经验

COSMOPlat-IM 智能制造解决方案从生产计划、物料管理、生产执行、质量管理、设备管理、人员管理、成本管理、能源管理八大业务模块,实现生产全过程的互联互通,建立持续引领的智能制造技术创新体系,主要包含两个方面的创新。

(1)技术层面。技术上创新性地采用基于云的微服务架构,如图 2-140 所示。解决方案中的每个 APP 都将相关的业务活动抽象封装成微服务组件,企业不需要专业的 IT 人员即可实现对业务的快速迭代和创新,周期和成本比行业平均水平低 50%。方案能以 SaaS 的形态赋能企业,更适合广大制造企业复制借鉴,极大地降低了企业的试错成本,帮助企业快速地实现转型升级。

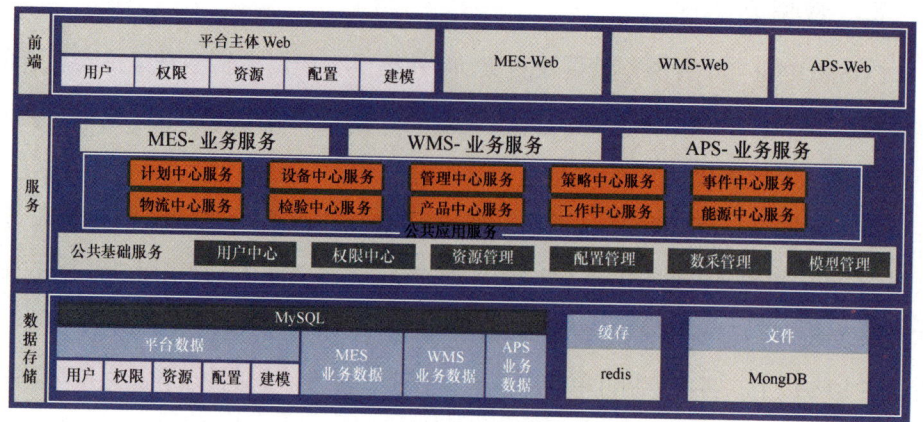

图2-140　微服务架构

（2）业务层面。业务层面的核心差异是实现用户、模块商可深度参与的智能协同制造生产，支持企业更快地响应，并基于用户评价持续对生产运营闭环优化，如图2-141所示。通过智能制造解决方案进行系统集成，实现人机互联、机物互联、机机互联、人人互联，最终让整个工厂变成一个类似人脑一样的智能系统，自动响应用户的个性化订单。

图2-141　用户需求驱动

COSMOPlat-IM智能制造解决方案通过MES驱动APS、WMS、SCADA、Procu、LIMS及EMS六大系统集成，实现制造、研发、物流等全流程紧密地互联互通。通过智能制造执行系统和现场智能化硬件的连接，构建了一个高度灵活的个性化和数字化制造模式，实现管理、研发、生产、物流的数字化管理，提

升了企业的智能化水平。

四、典型经验案例

典型经验案例按以下 5 个部分展开。

案 例

1. 名称： 洗衣机互联工厂——智能制造新模式的研究与应用

2. 概述

互联网时代，用户的消费需求向个性化、多样化、高品质的趋势发展，用户参与感增强，强调个性体验，行业传统做法已经不能满足互联网时代用户的需求。海尔中央空调依托前面已实施的八大互联工厂的经验，外联用户和资源方，内联全流程，与各方共赢，创造用户终身价值。通过应用 COSMOPlat-IM 智能制造解决方案，从生产计划、物料管理、生产执行、质量管理、设备管理、人员管理、成本管理、能源管理八大业务模块，实现了从前期用户需求，到产品设计制造，再到后期运营管理的产品全生命周期管理，实现了用户利益最大化。

3. 背景

洗衣机家电产业普遍进入了调档变速阶段，如何进一步提高产品的质量和效益，进而实现产品的稳定升级，是洗衣机市场面临的一个挑战和机遇。随着用户更多的创新型需求的出现，波轮、滚筒洗衣机在同一生产线生产，实现了个性化定制，用户通过手机轻松下单后就可以很快收到自己的"专属"洗衣机。

COSMOPlat-IM 智能制造解决方案面对以下三大方向进行建设升级。

（1）建成国际一流智能化工厂

应用智能制造新技术，以关键制造环节智能化为核心，以网络互联为支撑，集成一批软件系统、一批智能制造核心设备和短板设备，建成包括大数据信息化控制平台的洗衣机产品智能化生产车间，进一步可以建成国际一流的洗衣机智能工厂。

（2）形成一种自动化与信息化技术高度融合的生产方式

推进新一代信息通信技术与先进制造技术的深度融合，将其应用于洗衣机产品设计、生产、管理、服务等生产制造活动的各个环节，形成具有自感知、自学习、自决策、自执行、自适应等功能的新型生产方式

（3）输出一套可复制的智能制造新模式

通过不断地积累和沉淀，逐步形成可复制的智能互联工厂参考模型。

4. 典型经验案例

如图 2-142 所示，依托海尔集团信息集成平台的总体架构设计，将以 COSMO-IM（自主研发的 MES 系统）为核心，在工厂端，横向分别整合集成 WMS、SPC 等系统，纵向分别整合集成 ERP、PLM 等系统。基于当前市场上 WMS、SCADA 软件，海尔自主研发 COSMO-Machine 平台，在洗衣机新工厂投入使用，升级传统的 SCADA 等软件。COSMO-WMS 平台则替代原有的原材 / 成品 WMS 平台。

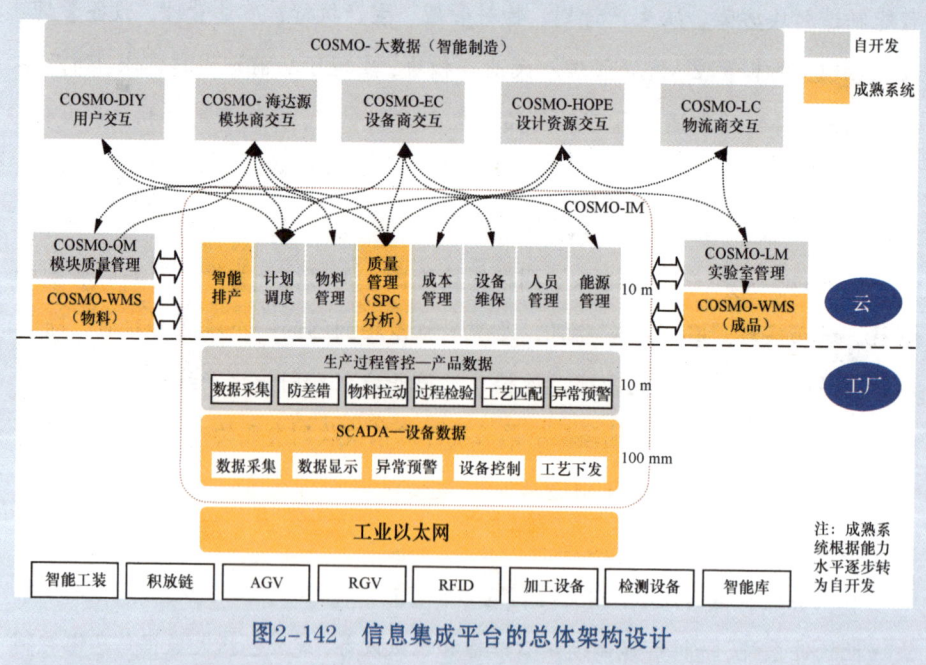

图2-142　信息集成平台的总体架构设计

采用企业服务总线（ESB）技术和物联网（IoT）技术，基于工厂信息

模型（PIM）实现企业资源计划（ERP）、产品生命周期管理（PLM）、制造执行系统（MES）、数据采集和监控系统(SCADA)、智能物流系统、车间环境监控系统、现场控制系统的系统集成、信息流转和协同制造。

（1）智能数据采集管控平台

① 工厂数字化设计。

对于智能化车间总体设计、工艺流程及布局，建立数字化模型，模拟仿真，数字化模型相关数据要进入核心数据库。

② 产品数字化设计。

建立 PLM 产品数据管理系统，实现产品的全生命周期管理，产品信息贯穿于设计、制造、质量检验、物流等环节。

③ 制造过程自动化。

建立采集制造进度、现场操作、质量检验、设备状态等生产现场信息的制造现场数据采集和分析系统。

④ 数据互联互通。

建立实时数据库平台，实时数据库平台与制造过程自动化控制系统、生产管理系实现互通集成。

⑤ MES（制造执行系统）。

实现计划、排产、生产、检验的全过程闭环管理，实现 MES（制造执行系统）与企业资源计划（ERP）系统的集成。

（2）智能化车间设计

智能化车间设计如图 2-143 所示，包括以下部分。

① 全自动箱体冲压生产线。

② 全自动箱体折弯铆接生产线。

③ 自动换模系统。

④ 全自动注塑生产线。

⑤ 多品种小批量柔性制造生产线。

⑥ 智慧物流系统。

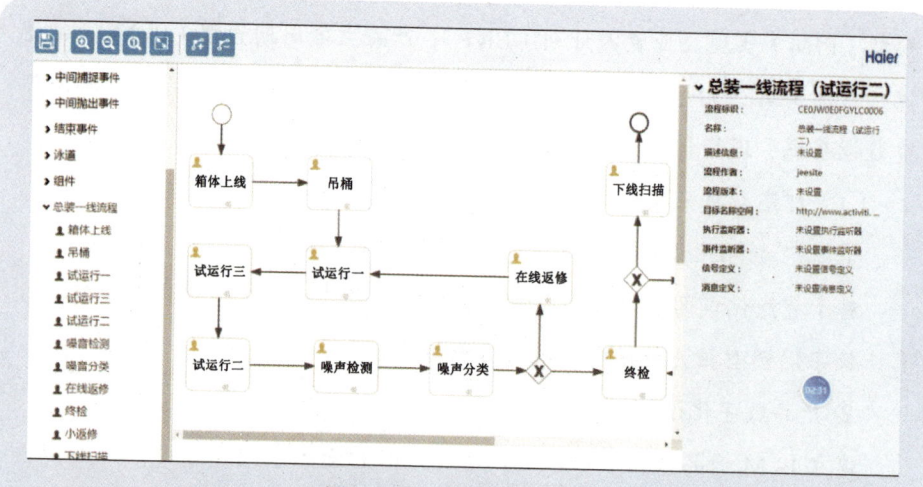

图2-143　智能化车间设计

（3）项目技术创新点

① 创新研发智能洗衣机检测设备、智能生产线等关键短板设备，大幅提升生产效率，提升产品质量，突破家电洗衣机行业内存在的智能检测与智能生产线的技术瓶颈。设备管理统计报表如图 2-144 所示。

图2-144　设备管理统计报表

② 建立洗衣机生产大数据平台，如图 2-145 所示，基于生产数据的智能化分析与决策支持技术，建设私有云，实现对洗衣机生产过程的内部、外部结构化和非结构化数据的深度利用，为质量诊断和控制、设备的状态预测

及维护等提供技术支撑。

图2-145　生产大数据分析

③ 创新采用人工智能技术（计算机视觉和机器学习），通过洗衣机制造过程知识获取、机器学习等智能技术，实现洗衣机产品的质量提升及设备的智能维护，如图 2-146 所示。

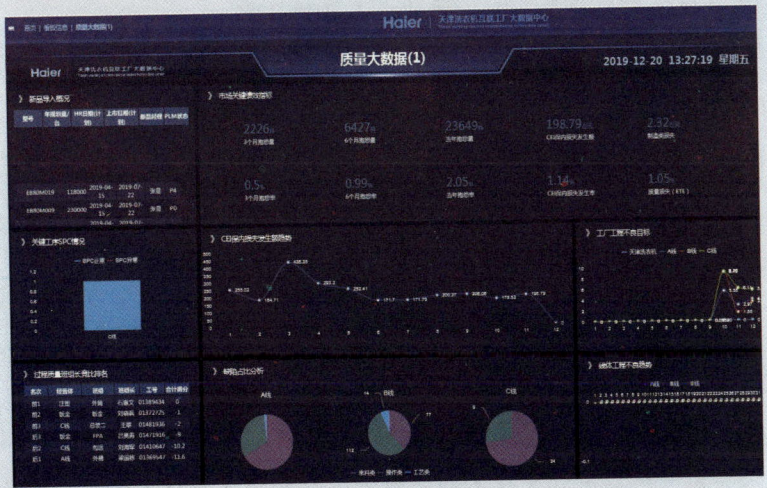

图2-146　质量大数据分析

5. 实践及效果

（1）实践

将 COSMOPlat-IM 智能制造解决方案应用于海尔十大互联工厂并不是简单地将机器换人，而是更有柔性、更有温度的交互。将设计、研发、生产、物流等各个环节都与用户零距离互联，最终产出具备用户价值的个性化定制产品。目前该解决方案已经服务于 15 个互联工厂，正在向海尔 108 家工厂复制。

（2）效果

洗衣机互联工厂建成以来，库存周转率实现 300% 的提升，工厂生产的自动化率达到了 72%，具体实施效果体现在如下两个方面。

① 客户层面。

（A）客户体验：用户全流程参与，实现最佳体验。

（B）用户满意度：2 年产品质保期。

（C）订单交付周期：由 21 天缩短至 14 天。

② 企业层面。

（A）综合指标。

● 生产效率同比提高 30%，运营成本降低 22%。

● 产品订单交付周期由 21 天缩短至 14 天，产品升级周期缩短 30%，不良品率为 2%，降低 40%。

（B）关键技术和装备应用指标。

● 采用高档数控机床与工业机器人等五大类中的 10 种智能制造核心技术装备。

● 采用 4 种工业软件，1 种工业互联网系统与设备，3 种平台。

（C）其他指标。

● 生产数据自动采集率达 70% 以上，不同系统之间数据自动流转率达到 100%。

● 培养出一批具有过硬技术的学科带头人和中青年技术骨干，有力支撑海尔互联工厂模式落地。

● 打造 1 套在行业推广的智能工厂模型。

第 3 章

企业专栏

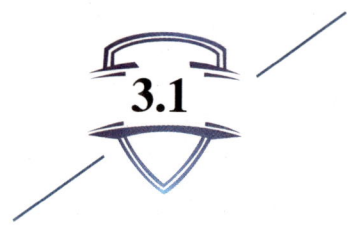

3.1

山东旋几工业自动化有限公司

　　山东旋几工业自动化有限公司（以下简称"旋几工业"）是依托山东大学机器人研究中心、控制科学与工程学院、山东省机器人与智能装备公共技术服务平台，为企业提供全方位工业边缘应用及服务而组建的高新技术企业。旋几工业致力于打造工业边缘应用的标准化平台，以边缘计算、自动化、物联网、大数据、云计算等技术构建标准边缘数据及边缘应用管理体系，动态搭建工业数据到云端应用服务桥梁，为企业提供端到端的工业边缘互联网应用及服务。

山东二五六互联网科技有限公司

二五六互联一站式3C平台是为2万家3C配件品牌厂商与100万家各分经销商和门店搭建的一站式分销网络。通过一站式采销、一站式结算、一站式配送、一站式售后，整合上游产业链资源，打造F2B的商业模式，帮助品牌厂商完善品牌建设与渠道建设，提升品牌影响力。构建线上分销网络，提高交易效率，降低市场成本，各级分销商和门店提供全面无忧的服务保障，打造一个线上与线下有机结合的新流通渠道。为门店提供全品类产品，减少中间流通环节，增加产品利润。

3.3

湖北赛乐氏信息技术有限公司

湖北赛乐氏信息技术有限公司（以下简称"赛乐氏"）,是工信部向全国公开推荐的两化融合咨询服务机构、国家高新技术企业、湖北省中小企业公共服务特聘专家单位、湖北省中小企业公共服务严选服务机构。公司平台架构师获阿里巴巴认证的"高级数字化管理师"，公司也是湖北省"万企上云工程"云服务提供商。

赛乐氏专注中小企业智能制造15年，针对制造业转型升级过程中亟待解决的痛点和难点，提供有针对性的工业互联网平台解决方案，涵盖了制造企业车间精益制造执行系统、工业物联网等领域。方案面向广大中小工业企业积累的海量数据，以传统的人、机、料、法、环为数据主题，为中小工业企业提供基于机器物联和人工智能的解决方案，切实帮助企业围绕质量、成本和交期三大指标打造信息化环境下的核心竞争力。

赛乐氏主营业务如下。

（1）自主研发"融制互联"离散智能制造 MES 工业互联网平台。

（2）以两化融合管理体系为指导的智能制造实施方法。

典型用户：菲利华（新材料）/湖北车桥（汽车零部件）/荆大汽配（汽车零部件）/天科制冷（机械加工）/小胡鸭（食品加工）/旭乐食品（食品加工）/浩宇制衣（服装 ODM）/五方光电（电子）/江荆消防（特种设备制造）/双英集团（汽车零部件）/鑫宝马弹簧（机械加工）/美克汽车（汽车零部件）等离散制造业企业。

湖南视拓信息技术股份有限公司

湖南视拓信息技术股份有限公司（以下简称"视拓科技"）由湖南视拓科技发展有限公司分立而来，全面承接了视拓科技在制造业信息化方面的市场、技术和团队，专注于制造业的数字化、网络化、智能化服务。视拓科技总部位于星城长沙，在北京、深圳等地设立了分支机构。视拓科技现有员工200余人，其中资深技术人才过百名。

目前，视拓科技拥有了艾科系列自主知识产权的产品，具备了基于工业互联网平台提供智能营销和制造解决方案的综合实力，现服务于超过百家大中型制造企业。视拓科技通过了高新技术企业认定、双软认证、系统集成、CMMI3、ISO9001、ISO14001、ISO45001等多项权威认证，曾获得国家科技进步奖等多项荣誉。

蓬勃发展的视拓信息带着扑面的诚意和十足的信心，以"提升企业智能管控水平"为己任，力求技术精益求精，服务尽善尽美，竭诚为新老客户创造价值。我们愿与国内外各方同仁及广大客户携手共进，不断加深了解，扩大合作，共筑智能制造生态系统！

3.5

蘑菇物联技术有限公司

蘑菇物联技术有限公司（以下简称"蘑菇物联"）是通用工业设备一站式 AIoT SaaS 服务商，致力于为工业设备产业链创造可测量的价值。自主研发硬件（蘑菇云盒、边缘智能服务器）、工业软件（蘑菇圈 IEM、蘑菇圈 ICRM、云运维、云智控）和云平台（蘑菇云），拥有近百项自主知识产权，产品荣获阿里云首届工业互联网 APP 大赛全国总冠军。

蘑菇物联成立于 2016 年，由国际知名投资机构 GGV（纪源资本）、元禾原点、启赋资本、银杏谷资本、腾股创投、科院创投联合投资，至今已服务超 5000 家工业企业客户，被评为工信部工业企业上云典型案例企业。